中国企业社会责任报告

Corporate Responsibility Reporting in China 2015

2015

中国企业社会责任报告评级专家委员会

李扬 钟宏武 魏紫川/顾问
张蒽 王梦娟 林旭 方小静等/著

经济管理出版社
ECONOMY & MANAGEMENT PUBLISHING HOUSE

图书在版编目（CIP）数据

中国企业社会责任报告（2015）/张蒽等著. —北京：经济管理出版社，2015.12
ISBN 978-7-5096-4136-1

Ⅰ.①中…　Ⅱ.①张…　Ⅲ.①企业责任—社会责任—研究报告—中国—2015
Ⅳ.①F279.2

中国版本图书馆 CIP 数据核字（2015）第 304327 号

组稿编辑：陈　力
责任编辑：杨国强
责任印制：黄章平
责任校对：超　凡

出版发行：经济管理出版社
　　　　　（北京市海淀区北蜂窝 8 号中雅大厦 A 座 11 层　100038）
网　　址：www. E-mp. com. cn
电　　话：(010) 51915602
印　　刷：三河市延风印装有限公司
经　　销：新华书店
开　　本：720mm×1000mm/16
印　　张：19.75
字　　数：388 千字
版　　次：2016 年 1 月第 1 版　2016 年 1 月第 1 次印刷
书　　号：ISBN 978-7-5096-4136-1
定　　价：128.00 元

主要作者简介

张蒽　中国社会科学院社会发展战略研究院副研究员。1982年生，女，管理学博士，经济学博士后，兼任中国社会科学院经济学部企业社会责任研究中心常务副主任。作为主要研究人员参与"责任制造2025"、"中央企业社会责任推进机制研究"、"上市公司社会责任信息披露"、"中央企业社会责任理论研究"、"企业社会责任指标体系研究"等重大课题的研究。出版《中国企业社会责任发展指数报告》、《中国企业社会责任报告编写指南》、《企业社会责任管理体系研究》、《中国企业社会责任报告白皮书》、《中国上市公司非财务信息披露研究报告》、《企业社会责任负面信息披露研究》等专著，在《中国工业经济》、《经济管理》等期刊公开发表社会责任相关论文。

王梦娟　中国社会科学院企业社会责任研究中心项目八部部长。女，江西吉安人，毕业于中国人民大学农业与农村发展学院，工学硕士。曾参与撰写《中国企业社会责任报告白皮书（2011/2014/2015）》、《中国企业社会责任蓝皮书（2014/2015）》；参加"矿山企业社会责任评价指标体系"、"中国企业社会责任报告编写指南之食品行业"等课题研究；为中石化、中粮集团、中国建筑等80余家大型企业提供报告评级服务；曾参与中国电子信息产业集团、中国储备棉等公司的社会责任咨询工作。

林旭　中国社会科学院企业社会责任研究中心咨询师。女，福建邵武人，管理学硕士。参与《中国企业社会责任蓝皮书（2015）》、《中国企业社会责任报告（2015）》的数据收集、分析和撰写工作；参与"上海上市公司社会责任研究报告"、"中国企业社会责任报告编写指南之食品行业"等课题研究；为中国电信、国药集团、中国兵装、台达集团等10余家大型企业提供报告评级服务，并参与奇虎360、中福彩、中国节能环保等企业的社会责任咨询工作。

方小静　中国社会科学院企业社会责任研究中心项目九部部长。女，河南许昌人，企业社会责任审计师，从事企业社会责任管理与审计8年时间，负责中心企业社会责任报告评级管理、联络与评价，以及报告咨询项目。曾参与《企业社会责任蓝皮书（2012/2013/2014）》、《中国企业社会责任报告白皮书（2012/2013/2014/2015）》的数据分析与撰写，参与中国民生银行、中国联通、天津生态城、东风本田等公司的社会责任咨询工作。

研究业绩

课题：

1. 工业和信息化部：《工业和信息化领域企业社会责任建设基础研究及经验推广工作》，2015年；

2. 国务院国资委：《中央企业海外社会责任研究》，2014年；

3. 国务院国资委：《中央企业社会责任优秀案例研究》，2014年；

4. 国家食药监局：《中国食品药品行业社会责任信息披露机制研究》，2014年；

5. 国土资源部：《矿山企业社会责任评价指标体系研究》，2014年；

6. 中国保监会：《中国保险业社会责任白皮书》，2014年；

7. 全国工商联：《中国民营企业社会责任研究报告》，2014年；

8. 陕西省政府：《陕西省企业社会责任研究报告》，2014年；

9. 国土资源部：《矿业企业社会责任报告制度研究》，2013年；

10. 国务院国资委：《中央企业社会责任优秀案例研究》，2013年；

11. 中国扶贫基金会：《中资海外企业社会责任研究》，2012~2013年；

12. 北京市国资委：《北京市属国有企业社会责任研究》，2012年5~12月；

13. 国资委研究局：《企业社会责任推进机制研究》，2010年1~12月；

14. 国家科技支撑计划课题：《社会责任国际标准风险控制及企业社会责任评价技术研究之子任务》，2010年1~12月；

15. 深交所：《上市公司社会责任信息披露》，2009年3~12月；

16. 中国工业经济联合会：工信部制定《推进企业社会责任建设指导意见》前期研究成果，2009年10~12月；

17. 中国社科院：《灾后重建与企业社会责任》，2008年8月~2009年8月；

18. 中国社科院：《海外中资企业社会责任研究》，2007年6月~2008年6月；

19. 国务院国资委：《中央企业社会责任理论研究》，2007年4~8月。

专著：

1.《企业社会责任负面信息披露研究》，经济管理出版社 2015 年版；

2.《企业公益蓝皮书（2014）》，经济管理出版社 2015 年版；

3.《中国企业社会责任报告编写指南 3.0 之石油化工业指南》，经济管理出版社 2015 年版；

4.《陕西省企业社会责任研究报告》，经济管理出版社 2015 年版；

5.《中国企业社会责任报告（2014）》，经济管理出版社 2015 年版；

6.《中国企业社会责任报告编写指南（CASS–CSR3.0）》，经济管理出版社 2014 年版；

7.《中国企业社会责任报告编写指南 3.0 之钢铁业指南》，经济管理出版社 2014 年版；

8.《中国企业社会责任报告编写指南 3.0 之仓储业指南》，经济管理出版社 2014 年版；

9.《中国企业社会责任报告编写指南 3.0 之电力生产业》，经济管理出版社 2014 年版；

10.《中国企业社会责任报告编写指南之家电制造业》，经济管理出版社 2014 年版；

11.《中国企业社会责任报告编写指南之建筑业》，经济管理出版社 2014 年版；

12.《中国企业社会责任报告编写指南之电信服务业》，经济管理出版社 2014 年版；

13.《中国企业社会责任报告编写指南之汽车制造业》，经济管理出版社 2014 年版；

14.《中国企业社会责任报告编写指南之煤炭采选业》，经济管理出版社 2014 年版；

15.《中国企业社会责任报告编写指南之一般采矿业》，经济管理出版社 2014 年版；

16.《中国企业社会责任案例》，经济管理出版社 2014 年版；

17.《中国国际社会责任与中资企业角色》，社会科学出版社 2013 年版；

18.《企业社会责任基础教材》，经济管理出版社 2013 年版；

19.《中国可持续消费研究报告》，经济管理出版社 2013 年版；

20.《企业社会责任蓝皮书（2012）》，社会科学文献出版社 2012 年版；

21.《中国企业社会责任报告白皮书（2012)》，经济管理出版社 2012 年版；

22.《企业社会责任蓝皮书（2011)》，社会科学文献出版社 2011 年版；

23.《中国企业社会责任报告编写指南（CASS-CSR2.0)》，经济管理出版社 2011 年版；

24.《中国企业社会责任报告白皮书（2011)》，经济管理出版社 2011 年版；

25.《企业社会责任管理体系研究》，经济管理出版社 2011 年版；

26.《分享责任——中国社会科学院研究生院 MBA "企业社会责任"必修课讲义集（2010)》，经济管理出版社 2011 年版；

27.《企业社会责任蓝皮书（2010)》，社会科学文献出版社 2010 年版；

28.《政府与企业社会责任》，经济管理出版社 2010 年版；

29.《企业社会责任蓝皮书（2009)》，社会科学文献出版社 2009 年版；

30.《中国企业社会责任报告编写指南（CASS-CSR1.0)》，经济管理出版社 2009 年版；

31.《中国企业社会责任发展指数报告（2009)》，经济管理出版社 2009 年版；

32.《慈善捐赠与企业绩效》，经济管理出版社 2007 年版。

论文：

在《经济研究》、《中国工业经济》、《人民日报》、《光明日报》等刊物上发表论文数十篇。

专访：

接受中央电视台、中央人民广播电台、人民网、新华网、光明网、凤凰卫视、法国 24 电视台等数十家媒体专访。

内容摘要

《中国企业社会责任报告（2015）》是中国企业社会责任报告评级委员会在全面分析 2015 年企业社会责任报告基础上形成的最新研究成果。报告以《中国企业社会责任报告编写指南（CASS-CSR3.0）》和《中国企业社会责任报告评级标准（2014）》为评价依据，以企业社会责任报告的信息披露质量及报告管理水平为评价内容，对 2015 年在华企业 1027 份报告进行逐一评价，分析出我国企业社会责任报告发展的阶段性特征。

本书分为报告篇、评级篇、管理篇和附录四大部分。报告篇概述了 2015 年度报告的研究背景及主要发现；评级篇展示了 2015 年 65 份参与"中国企业社会责任报告评级"报告的评级报告；管理篇选取华润医药、蒙牛乳业、中国石化等 10 家企业作为代表，对企业在报告管理方面的优秀实践进行了详细介绍；附录对报告评级及相关标准进行延伸阅读。

研究发现：

（1）2015 年中国企业社会责任报告数量持续增长，达到 1703 份。报告发布主体不再局限于企业，逐渐向政府机关、事业单位、行业协会、媒体等组织辐射。

（2）报告发布主体更多元，从地区分布来看，北上广地区发布最多；从企业性质来看，近六成社会责任报告为国有企业发布，五年来持续领先于民营企业及外资企业；从上市情况来看，上市公司报告超七成，构成了我国企业社会责任报告发布的主力军。

（3）报告编写规范，64.1% 的报告披露了编写参考标准，GRI 标准及社科院报告编写指南最受青睐；外部评价稍显不足，不到两成企业引入外部鉴证，其中邀请利益相关方点评及申请社科院报告评级最多。

（4）报告内容更具实质性，报告从"全面披露"逐渐向"实质议题披露"转变，"互联网+"、"一带一路"成为年度披露热点。

（5）从报告版式来看，越来越多的企业在传统报告的基础上对报告进行"二次开发"，专项报告、海外报告、简版报告、H5 版报告等版本渐多，"1 份企业社会责任报告+N 种报告版式"的局面逐步形成。

（6）报告发布日趋平台化，由省/市政府、行业协会组织集中发布的方式日渐增多。

目 录

报告篇　中国企业社会责任报告年度进展（2015）

评级篇 中国企业社会责任报告评级（2015）

管理篇　中国企业社会责任报告管理优秀企业

中国企业社会责任报告（2015）

报告篇

中国企业社会责任报告年度进展（2015）

第一章　研究背景

企业社会责任报告（Corporate Social Responsibility Report），又称非财务报告，是企业就其履行社会责任的理念、制度、措施和绩效所进行的系统信息披露，是企业与利益相关方进行全面沟通交流的重要载体。

放眼世界，企业主动发布社会责任报告，积极与利益相关方开展沟通交流，已经成为经济全球化时代重要的商业准则，在政府、资本市场、行业协会等力量的推动下，[1]我国企业社会责任报告的编制和发布取得了飞跃式的发展。

截至 2015 年 10 月底，共收集到 1703 份社会责任报告，相比 2006 年的 32

① 政府方面，2008 年 1 月，国有资产管理委员会（以下简称"国资委"）发布一号文《关于中央企业履行社会责任的指导意见》，鼓励中央企业发布社会责任报告，接受社会公众的监督，2010 年 8 月要求中央企业 3 年以内都要发布社会责任报告。2010 年，陕西省政府下发《陕西省工业企业社会责任指南》，要求企业编制的社会责任报告要定期（一年期或两年期）向社会发布，接受监督，提高企业社会责任的透明度和知名度。2011 年 6 月，上海市浦东新区制定《浦东新区推进建立企业社会责任体系三年行动纲要（2011~2013）》，提出加快推进由政府、企业、中介、社会共同参与的企业社会责任体系建设。2012 年 2 月，上海市文明办发布《上海市文明单位社会责任报告指导手册（试行）》，在全市 3000 多家文明单位中率先开展社会责任报告工作。2014 年 1 月，山东省质量技术监督局发布了《企业社会责任指标体系》、《企业社会责任报告编写指南》两项山东省地方标准。2014 年 3 月，山西省中小企业局《关于推进全省中小企业积极发布企业社会责任报告的指导意见》，提出了推进企业发布社会责任报告的相关措施。2014 年 11 月，广东省人民政府办公厅印发《关于深化省属国有企业改革的实施方案的通知》，要求 2015 年底前，实现省属国有企业社会责任报告制度全覆盖，树立国有企业良好形象。2015 年 6 月，国家质检总局、国家标准委联合发布社会责任国家标准即 GB/T 36000-2015《社会责任指南》、GB/T 36001-2015《社会责任报告编写指南》、GB/T 36002-2015《社会责任绩效分类指引》，并拟于 2016 年 1 月 1 日正式实施。资本市场方面，深圳证券交易所（以下简称"深交所"）在 2006 年 9 月发布的《上市公司社会责任指引》以及 2008 年 12 月发布的《关于做好上市公司 2008 年度报告工作的通知》中就提出上市公司应当发布社会责任报告；上交所在 2008 年 5 月发布的《上市公司环境信息披露指引》以及 2009 年 1 月发布的《上市公司社会责任报告编制指引》中对社会责任报告编制做出了细化的要求；证监会在《中国证券监督管理委员会公告〔2011〕41 号》中明确提出"增强社会责任意识，鼓励披露社会责任报告"。香港联合交易所在 2012 年出台了《环境、社会及管治报告指引》，并在 2015 年对指引的要求提升为"不遵守即解释"，该指引从环境和社会等方面提出了披露要求和关键指标，要求在港上市公司必须基于此指引，详细披露企业相关情况。行业协会方面，中国银行业协会继 2009 年 1 月发布《中国银行业金融机构企业社会责任指引》之后，2009 年 5 月发布了《中国银行业社会责任报告》。房地产、汽车、医药卫生、直销、体育用品等行业均发布了行业可持续发展报告或相关调查研究。中国工业经济联合会组织召开 2009 年、2011 年中国工业经济行业可持续发展报告发布会。中国纺织工业协会出台《中国纺织服装可持续发展报告纲要》。广东省房地产行业协会出台《广东省房地产企业社会责任指引（2015 年版）》。

份，增长了 53 倍。中国企业社会责任报告在呈现"井喷式"增长的同时，报告的质量方面仍存在一些问题，如报告过于简单、信息披露不规范、"报喜不报忧"等，报告信息披露的时效性、客观性、平衡性和可读性等方面都有较大的提升空间。为了引导中国企业社会责任报告的发展，提高中国企业社会/环境信息披露的质量和水平，中国社会科学院经济学部企业社会责任研究中心自 2009 年开始先后编制发布《中国企业社会责任报告编写指南（CASS–CSR1.0/2.0/3.0)》，为我国企业社会责任报告编写提供参考标准；制定《中国企业社会责任报告评级标准（2010/2011/2012/2013/2014)》，先后为国内外 260 余家大型企业提供第三方报告评级服务；连续发布《中国企业社会责任报告白皮书（2011/2012/2013/2014)》，全样本评价我国企业社会责任报告质量和水平，辨析阶段性特征，跟踪我国企业社会责任报告的发展进程。

正是在这样的背景下，本书以 2015 年中国企业发布的 1027 份[①] 社会责任报告为评价对象，以辨析 2014 年中国企业社会责任报告最新进展，进一步推动中国企业社会责任报告水平的提升。

---

① 报告的获取渠道主要包括企业官网、社会责任报告资源库等；报告的发布主体包括国有企业、民营企业和针对中国大陆发布社会责任报告的在华外资企业，政府、研究机构等其他组织不纳入评价范围；报告的名称包括企业社会责任报告、企业公民报告、可持续发展报告等，但单项责任报告，如环境责任报告、社会公益报告等未纳入本研究的范畴。最终，本研究共收集 1703 份社会责任报告，剔除对外宣称发布报告但不能从公开渠道搜集到的报告、外资企业发布的中文版全球报告、单项责任报告、非企业报告、超出本研究时间范围的报告 676 份，最终用于评价的是 1027 份 2014 年企业社会责任报告。

第二章　主要发现

一、企业社会责任报告数量持续增长，
2015 年增至 1703 份

　　在我国政府、资本市场、行业协会等多方力量的推动下，中国企业社会责任报告数量持续较快增长，由 2014 年的 1526 份增至 1703 份（见图 2-1），同比增长 11.6%，相比 2006 年的 32 份增长了 53 倍。从报告可获取性来看，截至 2015 年 10 月底，通过公开渠道获得共计 1027 份企业社会责任报告，与 2014 年 1007 份报告相比，报告数量趋于稳定；另外，社会责任报告的发布主体不再局限于企业，由企业逐渐向事业单位、行业协会、媒体等非企业组织扩展，如上海市实验幼儿园、上海市长宁公证处、深圳市房地产行业协会、上海市银行业协会、中央

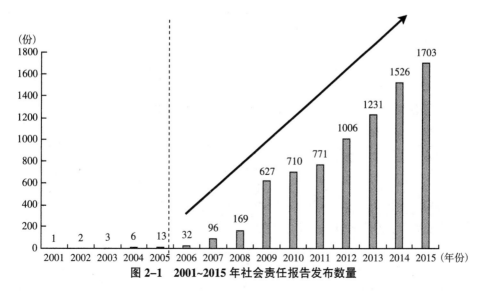

图 2-1　2001~2015 年社会责任报告发布数量

电视台、人民日报等组织相继编制社会责任报告。

二、北京、广东、上海地区报告数量最多，中国香港、日韩等地企业表现积极

为了解中国企业社会责任报告的地区发展情况，本研究将企业所在地区分为中国大陆和境外。其中，境外分为中国香港、中国台湾、日韩、亚洲其他国家或地区、欧洲、北美洲等地区。在对 1027 份报告逐一评价后发现，总部在中国大陆的企业共发布 956 份报告，占比 92.1%，构成了研究样本的主体，如图 2-2 所示。

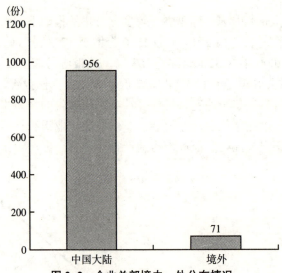

图 2-2　企业总部境内、外分布情况

在中国大陆企业中，总部位于东部发达地区的企业报告发布数量居多，北京、广东、上海三地共发布 380 份社会责任报告，占比 39.8%，构成了我国企业社会责任报告发布的主体。其中，总部位于北京地区的企业发布报告数量最多，达 178 份，占比 18.6%；其次是广东省，共 120 份，占比 12.6%；上海地区共发布 82 份报告，占比 8.6%。如图 2-3 所示。

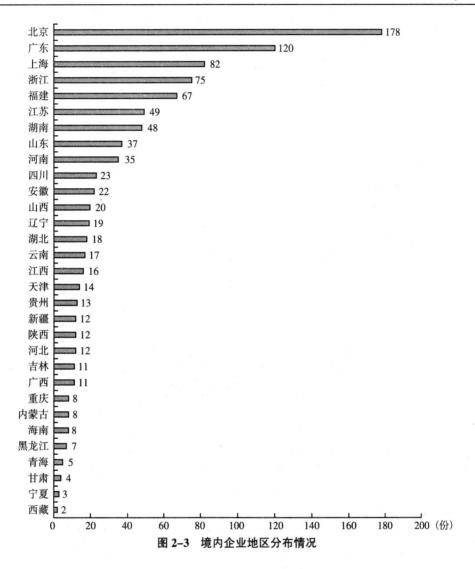

图2-3　境内企业地区分布情况

在发布社会责任报告的境外企业中，中国香港的企业最多，共计26家；日韩企业次之，共计25家，其中，日本18家、韩国7家；欧洲（9家）、美国（7家）、中国台湾（3家）、新加坡（1家）企业数量依次递减。如图2-4所示。

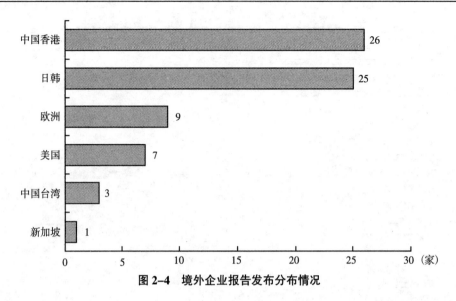

图2-4 境外企业报告发布分布情况

三、近八成企业为上市公司，近六成企业为国有企业

　　研究发现，771家企业为上市公司，占企业总数的75.1%，如图2-5所示。其中，423家企业为上海证券交易所（以下简称"上交所"）上市、297家企业为深交所上市、99家企业为香港联合交易所有限公司（以下简称"港交所"）上市、35家企业在海外上市，① 如图2-6所示。

　　从不同性质企业社会责任报告发布情况来看，2015年，国有企业共发布600份，占报告总数的58.4%，国有企业发布报告积极性依然强劲；民营企业共发布341份，占比33.2%；外资企业最少，仅86份，占比8.4%。五年来，国有企业报告发布数量持续领先于民营企业、外资企业，为我国企业社会责任报告发布的主力军，但三类企业报告发布数量占报告总数的比重变化不大，如图2-7所示。

---

　　① 由于部分企业存在多地上市情况，故根据上市地区划分时，上市公司之和多于771家。

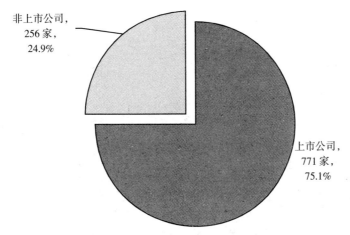

图 2-5 上市公司与非上市公司数量分布

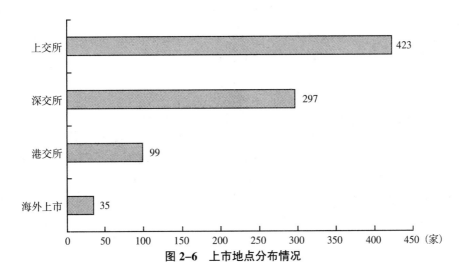

图 2-6 上市地点分布情况

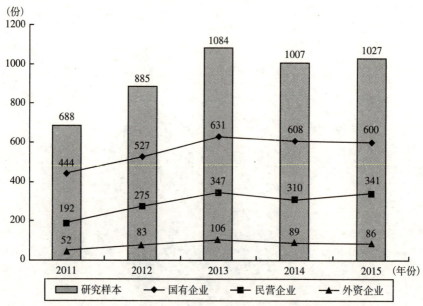

图 2-7　2011~2015 年不同性质企业社会责任报告发布分布情况

四、企业行业分布广泛，混业、机械设备制造业数量较多

统计发现，发布社会责任报告的企业广泛分布于 47 个行业。[①] 其中，跨多个行业经营的企业与机械设备制造业企业数量相对较多，分别达到 80 家和 76 家，占报告总数的 7.8% 和 7.4%；证券基金及其他金融服务业次之，共 69 家，占比 6.7%；电子产品及电子元器件制造业共计 55 家，占比 5.4%；而房地产服务业、木材加工与家具制造业和酒店业三个行业发布报告的企业数量最少。如表 2-1 所示。

---

① 为了分析各行业企业社会责任报告发展水平，本研究行业分类以国家统计局的"国民经济行业分类"为基础，根据各行业社会责任关键议题的相近程度，进行适当合并和拆分，共划分为 47 个行业，同时将跨多个行业经营的企业以混业计算，以增加研究的科学性和系统性，确保指标体系构建的科学性和指标的实质性。

表 2-1　发布社会责任报告企业行业分布

序号	所属行业	企业数量(家)	序号	所属行业	企业数量(家)
1	混业	80	25	通信设备制造业	13
2	机械设备制造业	76	26	石油和天然气开采业与加工业	11
3	证券基金及其他金融服务业	69	27	纺织业	9
4	电子产品及电子元器件制造业	55	28	互联网服务业	9
5	房地产开发业	52	29	家用电器制造业	9
6	一般服务业	52	30	批发贸易业	9
7	工业化学品制造业	51	31	服装鞋帽制造业	8
8	医药生物制造业	46	32	计算机及相关设备制造业	8
9	交通运输服务业	43	33	通信服务业	8
10	电力生产业	40	34	造纸及纸制品业	8
11	金属冶炼及压延加工业	40	35	保险业	7
12	交通运输设备制造业	35	36	电力供应业	7
13	建筑业	27	37	金属制品业	7
14	非金属矿物制品业	26	38	水的生产和供应业	7
15	食品饮料业	26	39	特种设备制造业	7
16	银行业	25	40	废弃资源及废旧材料回收加工业	5
17	一般制造业	19	41	燃气的生产和供应业	5
18	煤炭开采与洗选业	17	42	旅游业	4
19	计算机服务业	16	43	日用化学品制造业	4
20	文化娱乐业	16	44	印刷业	4
21	酒精及饮料酒制造业	15	45	房地产服务业	3
22	零售业	15	46	木材加工与家具制造业	3
23	一般采矿业	15	47	酒店业	2
24	农林牧渔业	14			

五、报告发布连续性较好，但篇幅在 30 页及以下的报告仍占六成

　　发布社会责任报告的企业中，第七次发布的企业数量最多，达 292 家，占总数的 28.4%。其中，中国平安保险（集团）股份有限公司发布次数最多，达 12 次；国家电网、宝钢股份、浦发银行、台达集团、东芝集团等 11 家企业发布次数达 10 次。总体而言，大部分企业发布社会责任报告的连续性较好，发布三次及以

上的企业共有 797 家，占比 77.6%，如图 2-8 所示。

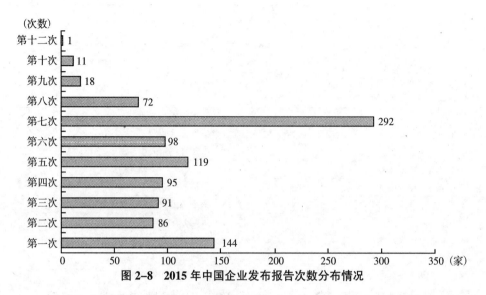

图 2-8　2015 年中国企业发布报告次数分布情况

　　社会责任报告的篇幅长短是影响企业与利益相关方交流和沟通的重要因素，篇幅适宜的报告是实现双方有效沟通的必要条件和保证。通过对报告篇幅的分析发现，篇幅在 30 页及以下的报告数量共计 646 份，占比 60.8%，这部分的企业信息披露较少。此外，篇幅在 51~70 页、71~90 页、91 页及以上的报告分别为 106 份、94 份、67 份，共占报告总数的 26%，这部分的报告篇幅较长，基本能够全面披露企业在社会责任方面的理念、制度、措施和绩效等信息，如图 2-9 所示。

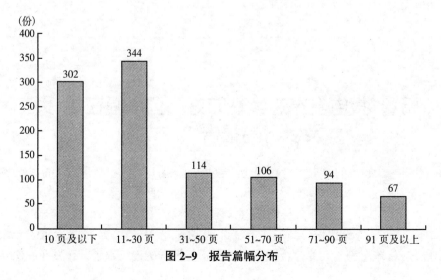

图 2-9　报告篇幅分布

六、报告参考标准多元，社科院指南成为本土第一大编写指引

经分析，658 份报告披露了报告编写参考标准，占报告总数的 64.1%，其中有 401 份报告参考的标准在两种以上，占总数的 39%；有 369 份报告未参考或未披露相关参考标准，占比 36%，该部分企业社会责任报告编写相对随意，规范性有待提高。如图 2-10 所示。

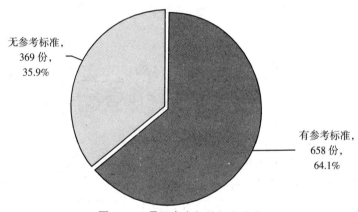

无参考标准，
369 份，
35.9%

有参考标准，
658 份，
64.1%

图 2-10 是否参考相关标准分布

报告在遵守政府、监管机构要求的同时注重参考协会、学术机构的指引，在注重参考国内指南的同时也注重参考国际相关标准。其中，参考全球报告倡议组织（GRI）《可持续发展指南》的报告数最多，达 475 份，占比 46.3%；其次为社科院企业社会责任研究中心《中国企业社会责任报告编写指南（CASS-CSR3.0）》，达 263 份，占比 25.6%；而上交所和深交所指引分别达到了 234 份和 192 份。GRI指引、《中国企业社会责任报告编写指南（CASS-CSR3.0）》及上交所指引成为了报告编写参考最多的三大标准，中国社科院《中国企业社会责任报告编写指南（CASS-CSR3.0）》成为本土第一大参考指引，如图 2-11 所示。

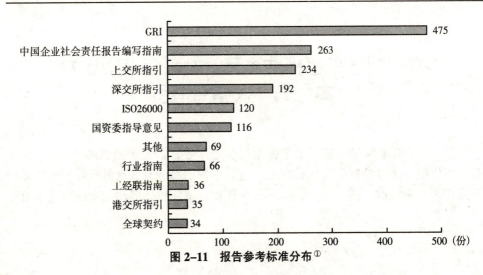

图2-11 报告参考标准分布①

七、报告内容更具实质性，"深化改革"、"互联网+"、 "一带一路"成为年度披露热点

从报告内容来看，2015年，报告从"全面披露"逐渐向"实质议题披露"转变。比如，中国移动、中国电科、北控集团等企业通过参考国家相关政策、对标国内外标准、结合公司发展战略等方式识别出社会责任议题池，展开利益相关方意见调查，对议题池中关键性议题进行重要性排序，从而筛选出年度实质性议题，以更具针对性地回应相关方期望；现代汽车首次尝试"议题型"报告方式，将筛选的"汽车安全与产品质量"、"客户服务"、"绿色环保汽车"等五大社会责任议题作为单独章节，逐一详述。

另外，报告更注重对热点事件的回应，深圳供电局针对"深圳市输配电价改革"政策，在报告开篇设置责任专题，详细阐述电价改革的缘起、方向及影响，深入浅出的方式使得报告更具亲和力；中国电信紧贴热点，开篇以"互联网+"的专题形式，详述企业"互联网+"责任行动，体现企业社会价值。受益于"一带一路"行动计划，不少中央企业发力于海外市场，并将积极发布海外社会责任

① "其他"项中包括GB/T36001-2015《社会责任报告编写指南》及集团/公司社会责任管理办法，如《华润集团社会责任工作管理办法》、《南方电网公司社会责任指标体系》、《CSC-CSR1.0》、《国家电网公司履行社会责任报告》等。

报告作为提升企业海外竞争力的有力武器。2015年，国机集团、中海油等企业发布了海外社会责任报告或设置海外专题，以实现与当地政府、社区的积极沟通。

八、报告第三方评价不足，社科院报告 评级企业达 65 家

为增加报告的可信度，部分企业选择引入外部机构对报告的内容及数据进行审验，审验的形式包括报告评级、数据审验、质量认证及相关方评价四种类型。在1027份样本报告中，仅有184份报告引入了外部鉴证，占比17.9%，其中75家（占40.8%）企业选择行业专家、员工、客户等相关方对报告进行点评；65家（占35.3%）企业申请中国社科院企业社会责任报告评级，对报告编制管理过程及报告内容进行全面评价；25家（占13.6%）企业选择质量认证机构；19家（占10.3%）企业选择会计师事务所，做数据审验。如表2-2所示。

表2-2 报告第三方评价分布情况

类 型	组织方	数量（份）
个人评价（75家）	专家点评、利益相关方评价	75
报告评级（65家）	中国社会科学院企业社会责任研究中心	65
质量认证（25家）	DNV GL.管理服务集团	4
	必维国际检验集团	5
	上海质量检测体系审核中心	3
	劳氏质量认证（上海）有限公司	2
	通标标准技术服务有限公司（SGS）	2
	香港生产力促进局	2
	香港品质保证局	2
	台湾检验科技有限公司	1
	全球报告倡议组织GRI	1
	广东省社会科学院社会责任评估与研究中心	1
	浙商发展研究院	1
	汉德技术监督服务（亚太）有限公司	1
数据审验（19家）	普华永道中天会计师事务所	7
	安永华明会计律师事务所	4
	立信会计师事务所	3
	德勤华永会计师事务所	2
	毕马威华振会计师事务所	2
	罗兵咸永道会计师事务所	1

报告评级：中国石油化工集团公司

第三方评价

《中国石油化工集团公司 2014 年社会责任报告》评级报告

中国社会科学院经济学部企业社会责任研究中心（以下简称"中心"）受中国石油化工集团公司委托，从"中国企业社会责任报告评级专家委员会"中抽选专家组成评级小组，对《中国石油化工集团公司 2014 年社会责任报告》（以下简称《报告》）进行评级。

一、评级依据

《中国企业社会责任报告编写指南（CASS-CSR 3.0）》暨《中国企业社会责任报告评级标准（2014）》。

二、评级过程

1. 过程性评估小组访谈中国石油化工集团公司社会责任相关部门成员；
2. 过程性评估小组现场审查中国石油化工集团公司社会责任报告编写过程相关资料；
3. 评级小组对社会责任报告的管理过程及《报告》的披露内容进行评价。

三、评级结论

过程性（★★★★★）

公司宣传工作部牵头成立报告编写组，高层领导负责编写推进及报告审定；编写组对利益相关方进行识别与排序，并通过访谈、实地调研、问卷调查等方式收集相关方意见；根据相关方意见、公司战略、行业对标分析等对实质性议题进行界定；计划召开专项发布会，并将以印刷品、电子版、H5 版本等形式呈现报告，具有卓越的过程性表现。

实质性（★★★★★）

《报告》系统披露了"保障能源供应"、"科技创新"、"安全风险管控"、"绿色发展"、"应对气候变化"等石油天然气开采与加工业关键性议题，叙述详细充分，具有卓越的实质性表现。

完整性（★★★★☆）

《报告》从"致力能源化工"、"构筑安全防线"、"践行生态文明"、"建设人本石化"、"提升伙伴责任"、"服务和谐社会"、"履行海外责任"等角度系统披露了石油天然气开采与加工业核心指标的 84.4%，完整性表现领先。

平衡性（★★★★☆）

《报告》披露了"上报事故数"、"千人事故死亡率"、"员工死亡人数"等负面数据信息，并简述了"内控风险梳理"、"HSE 大检查"的经过及整改措施，平衡性表现领先。

可比性（★★★★★）

《报告》披露了"营业收入"、"原油产量"、"安全隐患治理投入"、"环保治理投资"等 42 个关键绩效指标连续 3 年以上的历史数据，并披露《财富》全球 500 强排名，可比性表现卓越。

可读性（★★★★★）

《报告》主题明确，框架清晰，案例丰富；图片、表格等表达形式多样，与文字叙述相得益彰；采用卡通画图形设计，提升报告亲和力，同时对专业术语进行解释，具有卓越的可读性表现。

创新性（★★★★★）

《报告》各篇章以专题形式结篇，详述各责任板块企业表现，全方位体现"为美好生活加油"的责任理念，清晰生动；多处嵌入相关评述，提升报告可信度，创新性表现卓越。

综合评级（★★★★★）

经评级小组评议，《中国石油化工集团公司 2014 年社会责任报告》为五星级，是一卓越的企业社会责任报告。

四、改进建议

增加负面数据及负面事件分析的披露，进一步提高报告的平衡性。

评级小组

组长：中国社科院经济学部企业社会责任研究中心主任 钟宏武
成员：中国企业联合会企业创新工作部主任 程多生
  北方工业大学经济管理学院副教授 魏秀丽
  中心过程性评估员 王梦娟、陈晓飞

评级专家委员会主席
中心常务副理事长

评级小组组长
中心主任

九、专项报告、简版报告、H5 版报告等渐多，"1+N" 的报告版式逐步形成

为满足不同相关方需要，从报告版式来看，越来越多的企业在传统报告的基础上对报告进行"二次开发"，专项报告、海外报告、简版报告、H5 版报告等版本渐多，"1 份企业社会责任报告+N 种报告版式"的局面逐步形成。

发布专项报告。2015 年《新环保法》出台后，社会各界将关注目光投向环境信息披露，中石化股份发布《中国石化页岩气开发环境、社会治理报告（2014年)》，以专项议题报告形式与相关方就环境问题坦诚沟通；中国移动于 2014 年发布《客户沟通手册》、中国兵器工业发布员工版《社会责任报告》，与客户、员工等特定利益相关方进行社会责任实践及成效的沟通。

发布简版报告。部分企业将年度关键实践与绩效进行总结，发布简版报告，便于相关方快速了解企业的年度绩效与进展。中石化集团发布 2014 年度简版报告，以图画形式逐一展现中石化在市场、环境、社会等方面的实践成果，生动有趣；中铝集团将社会责任报告内容进行浓缩，推出简版报告，内容少而精，重点突出，更便于相关方阅读。

发布 H5 版报告。随着信息时代的到来，传统的阅读模式逐渐向碎片化阅读方式转变，受众花费在手机、iPad 等移动端的时间越来越多，2015 年，HTML5技术的兴起，掀起了"H5 版"报告制作的热潮，中国兵器、中石化集团、中国建筑等企业陆续发布"H5 版"报告，新颖的阅读、传播方式吸引了公众的眼球。

发布影像版报告。影像传播回归公众视野，视频版报告作为有声资料具有得天独厚的优势。2015 年，中国电力建设公司与中国社科院企业社会责任中心联合发布《中国电建在赞比亚》社会责任影像志，通过镜头语言呈现企业海外履责情况，颇具震撼力。

十、报告发布时间大多在上半年，报告发布方式逐渐平台化

年度社会责任报告是对企业上一年度社会责任信息的系统披露，及时的编制

和发布有助于企业和利益相关方尽早就某一议题进行交流和沟通。研究发现，2015 年，超八成的报告发布时间分布在第一、第二季度，时效性较好。

另外，报告发布方式逐渐平台化，集中发布形式日益受到企业青睐。整体来看，企业单独发布报告仍占绝大部分，但由第三方机构组织集中发布的方式日渐增多。集中发布的方式大体可分为两类：其一，以省市为单位集中发布。如 2015 年，安徽省、上海市、贵州省、湖南省等所属机构先后组织省市社会责任发布会，鼓励企业集中发布。其二，以行业为单位集中发布。如 2015 年，工经联组织 78 家工业企业联合发布社会责任报告；中国煤炭工业协会召开统一发布会，22 家煤炭企业共同发布社会责任报告；第二批媒体试点单位，如中央电视台、人民网、《经济日报》、湖南卫视等 28 家媒体集中发布，湖南省 39 家信托业企业集中发布 2014 年社会责任报告等。

评级篇

中国企业社会责任报告评级（2015）

第三章 评级概述

为进一步推动、规范我国企业社会责任报告编制工作，2014年1月，中国社会科学院经济学部企业社会责任研究中心（以下简称"中心"）在各界专家的支持下，依据《中国企业社会责任报告编写指南 CASS-CSR3.0》系列，对《中国企业社会责任报告评级标准（2010）》进行修订，增加社会责任报告过程性管理评估，形成最新评级标准——《中国企业社会责任报告评级标准（2014）》。

中心抽调专家组成评级小组，前往企业进行实地评估，与企业社会责任管理代表面对面交流，了解企业社会责任报告编制过程，查看报告编制过程性资料，从组织、启动、参与、界定、撰写、发布及反馈等角度，对报告过程性管理进行评估，推动企业以报告编写促社会责任管理，并从"中国企业社会责任报告评级专家委员会"中抽调专家，对企业社会责任报告进行过程性、完整性、实质性、平衡性、可比性、可读性、创新性等全方位评级。中国社科院企业社会责任研究中心秉承"科学、公正、合理、开放"的原则，希望通过报告评级与社会各界共同推动我国企业社会责任的发展。

截至2015年11月30日，累计为261份中外企业社会责任报告提供评级服务。其中，2015年评级企业数量再创新高，增至65家。中国社会科学院企业社会责任研究中心报告评级对推动企业社会责任报告编写规范，形成企业社会责任信息透明环境具有重要价值。

第四章 评级结果

一、评级企业及报告概况

（一）评级企业数量持续增加

2015 年，中国企业社会责任报告评级专家委员会对南方电网、中国石化、中国三星、丰田中国、民生银行等 65 家国内外大型企业的社会责任报告进行了评级（见图 4-1）。其中参与评级的外资企业由 2014 年的 10 家增至 2015 年的 13 家，并新增 2 家事业单位参与报告评级；评级企业的总部所在地覆盖 8 个省/直辖市（北京、上海、广东、山西、陕西、河北、天津、湖北）；评级企业数量呈平稳上升趋势，评级企业的范围和影响力逐渐扩大，报告评级已成为我国企业社会责任报告领域最具影响力的第三方评价服务。

（二）报告篇幅主要集中在 80~99 页，内容相对丰富

适度的社会责任报告篇幅是企业对利益相关方进行交流和沟通的必要条件和保证。65 家评级企业中，80~99 页的报告最多，达 31 份，占比 47.7%；其次为 60~79 页的报告，达 17 份，占比 26.2%；40~59 页及 120 页以上的报告相对较少。总体来看，评级企业报告内容丰富，信息覆盖较为全面，能满足利益相关方需要，如图 4-2 所示。

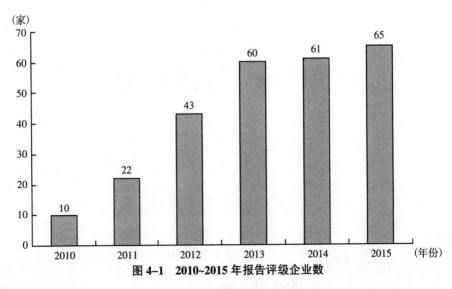

图 4-1　**2010~2015 年报告评级企业数**

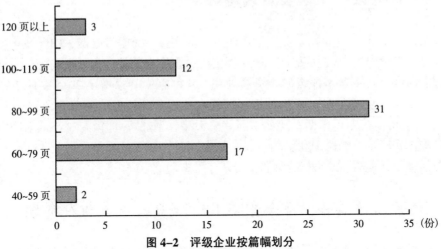

图 4-2　**评级企业按篇幅划分**

（三）评级企业报告编制工作起步较早，超七成企业发布 4 份以上报告

评级企业中，第五次发布报告的企业最多，达 17 家，占比 26.2%。第四次及以上发布社会责任报告的企业近七成，其中，中国铝业、中国海洋石油总公司等为第十次发布社会责任报告。可见，评级企业对社会责任工作的重视度较高，社会责任报告编制工作开展较早，如图 4-3 所示。

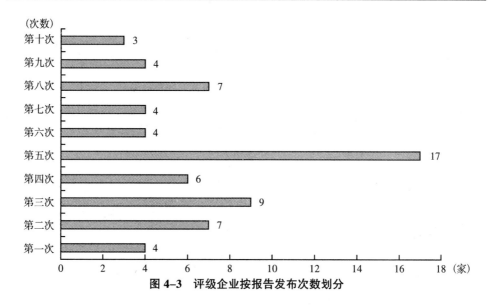

图 4-3　评级企业按报告发布次数划分

（四）参考标准以社科院编写指南和 GRI 标准居多

评级企业的报告写作相对规范，信息披露也较全面。其中参考最多的为社科院编制的《中国企业社会责任报告编写指南（CASS-CSR3.0）》，达 64 家，其次为国际标准 GRI，共 52 家企业以此为依据编写社会责任报告。分别有 32 家企业采用国资委指导意见和 ISO26000 作为报告编写标准，如图 4-4 所示。

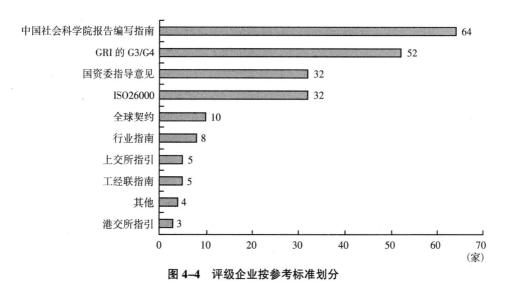

图 4-4　评级企业按参考标准划分

（五）近半数评级企业设置责任专题，聚焦于社区责任及行业热点

2015年，评级企业共28家设立责任专题，占比43.1%，责任专题的设置，有利于相关方快速了解评级企业在本年度报告想要凸显的亮点工作。由于国家政策的影响、行业热点的变化及企业战略的调整，企业每年度责任专题的呈现重点不一。

具体来看，2015年，回应国家政策的企业共13家，如国机集团、中钢集团、中国建筑、佳能、国华电力等企业针对"一带一路"战略均开设责任专题，华能、大唐、华润集团等设立"依法治企"和"党的群众路线教育实践"方面的责任专题，南方电网、太原钢铁、华润电力等针对"能源改革"开设相应责任专题。体现行业特色的企业共18家，如中国移动的"4G来了"、光大银行的"光大·云缴费"、中国电信的"互联网+"、中海油的"深水开发ABC"等。体现公司战略发展层面的企业共有8家，其中，中国电科以"战略引领，改革助推"为专题，对企业未来发展重点进行详细阐述。

从议题内容来看，评级企业责任专题聚焦于社区责任、技术创新、环境责任等方面。聚焦于社区责任的共15家，如华润集团通过"华润希望小镇"的专版呈现，充分展现华润集团在社会公益方面的卓越成效；佳能充分发挥专业优势，以影像方式记录传统文化，并设置"共同发现丝路之美"专题，详细阐述企业对非物质文化遗产保护的过程及绩效等。聚焦于技术创新的共13家，如中国移动紧贴行业热点，设置"4G来了"专题，全面介绍4G技术的应用与成效，拉近与读者距离；松下电器在报告中设置"需求导向研发，只为满意创造"，对"宝贝星"洗衣机的诞生之路进行介绍，充分展现松下以客户需求为导向的研发理念。聚焦于环境责任的共10家，如丰田汽车专注环境问题的解决，开篇设置"丰田混合动力，引领绿色环保造车技术"专题，详述企业对环保车研发的成效及愿景；台达集团设置"应对气候变化，推广绿建筑"专题，凸显企业"环保、节能、爱地球"的责任理念等。如图4-5所示。

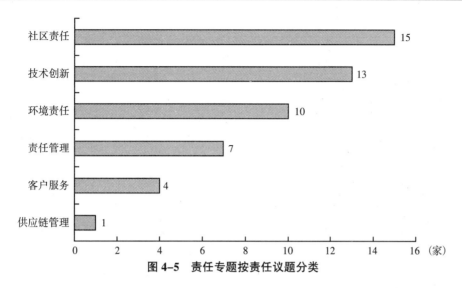

图4-5　责任专题按责任议题分类

二、评级结果

在 2015 年参与评级的 65 家企业中，23 家企业的社会责任报告被评为五星级（占比 35.4%），与 2014 年相比，增加 10 家；30 家企业的社会责任报告被评为四星半级（占比 46.2%），比 2014 年增加 4 家；11 家企业的社会责任报告被评为四星级（占比 16.9%），比 2014 年减少 8 家；1 家企业的社会责任报告被评为三星半级（占比 1.5%），比 2014 年减少 2 家。总体来看，2015 年评级企业社会责任报告整体质量有所提升，如表 4-1 所示。

表 4-1　2015 年评级企业名单及评级结果

序　号	评级企业名称	星　级
1	中国海洋石油总公司	★★★★★
2	中国石油化工股份有限公司	★★★★★
3	中国建筑股份有限公司	★★★★★
4	中国移动通信集团公司	★★★★★
5	神华集团有限责任公司	★★★★★
6	中国南方电网有限责任公司	★★★★★
7	中国华电集团公司	★★★★★
8	东风汽车公司	★★★★★

续表

序　号	评级企业名称	星　级
9	中国兵器工业集团公司	★★★★★
10	中国铝业公司	★★★★★
11	中国节能环保集团公司	★★★★★
12	中国华能集团公司	★★★★★
13	北京控股集团有限公司	★★★★★
14	三星（中国）投资有限公司	★★★★★
15	中国石油化工集团公司	★★★★★
16	上海大众汽车有限公司	★★★★★
17	松下电器（中国）有限公司	★★★★★
18	中国建筑材料集团有限公司	★★★★★
19	中国电子信息产业集团有限公司	★★★★★
20	中国电信集团公司	★★★★★
21	华润（集团）有限公司	★★★★★
22	中国电子科技集团公司	★★★★★
23	中国黄金集团公司	★★★★★
24	中国光大银行股份有限公司	★★★★☆
25	丰田汽车（中国）投资有限公司	★★★★☆
26	越秀地产股份有限公司	★★★★☆
27	天津生态城投资开发有限公司	★★★★☆
28	华润置地有限公司	★★★★☆
29	深圳供电局有限公司	★★★★☆
30	中国民生银行股份有限公司	★★★★☆
31	中国交通建设股份有限公司	★★★★☆
32	华润电力控股有限公司	★★★★☆
33	中国储备棉管理总公司	★★★★☆
34	远洋地产控股有限公司	★★★★☆
35	中国航空工业集团公司	★★★★☆
36	广州百货集团有限公司	★★★★☆
37	太原钢铁（集团）有限公司	★★★★☆
38	现代汽车（中国）投资有限公司	★★★★☆
39	中国大唐集团公司	★★★★☆
40	LG（中国）	★★★★☆
41	LG化学（中国）	★★★★☆
42	中国盐业总公司	★★★★☆
43	中国机械工业集团有限公司	★★★★☆
44	台达中国区	★★★★☆

续表

序 号	评级企业名称	星 级
45	佳能（中国）有限公司	★★★★☆
46	斗山（中国）投资有限公司	★★★★☆
47	浦项（中国）投资有限公司	★★★★☆
48	社会科学文献出版社	★★★★☆
49	新兴际华集团有限公司	★★★★☆
50	中国医药集团总公司	★★★★☆
51	中国中钢集团	★★★★☆
52	中国北方工业公司	★★★★☆
53	中国兵器装备集团公司	★★★★☆
54	国家开发投资公司	★★★★
55	朔黄铁路发展有限责任公司	★★★★
56	神华国华电力公司	★★★★
57	北京三元食品股份有限公司	★★★★
58	神朔铁路分公司	★★★★
59	中国航天科技集团公司	★★★★
60	广东省建筑工程集团有限公司	★★★★
61	上海韩泰轮胎销售有限公司	★★★★
62	中芯国际集成电路制造有限公司	★★★★
63	中国黄金国际资源有限公司	★★★★
64	中国诚通控股集团有限公司	★★★★
65	中国互联网络信息中心	★★★☆

注：同星级排名得分不分先后，按评级报告出具时间排列。

第五章　评级报告展示（五星级）

一、《中国海洋石油总公司 2014 年可持续发展报告》评级报告

中国社会科学院经济学部企业社会责任研究中心（以下简称"中心"）受中国海洋石油总公司委托，从"中国企业社会责任报告评级专家委员会"中抽选专家组成评级小组，对《中国海洋石油总公司 2014 年可持续发展报告》（以下简称《报告》）进行评级。

一、评级依据

《中国企业社会责任报告编写指南（CASS-CSR3.0)》暨《中国企业社会责任报告评级标准（2014)》。

二、评级过程

1. 过程性评估小组访谈中国海洋石油总公司社会责任相关部门成员；

2. 过程性评估小组审查中国海洋石油总公司及下属企业社会责任报告编写过程相关资料；

3. 评级小组对企业社会责任报告的管理过程及《报告》的披露内容进行评价。

三、评级结论

过程性（★★★★★）

公司政策研究室牵头成立报告编写组，高层领导负责编写推进及报告审定；编写组对利益相关方进行识别与排序，并通过意见征求会、问卷调查等形式收集相关方意见；根据相关方意见、公司重大事项、国家相关政策、行业对标分析等对实质性议题进行界定；计划召开专项发布会，并将以印刷品、电子版、微信版等形式呈现报告，具有卓越的过程性表现。

实质性 （★★★★★）

《报告》系统披露了"保障能源供应"、"强化安全运营"、"提升质量管理"、"注重科技创新"、"应对气候变化"、"水资源管理"等石油天然气开采与加工业关键性议题，叙述详细充分，具有卓越的实质性表现。

完整性 （★★★★）

《报告》从"可持续发展战略"、"促进经济增长"、"加强环境保护"、"推动社会进步"、"海外社会责任"等角度系统披露了石油天然气开采与加工业核心指标的 77.0%，完整性表现优秀。

平衡性 （★★★★☆）

《报告》披露了"可记录伤害事件数"、"员工死亡人数"、"职业病发生次数"、"员工流失率"等负面数据信息，并简要阐述了公司"隐患排查"的范围及整改进展，平衡性表现领先。

可比性 （★★★★★）

《报告》披露了"研发投入"、"员工总数"、"环保投入"等 60 余个关键绩效指标连续 3 年以上的历史数据，并就"原油产量"、"天然气产量"、"LNG 进口量"等指标与全国数据对比，可比性表现卓越。

可读性 （★★★★☆）

《报告》主题明确，框架合理，逻辑清晰；采用图片、表格等形式，与文字叙述相得益彰；案例丰富并对专业词汇进行解释，显著提高了报告的易读性，具有领先的可读性表现。

创新性 （★★★★☆）

《报告》以"数字海油"开篇，凸显公司社会责任绩效；设有"海外社会责任报告"专版，详述企业海外履责实践，供国内外相关方了解，创新性表现领先。

综合评级 （★★★★★）

经评级小组评价，《中国海洋石油总公司 2014 年可持续发展报告》为五星级，是一份卓越的企业社会责任报告。

四、改进建议

增加行业核心指标的披露，进一步提高报告的完整性。

评级小组

组长：中国社科院经济学部企业社会责任研究中心　钟宏武

成员：中国企业公民委员会副会长　刘卫华

中山大学岭南学院经济管理系教授　陈宏辉
中心过程性评估员　翟利峰、王梦娟

评级专家委员会主席　　　　　　　评级小组组长
中心常务副理事长　　　　　　　　中心主任

出具时间：2015 年 3 月 9 日

二、《中国石化 2014 年可持续发展进展报告》 评级报告

中国社会科学院经济学部企业社会责任研究中心（以下简称"中心"）受中国石油化工股份有限公司委托，从"中国企业社会责任报告评级专家委员会"中抽选专家组成评级小组，对《中国石化 2014 年可持续发展进展报告》（以下简称《报告》）进行评级。

一、评级依据

《中国企业社会责任报告编写指南（CASS-CSR3.0）》暨《中国企业社会责任报告评级标准（2014）》。

二、评级过程

1. 过程性评估小组访谈中国石油化工股份有限公司社会责任相关部门成员；

2. 过程性评估小组现场审查中国石油化工股份有限公司社会责任报告编写过程相关资料；

3. 评级小组对社会责任报告的管理过程及《报告》的披露内容进行评价。

三、评级结论

过程性（★★★★★）

公司董秘局牵头成立报告编写组，高层领导负责报告编写管理及审定；编写组对利益相关方进行识别，并通过访谈、问卷调查等方式收集相关方意见；根据相关方意见、公司重大事项、国家相关政策、行业对标分析等对实质性议题进行界定和筛选；计划在官方网站发布报告，并将以印刷品、电子版等形式呈现报告，具有卓越的过程性表现。

实质性（★★★★★）

《报告》系统披露了"可持续能源供应"、"成品油质量升级"、"职业健康管理"、"安全生产保障"、"能源技术创新"、"碳资产管理"等石油天然气开采与加工业关键性议题，叙述详细充分，具有卓越的实质性表现。

完整性（★★★★）

《报告》从"我们的治理"、"我们的行动"、"我们的业绩"等角度系统披露了石油天然气开采与加工业核心指标的 78.5%，完整性表现优秀。

平衡性（★★★★☆）

《报告》披露了"上报事故数"、"千人事故死亡率"、"重大风险事故数"等负

面数据信息，并简述了"廉政建设"的查处结果及处分人数，平衡性表现领先。

可比性（★★★★★）

《报告》披露了"营业收入"、"成品油经营量"、"员工人数"、"安全培训投入"等47个关键绩效指标连续3年以上的历史数据，可比性表现卓越。

可读性（★★★★★）

《报告》逻辑清晰，结构合理，案例丰富；采用儿童画风格设计，形式活泼，富有亲和力，并对专业术语进行解释，显著提高了报告的悦读性，具有卓越的可读性表现。

创新性（★★★★★）

《报告》各篇章页采用儿童环保画作，以儿童视角诠释责任期盼，想法新颖；设置海外社会责任板块，详细阐述海外责任绩效，创新性表现卓越。

综合评级（★★★★★）

经评级小组评价，《中国石化2014年可持续发展进展报告》为五星级，是一份卓越的企业社会责任报告。

四、改进建议

增加对公司可持续发展未来计划的披露，进一步提高报告的完整性。

评级小组

组长：中国企业联合会企业创新工作部主任　程多生

成员：中国社科院经济学部企业社会责任研究中心常务副主任　张蒽

　　　上海证券交易所高级经理　杨金忠

　　　中心过程性评估员　翟利峰、王梦娟

评级专家委员会主席　　　　　　　　　　评级小组组长

中心常务副理事长　　　　　　　　　　　中心副理事长

出具时间：2015年3月18日

三、《中国建筑 2014 年可持续发展报告》评级报告

中国社会科学院经济学部企业社会责任研究中心（以下简称"中心"）受中国建筑股份有限公司委托，从"中国企业社会责任报告评级专家委员会"中抽选专家组成评级小组，对《中国建筑 2014 年可持续发展报告》（以下简称《报告》）进行评级。

一、评级依据

《中国企业社会责任报告编写指南（CASS–CSR3.0)》暨《中国企业社会责任报告评级标准（2014)》。

二、评级过程

1. 过程性评估小组访谈中国建筑股份有限公司社会责任相关部门成员；

2. 过程性评估小组现场审查中国建筑股份有限公司社会责任报告编写过程相关资料；

3. 评级小组对社会责任报告的管理过程及《报告》的披露内容进行评价。

三、评级结论

过程性（★★★★☆）

企业文化部牵头成立报告编写组，高层领导负责编写推进及报告审定；编写组对利益相关方进行识别，并通过访谈、调查问卷等方式收集相关方意见；根据公司重大事项、国家相关政策、行业对标分析等对实质性议题进行界定；计划在重大活动中嵌入发布报告，并将以印刷品、电子版、手机 APP 版等形式呈现报告，具有领先的过程性表现。

实质性（★★★★☆）

《报告》系统披露了"建筑质量管理"、"科技创新"、"农民工权益保护"、"安全生产"、"建筑垃圾管理"、"绿色建筑"等建筑业关键性议题，叙述详细充分，实质性表现领先。

完整性（★★★★★）

《报告》从"笃诚守信 共创股东价值"、"品质至上 共享精致生活"、"善待资源 共建绿色家园"、"拼搏进取 共促员工发展"、"协同联动 共筑伙伴成长"、"持续创新 共引行业进步"、"人文关怀 共绘社区和谐"七个方面系统披露了建筑业核心指标的 90.0%，完整性表现卓越。

平衡性（★★★★★）

《报告》披露了"员工流失率"、"亿元产值死亡率"等负面数据信息，并以案例形式对项目违规、安全生产事故发生的原因、经过和改进措施进行阐述，平衡性表现卓越。

可比性（★★★★★）

《报告》披露了"营业收入"、"年度施工面积"、"环保总投资"、"员工总人数"等55个关键绩效指标连续3年以上的历史数据，并就"建筑业总产值"、"房屋竣工面积"等数据进行横向比较，可比性表现卓越。

可读性（★★★★★）

《报告》延续"七彩报告"的设计风格，将中国文化与报告框架巧妙结合，逻辑清晰，构思新颖；采用"小贴士"的方式对相关词汇进行解释，提高了报告的易读性，具有卓越的可读性表现。

创新性（★★★★★）

《报告》各篇章开篇以责任故事的形式，生动展现责任实践；设置"一带一路拓展海外幸福空间"和"以人为本的新型城镇化建设"专题，结合热点，时效性强，创新性表现卓越。

综合评级（★★★★★）

经评级小组评价，《中国建筑2014年可持续发展报告》为五星级，是一份卓越的企业社会责任报告。

四、改进建议

增加承包商管理等内容的披露，进一步提高报告实质性。

评级小组

组长：中国社科院经济学部企业社会责任研究中心主任　钟宏武
成员：清华大学创新与社会责任研究中心主任　邓国胜
　　　上海证券交易所总监助理　杨金忠
　　　中心过程性评估员　翟利峰、王梦娟

评级专家委员会主席　　　　　　　　评级小组组长
中心常务副理事长　　　　　　　　　中心主任

出具时间： 2015 年 4 月 17 日

四、《中国移动通信集团公司 2014 年可持续发展报告》评级报告

中国社会科学院经济学部企业社会责任研究中心（以下简称"中心"）受中国移动通信集团公司委托，从"中国企业社会责任报告评级专家委员会"中抽选专家组成评级小组，对《中国移动通信集团公司 2014 年可持续发展报告》（以下简称《报告》）进行评级。

一、评级依据

《中国企业社会责任报告编写指南（CASS-CSR3.0）》暨《中国企业社会责任报告评级标准（2014）》。

二、评级过程

1. 过程性评估小组访谈中国移动通信集团公司社会责任相关部门成员；

2. 过程性评估小组现场审查中国移动通信集团公司社会责任报告编写过程相关资料；

3. 评级小组对社会责任报告的管理过程及《报告》的披露内容进行评价。

三、评级结论

过程性（★★★★★）

公司发展战略部牵头成立报告编写组，高层领导负责编写推进及报告审定；编写组对利益相关方进行识别，通过调查问卷、访谈等形式收集相关方意见；根据相关方意见、国家相关政策、国内外行业对标分析等对实质性议题进行界定；计划召开专项发布会，并将以印刷品、电子版、中英文版本等形式呈现报告，具有卓越的过程性表现。

实质性（★★★★★）

《报告》系统披露了"确保通信质量"、"产品服务创新"、"优化资费结构"、"应对客户投诉"、"客户信息保护"、"缩小数字鸿沟"、"电磁辐射管理"等通信服务业关键性议题，具有卓越的实质性表现。

完整性（★★★★★）

《报告》从"可持续发展战略与管理"、"负责任的经营"、"包容性的成长"、"可持续的价值"等角度，系统披露了通信服务业核心指标的 92.0%，完整性表现领先。

平衡性（★★★★★）

《报告》披露了"百万客户申诉率"、"3G 网掉话率"、"员工流失数"等负面数据信息，并以案例形式对损害客户知情权发生的原因、经过及改进措施进行描述，平衡性表现卓越。

可比性（★★★★★）

《报告》披露了"营业收入"、"新能源基站到达数"、"员工总数"、"CO_2 排放总量"等 70 余个关键指标连续 3 年以上的数据；并就《财富》世界 500 强排名等数据进行横向比较，可比性表现卓越。

可读性（★★★★★）

《报告》框架清晰，语言流畅，案例丰富；图形、表格等表达形式丰富，与文字叙述相得益彰；多处嵌入相关方声音，提升报告可信度，具有卓越的可读性表现。

创新性（★★★★★）

《报告》各篇章以人物故事开篇，通过柔性沟通，提升读者兴趣和报告可信度；以"期望—行动—绩效—计划"的形式结尾，针对性回应相关方期望，创新性表现卓越。

综合评级（★★★★★）

经评级小组评价，《中国移动通信集团公司 2014 年可持续发展报告》为五星级，是一份卓越的企业社会责任报告。

四、改进建议

增加行业横向数据的比较，进一步提高报告可比性。

评级小组

组长：中国社科院经济学部企业社会责任研究中心主任 钟宏武

成员：中国企业公民委员会副会长 刘卫华

中国企业联合会雇主工作部副主任、全球契约中国网络执行秘书长 韩斌

中心过程性评估员 王承波、王梦娟

评级专家委员会主席　　　　　　　　评级小组组长

中心常务副理事长　　　　　　　　　中心主任

出具时间：2015 年 4 月 24 日

五、《神华集团 2014 年度社会责任报告》 评级报告

中国社会科学院经济学部企业社会责任研究中心（以下简称"中心"）受神华集团有限责任公司（简称"神华集团"）委托，从"中国企业社会责任报告评级专家委员会"中抽选专家组成评级小组，对《神华集团 2014 年度社会责任报告》（以下简称《报告》）进行评级。

一、评级依据

《中国企业社会责任报告编写指南（CASS-CSR3.0)》暨《中国企业社会责任报告评级标准（2014)》。

二、评级过程

1. 过程性评估小组访谈神华集团社会责任相关部门成员；
2. 过程性评估小组现场审查神华集团社会责任报告编写过程相关资料；
3. 评级小组对社会责任报告的管理过程及《报告》的披露内容进行评价。

三、评级结论

过程性（★★★★☆）

集团办公厅社会责任处牵头成立报告编写组，高层领导负责编写推进及报告审定；编写组对利益相关方进行识别，通过问卷调查等方式收集部分相关方意见；根据公司重大事项、国家相关政策、行业对标等对实质性议题进行界定；计划以嵌入方式发布报告，并将以印刷品、电子版等形式呈现报告，具有领先的过程性表现。

实质性（★★★★★）

《报告》系统披露了"保障能源供应"、"煤质控制与管理"、"职业健康管理"、"安全生产"、"发展循环经济"、"清洁煤技术研发"、"矿区生态保护"等煤炭开采与洗选业关键性议题，叙述详尽充分，具有卓越的实质性表现。

完整性（★★★★☆）

《报告》从"责任融合争创一流之路"、"高质高效做强做优之路"、"向零奋进安全发展之路"、"清洁环保生态文明之路"、"驱动变革创新升级之路"、"以人为本积淀幸福之路"、"奉献爱心和谐共赢之路"等角度系统披露了煤炭开采与洗选业核心指标的 88.0%，完整性表现领先。

平衡性（★★★★☆）

《报告》披露了"百万吨死亡率"、"重大及以上安全生产事故数"、"新增职业病人数"等负面数据信息，并简述了"三违"专项查处的经过、结果及改进措施，平衡性表现领先。

可比性（★★★★）

《报告》披露"专利授权数"、"矿井水产生量"、"工业废水利用量"等连续3年及以上的绩效数据，并披露多个年度关键绩效，可比性表现优秀。

可读性（★★★★☆）

《报告》结构合理，逻辑清晰，文笔流畅；图片、表格等表达方式丰富，排版精美，具有领先的可读性表现。

创新性（★★★★☆）

《报告》设置专题，详述企业在清洁生产、清洁利用、清洁转化等方面的责任表现，便于相关方了解，凸显"让能源清洁　让生活改变"的责任愿景，创新性表现领先。

综合评级（★★★★★）

经评级小组评价，《神华集团2014年度社会责任报告》为五星级，是一份卓越的企业社会责任报告。

四、改进建议

增加企业连续3年以上关键数据的披露，提高报告的可比性。

评级小组

组长：中国社科院经济学部企业社会责任研究中心主任　钟宏武

成员：中国企业公民委员会副会长　刘卫华

中山大学岭南学院教授　陈宏辉

中心过程性评估员　翟利峰、王梦娟

评级专家委员会主席　　　　　　　　　评级小组组长

中心常务副理事长　　　　　　　　　　中心主任

出具时间：2015年4月24日

六、《中国南方电网公司 2014 年企业社会责任报告》评级报告

中国社会科学院经济学部企业社会责任研究中心（以下简称"中心"）受中国南方电网公司委托，从"中国企业社会责任报告评级专家委员会"中抽选专家组成评级小组，对《中国南方电网公司 2014 年企业社会责任报告》（以下简称《报告》）进行评级。

一、评级依据

《中国企业社会责任报告编写指南（CASS–CSR3.0)》暨《中国企业社会责任报告评级标准（2014)》。

二、评级过程

1. 过程性评估小组访谈中国南方电网公司社会责任相关部门成员；

2. 过程性评估小组现场审查中国南方电网公司社会责任报告编写过程相关资料；

3. 评级小组对社会责任报告的管理过程及《报告》的披露内容进行评价。

三、评级结论

过程性（★★★★★）

公司战略策划部牵头成立报告编写组，高层领导负责编写推进及报告审定；编写组对利益相关方进行识别与排序，并通过专家研讨、问卷调查等方式收集相关方意见；根据相关方意见、公司重大事项、国家相关政策、行业对标分析等对实质性议题进行界定；计划召开专项发布会，并将以印刷品、电子版、多语种版本等形式呈现报告，具有卓越的过程性表现。

实质性（★★★★★）

《报告》系统披露了"保障电力供应"、"提供优质便捷服务"、"保障安全运行"、"员工职业健康安全"、"建设绿色电网"、"提高运营效率"等电力供应业关键性议题，叙述详细充分，具有卓越的实质性。

完整性（★★★★★）

《报告》从"电力供应"、"绿色环保"、"经济绩效"、"社会和谐"、"责任管理"等角度披露了电力供应业核心指标的 91.0 %，完整性表现领先。

平衡性（★★★★★）

《报告》披露了"重大及以上电力安全事故数"、"百万客户投诉率"、"三级及

以上电力安全事件数"等负面数据信息，并以专题形式，对公司安全生产、违规违纪等事件的处置和改进措施进行详细阐述，平衡性表现卓越。

可比性（★★★★★）

《报告》披露了 41 个关键绩效指标连续 3 年的历史数据，并就"客户平均停电时间"、"综合线损率"等数据进行横向比较，可比性表现卓越。

可读性（★★★★★）

《报告》框架清晰，篇幅适宜，语言流畅；图片、表格等表达形式丰富，与文字叙述相得益彰；并在多处使用"一张图看懂"的形式，深入浅出，趣味盎然，显著提高了报告的悦读性，具有卓越的可读性表现。

创新性（★★★★★）

《报告》各章节开篇设置"本章导读"，通过实质性议题矩阵分析，明确章节重点，利于相关方快速了解；多处以"回声墙"形式，针对性回应相关方期望，创新性表现卓越。

综合评级（★★★★★）

经评级小组评价，《中国南方电网公司 2014 年企业社会责任报告》为五星级，是一份卓越的企业社会责任报告。

四、改进建议

对部分文字进行精炼，进一步提高报告可读性。

评级小组

组长：中国社科院经济学部企业社会责任研究中心主任 钟宏武

成员：中国电力企业联合会秘书长 王志轩

中国企业联合会企业创新工作部主任 程多生

中心过程性评估员 钟宏武、翟利峰

评级专家委员会主席   评级小组组长

中心常务副理事长   中心主任

出具时间：2015 年 4 月 24 日

七、《中国华电集团公司2014年社会责任报告》评级报告

中国社会科学院经济学部企业社会责任研究中心（以下简称"中心"）受中国华电集团公司委托，从"中国企业社会责任报告评级专家委员会"中抽选专家组成评级小组，对《中国华电集团公司2014年社会责任报告》（以下简称《报告》）进行评级。

一、评级依据

《中国企业社会责任报告编写指南（CASS-CSR3.0)》暨《中国企业社会责任报告评级标准（2014)》。

二、评级过程

1. 过程性评估小组访谈中国华电集团公司社会责任相关部门成员；

2. 过程性评估小组现场审查中国华电集团公司社会责任报告编写过程相关资料；

3. 评级小组对社会责任报告的管理过程及《报告》的披露内容进行评价。

三、评级结论

过程性（★★★★☆）

公司办公厅牵头成立报告编写小组，高层领导参与编写推进及报告审定；编写组识别利益相关方期望，根据相关方意见及公司战略等对实质性议题进行界定；报告发布前召开专家研讨会，收集100余条报告改进建议；公司计划召开报告专项发布会，并将以印刷品、电子版、微信版等形式呈现报告，具有领先的过程性表现。

实质性（★★★★★）

《报告》系统披露了"保障电力供应"、"安全生产"、"发展绿色电力"、"新建项目环评"、"节约资源能源"等电力生产业关键性议题，叙述详细充分，具有卓越的实质性表现。

完整性（★★★★★）

《报告》从"建设生态文明"、"推进依法治企"、"创造经济效益"、"耕耘海外发展"、"致力社会和谐"、"促进员工成长"等角度披露了电力生产业核心指标的90.0%，完整性表现卓越。

平衡性（★★★★）

《报告》披露了"原煤生产百万吨死亡率"、"重大设备事故次数"、"一般设备

事故次数"、"人身伤亡事故次数"、"职业病发生次数"、"员工流失率"等负面数据信息，平衡性表现优秀。

可比性（★★★★★）

《报告》披露了"资产总额"、"环保培训覆盖率"、"员工培训覆盖率"等90余个关键指标连续3年以上的数据；并就"供电煤耗"、"净资产率"、"煤炭设备利用小时"等数据进行横向比较，可比性表现卓越。

可读性（★★★★★）

《报告》框架清晰，语言流畅，篇幅适宜；图片、表格等表达形式丰富，与文字叙述相得益彰；用大量案例解说关键内容，并对关键绩效数据醒目处理，增强报告沟通力，可读性表现卓越。

创新性（★★★★★）

《报告》以"董事长面对面"的对话形式展现高层领导对社会责任工作的见解，形式新颖；以"我们蛮拼的"开篇，通过讲述华电人的责任故事，以小见大，生动刻画企业在电力供应、责任采购、环保、公益等领域的责任绩效，提高读者兴趣，创新性表现卓越。

综合评级（★★★★★）

经评级小组评价，《中国华电集团公司2014年社会责任报告》为五星级，是一份卓越的企业社会责任报告。

四、改进建议

增加负面事件分析，进一步提高报告平衡性。

评级小组

组长：中国社科院经济学部企业社会责任研究中心主任　钟宏武

成员：中国企业联合会雇主工作部副主任、全球契约中国网络执行秘书长　韩斌

　　　北方工业大学经济管理学院副教授　魏秀丽

　　　中心过程性评估员　王梦娟、陈晓飞

评级专家委员会主席　　　　　　　　评级小组组长

中心常务副理事长　　　　　　　　　中心主任

出具时间：2015年5月18日

八、《东风汽车公司 2014 年社会责任报告》评级报告

中国社会科学院经济学部企业社会责任研究中心（以下简称"中心"）受东风汽车公司委托，从"中国企业社会责任报告评级专家委员会"中抽选专家组成评级小组，对《东风汽车公司 2014 年社会责任报告》（以下简称《报告》）进行评级。

一、评级依据

《中国企业社会责任报告编写指南（CASS-CSR3.0)》暨《中国企业社会责任报告评级标准（2014)》。

二、评级过程

1. 过程性评估小组访谈东风汽车公司社会责任相关部门成员；

2. 过程性评估小组现场审查东风汽车公司社会责任报告编写过程相关资料；

3. 评级小组对社会责任报告的管理过程及《报告》的披露内容进行评价。

三、评级结论

过程性（★★★★★）

公司办公厅牵头成立报告编写小组，高层领导参与编写推进及报告审定；编写组对利益相关方进行识别，并通过访谈、问卷调查等方式收集相关意见；根据相关方意见、行业对标等对实质性议题进行界定；公司计划召开报告专项发布会，并将以印刷品、电子版、微信版等形式呈现报告，具有卓越的过程性表现。

实质性（★★★★★）

《报告》系统披露了"确保产品安全性"、"支持科技研发"、"产品召回机制"、"安全生产"、"节能与新能源汽车"、"工厂节能减排"、"汽车文化培育"等交通运输设备制造业关键性议题，叙述详细充分，具有卓越的实质性表现。

完整性（★★★★☆）

《报告》从"东风责任之道"、"经济责任"、"利益相关方责任"、"环境责任"、"社会公益责任"、"文化责任"等角度披露了交通运输设备制造业核心指标的 88.0%，完整性表现领先。

平衡性（★★★★★）

《报告》披露了"生产安全死亡事故数"、"员工流失率"、"职业病发生率"等负面数据信息，并以责任聚焦的形式对十堰、襄阳基地环保整治的经过及整改措施进行详细阐述，同时简述了神龙汽车的召回行动，平衡性表现卓越。

可比性（★★★★★）

《报告》披露了"销售收入"、"研发投入"、"乘用车销量"等35个关键指标连续3年以上的数据；并就"汽车销量"、"行业排名"等数据进行横向比较，可比性表现卓越。

可读性（★★★★★）

《报告》结构合理，篇幅适宜，语言流畅；图片精美，与文字叙述相辅相成；封面使用员工组图，并采用镂空设计，别出心裁，具有卓越的可读性表现。

创新性（★★★★☆）

《报告》以"责任聚焦"的形式，详述企业环保专项整治及汽车文化活动，突出年度重点责任实践；以"数说东风"、"图说东风"、"利益相关方说东风"等形式，多角度展示企业年度责任表现，便于相关方全面了解，创新性表现领先。

综合评级（★★★★★）

经评级小组评价，《东风汽车公司2014年社会责任报告》为五星级，是一份卓越的企业社会责任报告。

四、改进建议

进一步明确"利益相关方责任"与其他章节的关系，避免交叉重复。

评级小组

组长：新华网副总裁 魏紫川

成员：北京工商大学经济学院教授 郭毅

　　　商道纵横总经理 郭沛源

　　　中心过程性评估员 王梦娟、陈晓飞

评级专家委员会主席　　　　　　　　　评级小组组长

中心常务副理事长　　　　　　　　　　中心副理事长

出具时间： 2015年5月20日

九、《中国兵器工业集团公司 2014 年企业社会责任报告》评级报告

中国社会科学院经济学部企业社会责任研究中心（以下简称"中心"）受中国兵器工业集团公司委托，从"中国企业社会责任报告评级专家委员会"中抽选专家组成评级小组，对《中国兵器工业集团公司 2014 年企业社会责任报告》（以下简称《报告》）进行评级。

一、评级依据

《中国企业社会责任报告编写指南（CASS-CSR3.0）》暨《中国企业社会责任报告评级标准（2014）》。

二、评级过程

1. 过程性评估小组访谈中国兵器工业集团公司社会责任相关部门成员；

2. 过程性评估小组现场审查中国兵器工业集团公司社会责任报告编写过程相关资料；

3. 评级小组对社会责任报告的管理过程及《报告》的披露内容进行评价。

三、评级结论

过程性（★★★★★）

公司科技与安全环保部牵头成立报告编写小组，高层领导参与编写推进及报告审定；编写组对利益相关方进行识别与排序，并通过意见征求会等方式收集内外部相关方意见；根据专家意见、公司战略对实质性议题进行界定；推动 5 家下属企业发布社会责任报告，计划召开嵌入式发布会，并将以印刷品、电子版、微信版等形式呈现报告，具有领先的过程性表现。

实质性（★★★★★）

《报告》系统披露了"保障国家安全"、"维护公共安全"、"产品质量管理"、"科技创新"、"客户关系管理"、"安全生产"、"节约资源能源"等特种设备制造业关键性议题，叙述详细充分，具有卓越的实质性表现。

完整性（★★★★☆）

《报告》从"心系和平"、"共创价值"、"致力和谐"、"践行绿色"等角度披露了特种设备制造业核心指标的 84.0%，完整性表现领先。

平衡性（★★★★★）

《报告》披露了"安全生产死亡事故数"、"员工流失率"、"环境污染事故数"

等负面数据信息，并以专题形式对"3.25"火药爆炸事故的原因、经过及处理结果进行详细阐述，平衡性表现卓越。

可比性（★★★★★）

《报告》披露了"主营业务收入"、"利润总额"、"环保总投资"等62个关键指标连续3年以上的数据；并就"民品销量"、"千人计划专家数"等数据进行横向比较，可比性表现卓越。

可读性（★★★★★）

《报告》框架清晰，逻辑清楚，案例丰富；采用图片、表格等多种表达形式，与文字叙述相辅相成；报告通篇采用绿色主调，突出环保理念，排版精美，具有卓越的可读性表现。

创新性（★★★★★）

《报告》以"年度案例"的形式，详述第十届中国国际航空航天博览会盛况，展现军工企业风采；各篇末设置专题案例，以故事形式生动叙述企业责任实践，增加报告趣味性，创新性表现卓越。

综合评级（★★★★★）

经评级小组评价，《中国兵器工业集团公司2014年企业社会责任报告》为五星级，是一份卓越的企业社会责任报告。

四、改进建议

增加行业核心指标的披露，进一步提高报告完整性。

评级小组

组长：中国社科院经济学部企业社会责任研究中心主任 钟宏武

成员：中国企业公民委员会副会长 刘卫华

北方工业大学经济管理学院副教授 魏秀丽

中心过程性评估员 翟利峰、张晓丹

评级专家委员会主席　　　　　　　　评级小组组长

中心常务副理事长　　　　　　　　　中心主任

出具时间：2015年5月20日

十、《中国铝业公司 2014 年社会责任报告》评级报告

中国社会科学院经济学部企业社会责任研究中心（以下简称"中心"）受中国铝业公司委托，从"中国企业社会责任报告评级专家委员会"中抽选专家组成评级小组，对《中国铝业公司 2014 年社会责任报告》（以下简称《报告》）进行评级。

一、评级依据

《中国企业社会责任报告编写指南（CASS-CSR3.0)》暨《中国企业社会责任报告评级标准（2014)》。

二、评级过程

1. 过程性评估小组访谈中国铝业公司社会责任相关部门成员；

2. 过程性评估小组现场审查中国铝业公司社会责任报告编写过程相关资料；

3. 评级小组对社会责任报告的管理过程及《报告》的披露内容进行评价。

三、评级结论

过程性（★★★★★）

公司研究室牵头成立报告编写小组，高层领导任编写组组长，参与编写推进及报告审定；编写组对利益相关方进行识别，并通过访谈、问卷调查、意见征求等方式收集相关方意见，根据相关方意见、行业对标、舆情监测等方式对实质性议题进行界定；推动 5 家下属企业发布报告，计划召开专项发布会，并将以印刷品、电子版、多语种版本等形式呈现报告，具有卓越的过程性表现。

实质性（★★★★★）

《报告》系统披露了"环境管理"、"安全生产"、"减少三废排放"、"绿色矿山"、"职业健康管理"、"廉洁从业"、"矿区生态保护"等一般采矿业关键性议题，叙述详细充分，具有卓越的实质性表现。

完整性（★★★★★）

《报告》从"责任管理"、"公司治理"、"员工权益"、"环境保护"、"公平运营"、"社区支持"等角度披露了一般采矿业核心指标的 91.6%，完整性表现领先。

平衡性（★★★★☆）

《报告》披露了"安全生产事故数"、"员工伤亡人数"、"新增职业病例数"等负面数据信息，并简述了公司内部巡视工作的过程及结果，平衡性表现优秀。

可比性（★★★★★）

《报告》披露了"销售收入"、"研发投入"、"工业固体废物综合利用率"等61个关键指标连续3年以上的数据；并就"采矿回采率"、"赤泥综合利用率"等行业数据进行横向比较，可比性表现卓越。

可读性（★★★★★）

《报告》框架清晰，语言流畅，篇幅适宜；图片、表格等表现形式丰富；排版清新，设计精美；并对专业术语进行解释，显著提高了报告易读性，具有卓越的可读性表现。

创新性（★★★★★）

《报告》编排独具匠心，各篇章以"为什么具有实质性—如何管理—管理评估"开篇，对议题内容集中阐述，清晰明了；使用丰富案例及生动人物故事，柔化沟通方式，提升报告传播效果，创新性表现卓越。

综合评级（★★★★★）

经评级小组评价，《中国铝业公司2014年社会责任报告》为五星级，是一份卓越的企业社会责任报告。

四、改进建议

增加对负面事件的分析，进一步提高报告平衡性。

评级小组

组长：中国社科院经济学部企业社会责任研究中心主任　钟宏武
成员：清华大学创新与社会责任研究中心主任　邓国胜
　　　中山大学岭南学院教授　陈宏辉
　　　中心过程性评估员　翟利峰、王梦娟

评级专家委员会主席　　　　　　　　　　评级小组组长
中心常务副理事长　　　　　　　　　　　中心主任

出具时间： 2015 年 5 月 22 日

十一、《中国节能环保集团公司 2014 年社会责任报告》评级报告

　　中国社会科学院经济学部企业社会责任研究中心（以下简称"中心"）受中国节能环保集团公司委托，从"中国企业社会责任报告评级专家委员会"中抽选专家组成评级小组，对《中国节能环保集团公司 2014 年社会责任报告》（以下简称《报告》）进行评级。

　　一、评级依据

　　《中国企业社会责任报告编写指南（CASS–CSR3.0）》暨《中国企业社会责任报告评级标准（2014）》。

　　二、评级过程

　　1. 过程性评估小组访谈中国节能环保集团公司社会责任相关部门成员；

　　2. 过程性评估小组现场审查中国节能环保集团公司社会责任报告编写过程相关资料；

　　3. 评级小组对社会责任报告的管理过程及《报告》的披露内容进行评价。

　　三、评级结论

　　过程性（★★★★☆）

　　公司党群工作部牵头成立报告编写组，高层领导负责编写推进及报告审定；编写组对利益相关方进行识别，通过调查问卷、部门访谈、舆情监测等形式收集相关方意见；根据企业发展战略、相关方意见等对实质性议题进行界定；计划于"节能宣传周"发布报告，并将以印刷品、电子版、H5 版本等形式呈现报告，具有领先的过程性表现。

　　实质性（★★★★★）

　　《报告》系统披露了"产品质量管理"、"产品创新服务"、"安全生产"、"责任采购"、"环保产品的研发与销售"、"减少三废排放"、"节约能源资源"等所在行业关键性议题，具有领先的实质性表现。

　　完整性（★★★★★）

　　《报告》从"护佑碧水蓝天"、"推进卓越管理"、"持续创新之力"、"追求合作共赢"、"筑造幸福家园"、"情暖社会民心"、"责任创造价值"等角度系统披露了所在行业核心指标的 93.0%，完整性表现卓越。

平衡性（★★★★★）

《报告》披露了"安全生产伤亡人数"、"员工流失率"、"亿元产值死亡率"等负面数据信息，并以"安全警钟反思"的专版形式，详述了承包商事故、火灾事故、员工中暑死亡事故的发生经过及处理措施，平衡性表现卓越。

可比性（★★★★★）

《报告》披露了78个关键绩效指标连续3年的可比数据；并就"锂电池销售额"、"专利数"等数据进行横向比较，可比性表现卓越。

可读性（★★★★☆）

《报告》条理清楚，语言流畅，案例丰富；使用生态图的形式，生动展现企业业务布局，整体使用绿色基调，符合企业环保定位，具有领先的可读性表现。

创新性（★★★★★）

《报告》目录使用藏头诗的形式，对"聚合点滴，创生无限"的责任理念进行拆解描述，独具匠心；采用"数说2014"的形式，突出企业履责绩效，利于相关方准确了解，创新性表现卓越。

综合评级（★★★★★）

经评级小组评价，《中国节能环保集团公司2014年社会责任报告》为五星级，是一份卓越的企业社会责任报告。

四、改进建议

对部分文字进行精炼，进一步提高报告可读性。

评级小组

组长：中国社科院经济学部企业社会责任研究中心主任　钟宏武

成员：中国企业联合会雇主工作部副主任、全球契约中国网络执行秘书长　韩斌
　　　北京工商大学经济学院教授　郭毅
　　　中心过程性评估员　王梦娟、陈晓飞

评级专家委员会主席　　　　　　　　　　评级小组组长
中心常务副理事长　　　　　　　　　　　中心主任

出具时间：2015年6月1日

十二、《中国华能集团公司 2014 年可持续发展报告》评级报告

 中国社会科学院经济学部企业社会责任研究中心（以下简称"中心"）受中国华能集团公司委托，从"中国企业社会责任报告评级专家委员会"中抽选专家组成评级小组，对《中国华能集团公司 2014 年可持续发展报告》（以下简称《报告》）进行评级。

一、评级依据

《中国企业社会责任报告编写指南（CASS-CSR3.0)》暨《中国企业社会责任报告评级标准（2014)》。

二、评级过程

 1. 过程性评估小组访谈中国华能集团公司社会责任相关部门成员；

 2. 过程性评估小组现场审查中国华能集团公司社会责任报告编写过程相关资料；

 3. 评级小组对社会责任报告的管理过程及《报告》的披露内容进行评价。

三、评级结论

过程性（★★★★☆）

 公司成立社会责任处，负责报告编写工作，高层领导负责编写推进及报告审定；编写组对利益相关方进行识别，通过访谈、专家研讨等方式收集部分相关方意见；根据公司战略、行业对标等对实质性议题进行界定；计划在官方网上发布报告，并将以印刷品、电子版、H5 版等形式呈现报告，具有领先的过程性表现。

实质性（★★★★★）

《报告》系统披露了"贯彻宏观政策"、"保障电力供应"、"发展绿色电力"、"安全生产"、"节约资源能源"、"保护生态环境"等电力生产业关键性议题，叙述详细充分，具有卓越的实质性表现。

完整性（★★★★☆）

《报告》从"安全责任"、"经济责任"、"环境责任"、"社会责任"等角度系统披露了电力生产业核心指标的 83.0%，完整性表现领先。

平衡性（★★★★★）

《报告》披露了"重大设备事故数"、"人身伤亡事故数"、"非计划停运次数"等负面数据信息，并以专题形式，对安全生产事故发生的原因及改进措施进行深

入阐述，平衡性表现卓越。

可比性（★★★★★）

《报告》披露了"销售收入"、"供电煤耗"、"厂用电率"等38个关键绩效指标连续3年的可比数据；并就"装机规模"、"世界500强企业排名"等数据进行横向比较，可比性表现领先。

可读性（★★★★★）

《报告》框架清晰，结构合理，案例丰富；图片、表格等表达形式丰富，与文字叙述相辅相成；配色和谐，设计精美，具有卓越的可读性表现。

创新性（★★★★★）

《报告》各篇章以"利益相关方期望—我们的行动"开篇，梳理章节重点，层次清晰；以"典型案例"结尾，通过生动故事展现企业履责实践，引人入胜，创新性表现卓越。

综合评级（★★★★★）

经评级小组评价，《中国华能集团公司2014年可持续发展报告》为五星级，是一份卓越的企业社会责任报告。

四、改进建议

加强报告过程性管理，进一步提高利益相关方参与度。

评级小组

组长：中国社科院经济学部企业社会责任研究中心主任 钟宏武

成员：中国电力企业联合会秘书长 王志轩

北方工业大学经济管理学院副教授 魏秀丽

中心过程性评估员 王梦娟、陈晓飞

评级专家委员会主席　　　　　　　　　评级小组组长

中心常务副理事长　　　　　　　　　　中心主任

出具时间：2015年6月3日

十三、《北京控股集团有限公司 2014 社会责任报告》评级报告

中国社会科学院经济学部企业社会责任研究中心（以下简称"中心"）受北京控股集团有限公司委托，从"中国企业社会责任报告评级专家委员会"中抽选专家组成评级小组，对《北京控股集团有限公司 2014 社会责任报告》（以下简称《报告》）进行评级。

一、评级依据

《中国企业社会责任报告编写指南（CASS-CSR3.0）》暨《中国企业社会责任报告评级标准（2014）》。

二、评级过程

1. 过程性评估小组访谈北京控股集团有限公司社会责任相关部门成员；

2. 过程性评估小组现场审查北京控股集团有限公司社会责任报告编写过程相关资料；

3. 评级小组对社会责任报告的管理过程及《报告》的披露内容进行评价。

三、评级结论

过程性（★★★★★）

集团研究室牵头成立报告编写小组，高层领导负责编写推进及报告审定；编写组对利益相关方进行识别，通过调查问卷、部门访谈、实地调研等形式收集相关方意见；根据相关方意见、专家研讨等对实质性议题进行界定；计划在公司重大活动中发布报告，并将以印刷品、电子版、中英文版本等形式呈现报告，具有卓越的过程性表现。

实质性（★★★★★）

《报告》系统披露了"响应国家政策"、"提供优质服务"、"产品服务创新"、"推广绿色能源"、"守法合规"、"绿色办公"、"员工权益保护"等所在行业关键性议题，叙述详细充分，具有卓越的实质性表现。

完整性（★★★★☆）

《报告》从"责任在路上"、"绿色生活"、"健康生活"、"智慧生活"、"幸福生活"等角度系统披露了所在行业核心指标的 80.4%，完整性表现领先。

平衡性（★★★★☆）

《报告》披露了"工伤事故发生数"、"重大交通责任事故数"、"员工流失率"

等负面数据信息，并对安全隐患的排查及处理措施进行简述，同时对民主管理工作开展不平衡的现状进行反思，平衡性表现领先。

可比性（★★★★★）

《报告》披露了 42 个关键绩效指标连续 3 年的可比数据，且对"纳税总额"、"国有资产保值增值率"、"固废垃圾处理规模"等体现企业社会价值的重要指标上，列出了连续 10 年的绩效表现，可比性表现卓越。

可读性（★★★★★）

《报告》框架清晰，结构合理，案例丰富；使用城市建筑图标，凸显企业特色；并以"科普说北控"的形式，对专业术语进行阐述，具有卓越的可读性表现。

创新性（★★★★★）

《报告》采用"社会评北控"、"百姓聊北控"、"数字说北控"等形式，全方位、多角度展现企业履责绩效，突出"让城市生活更美好"的责任理念，创新性表现卓越。

综合评级（★★★★★）

经评级小组评价，《北京控股集团有限公司 2014 社会责任报告》为五星级，是一份卓越的企业社会责任报告。

四、改进建议

增加负面数据及负面事件分析的披露，提高报告的平衡性。

评级小组

组长：中国社科院经济学部企业社会责任研究中心主任　钟宏武

成员：中国企业联合会企业创新工作部主任　程多生

　　　北京工商大学经济学院教授　郭毅

　　　中心过程性评估员　王梦娟、王志敏

评级专家委员会主席　　　　　　　　　评级小组组长

中心常务副理事长　　　　　　　　　　中心主任

出具时间：2015 年 6 月 5 日

十四、《中国三星 2014 年社会责任报告》
评级报告

中国社会科学院经济学部企业社会责任研究中心（以下简称"中心"）受三星（中国）投资有限公司委托，从"中国企业社会责任报告评级专家委员会"中抽选专家组成评级小组，对《中国三星 2014 年社会责任报告》（以下简称《报告》）进行评级。

一、评级依据

《中国企业社会责任报告编写指南（CASS–CSR3.0）》暨《中国企业社会责任报告评级标准（2014）》。

二、评级过程

1. 过程性评估小组访谈三星（中国）投资有限公司社会责任相关部门成员；

2. 过程性评估小组现场审查三星（中国）投资有限公司社会责任报告编写过程相关资料；

3. 评级小组对社会责任报告的管理过程及《报告》的披露内容进行评价。

三、评级结论

过程性（★★★★★）

公司 CSR 事务局牵头成立报告编写组，高层领导负责报告审核；编写组对利益相关方进行识别，并通过专家研讨、问卷调查、部门访谈等方式收集相关方意见；根据国家政策要求、行业对标分析、集团战略等对实质性议题进行界定；计划在官方网站发布报告，并将以印刷品、电子版、H5 版本等形式呈现报告，具有卓越的过程性表现。

实质性（★★★★★）

《报告》系统披露了"产品质量管理"、"产品技术创新"、"供应链 CSR 管理"、"职业健康管理"、"安全生产"、"环境保护"等电子产品与电子元器件制造业关键性议题，叙述详细充分，具有卓越的实质性表现。

完整性（★★★★☆）

《报告》从"责任管理"、"责任行动"、"责任绩效"等角度披露了电子产品与电子元器件制造业核心指标的 86.4%，完整性表现领先。

平衡性（★★★★☆）

《报告》披露了"工伤人数"、"员工失业率"等负面数据信息，并以案例形式，对公司"积极应对 2014 年手机业务业绩"进行了阐述，平衡性表现领先。

可比性（★★★★★）

《报告》披露了"纳税额"、"员工人数"、"总能耗"等 49 个关键指标连续 3 年以上的数据；并就"品牌影响力"进行横向比较，可比性表现卓越。

可读性（★★★★★）

《报告》框架清晰，语言流畅，篇幅适宜；图片、表格等表达形式丰富，与文字叙述相得益彰；封面设计简单大方，采用"三星蓝"为主色调，彰显企业特色，可读性表现卓越。

创新性（★★★★☆）

《报告》开篇对"实质性议题筛选"进行详细阐述，提炼报告重点；以"责任管理—责任行动—责任绩效"的方式谋篇布局，层次清晰，具有领先的创新性表现。

综合评级（★★★★★）

经评级小组评价，《中国三星 2014 年社会责任报告》为五星级，是一份卓越的企业社会责任报告。

四、改进建议

增加负面数据及负面事件分析的披露，进一步提高报告的平衡性。

评级小组

组长：中国社科院经济学部企业社会责任研究中心主任　钟宏武

成员：中国企业联合会企业创新工作部主任　程多生

　　　北方工业大学经济管理学院副教授　魏秀丽

　　　中心过程性评估员　翟利峰、王梦娟

评级专家委员会副主席　　　　　　　　　评级小组组长

中心常务副理事长　　　　　　　　　　　中心主任

出具时间： 2015 年 6 月 11 日

十五、《中国石油化工集团公司 2014 年社会责任报告》评级报告

中国社会科学院经济学部企业社会责任研究中心（以下简称"中心"）受中国石油化工集团公司委托，从"中国企业社会责任报告评级专家委员会"中抽选专家组成评级小组，对《中国石油化工集团公司 2014 年社会责任报告》（以下简称《报告》）进行评级。

一、评级依据

《中国企业社会责任报告编写指南（CASS–CSR3.0)》暨《中国企业社会责任报告评级标准（2014)》。

二、评级过程

1. 过程性评估小组访谈中国石油化工集团公司社会责任相关部门成员；

2. 过程性评估小组现场审查中国石油化工集团公司社会责任报告编写过程相关资料；

3. 评级小组对社会责任报告的管理过程及《报告》的披露内容进行评价。

三、评级结论

过程性（★★★★★）

公司宣传工作部牵头成立报告编写组，高层领导负责编写推进及报告审定；编写组对利益相关方进行识别与排序，并通过访谈、实地调研、问卷调查等方式收集相关方意见；根据相关方意见、公司战略、行业对标分析等对实质性议题进行界定；计划召开专项发布会，并将以印刷品、电子版、H5 版本等形式呈现报告，具有卓越的过程性表现。

实质性（★★★★★）

《报告》系统披露了"保障能源供应"、"科技创新"、"安全风险管控"、"绿色发展"、"应对气候变化"等石油天然气开采与加工业关键性议题，叙述详细充分，具有卓越的实质性表现。

完整性（★★★★☆）

《报告》从"致力能源化工"、"构筑安全防线"、"践行生态文明"、"建设人本石化"、"提升伙伴责任"、"服务和谐社会"、"履行海外责任"等角度系统披露了石油天然气开采与加工业核心指标的 84.4%，完整性表现领先。

平衡性（★★★★☆）

《报告》披露了"上报事故数"、"千人事故死亡率"、"员工死亡人数"等负面数据信息，并简述了"内控风险梳理"、"HSE 大检查"的经过及整改措施，平衡性表现领先。

可比性（★★★★★）

《报告》披露了"营业收入"、"原油产量"、"安全隐患治理投入"、"环保治理投资"等 42 个关键绩效指标连续 3 年以上的历史数据，并披露《财富》全球 500 强排名，可比性表现卓越。

可读性（★★★★★）

《报告》主题明确，框架清晰，案例丰富；图片、表格等表达形式多样，与文字叙述相得益彰；采用卡通图形设计，提升报告亲和力，同时对专业术语进行解释，具有卓越的可读性表现。

创新性（★★★★★）

《报告》各篇章以专题形式结尾，详述各责任板块企业表现，全方位体现"为美好生活加油"的责任理念，清晰生动；多处嵌入相关方评价，提升报告可信度，创新性表现卓越。

综合评级（★★★★★）

经评级小组评价，《中国石油化工集团公司 2014 年社会责任报告》为五星级，是一份卓越的企业社会责任报告。

四、改进建议

增加负面数据及负面事件分析的披露，进一步提高报告的平衡性。

评级小组

组长：中国社科院经济学部企业社会责任研究中心主任 钟宏武

成员：中国企业联合会企业创新工作部主任 程多生

　　　北方工业大学经济管理学院副教授 魏秀丽

　　　中心过程性评估员 王梦娟、陈晓飞

评级专家委员会主席　　　　　　　　　评级小组组长

中心常务副理事长　　　　　　　　　　中心主任

出具时间：2015 年 6 月 12 日

十六、《上海大众汽车 2014 年度企业社会责任报告》评级报告

中国社会科学院经济学部企业社会责任研究中心（以下简称"中心"）受上海大众汽车有限公司委托，从"中国企业社会责任报告评级专家委员会"中抽选专家组成评级小组，对《上海大众汽车 2014 年度企业社会责任报告》（以下简称《报告》）进行评级。

一、评级依据

《中国企业社会责任报告编写指南（CASS-CSR3.0）》暨《中国企业社会责任报告评级标准（2014）》。

二、评级过程

1. 过程性评估小组访谈上海大众汽车有限公司社会责任相关部门成员；

2. 过程性评估小组现场审查上海大众汽车有限公司社会责任报告编写过程相关资料；

3. 评级小组对社会责任报告的管理过程及《报告》的披露内容进行评价。

三、评级结论

过程性（★★★★☆）

企业公关与传播牵头成立报告编写组，高层领导负责编写推进与报告审定；编写组对利益相关方进行识别，并通过定期沟通、问卷调查等方式收集部分利益相关方意见，根据公司重大事项、国家相关政策等对实质性议题进行界定；拟定在公司官方网站上发布报告，并以印刷品、电子版、H5 版本等形式呈现报告，具有领先的过程性表现。

实质性（★★★★★）

《报告》系统披露了"客户关系管理"、"确保产品安全性"、"支持科技研发"、"产品召回机制"、"职业健康管理"、"安全生产"、"新能源交通运输设备的研发与销售"等交通运输设备制造业关键性议题，叙述详实，具有卓越的实质性表现。

完整性（★★★★☆）

《报告》从"战略共赢"、"与顾客共享品质"、"与员工共同成长"、"与环境共享绿色"、"与伙伴共享价值"、"与社会共同发展"等角度披露了交通运输设备制造业 83.0% 的核心指标，完整性表现领先。

平衡性（★★★★☆）

《报告》披露了"客户投诉率"、"员工流失率"、"职业病发病人次"等负面数据信息，并以案例形式，详述企业应对客户投诉"导航故障维修客户抱怨"的经过，平衡性表现领先。

可比性（★★★★★）

《报告》披露了"产量"、"销量"、"环保总投资"、"综合能源消耗"等 52 个关键绩效指标连续 3 年的历史数据，并就"中国汽车用户满意度测评排名"进行横向比较，可比性表现卓越。

可读性（★★★★★）

《报告》框架合理，逻辑清晰，语言流畅；图片、表格等表现形式丰富，与文字叙述相辅相成；各篇章采用不同颜色进行区分，并融合汽车元素，排版简洁大方，凸显行业特色，具有卓越的可读性表现。

创新性（★★★★☆）

《报告》以"关注中国"的专版形式，集中介绍企业将不同品牌引入中国，推进企业本土化的过程；使用公司统一的辅助图形与色调，整体性强，具有领先的创新性表现。

综合评级（★★★★★）

经评级小组评价，《上海大众汽车 2014 年度企业社会责任报告》为五星级，是一份卓越的企业社会责任报告。

四、改进建议

增加负面数据及负面事件分析的披露，进一步提高报告的平衡性。

评级小组

组长：中国社科院经济学部企业社会责任研究中心主任　钟宏武

成员：中国企业公民委员会副会长　刘卫华

　　　北京工商大学经济学院教授　郭毅

　　　中心过程性评估员　王梦娟、陈晓飞

评级专家委员会主席　　　　　　　　　评级小组组长

中心常务副理事长　　　　　　　　　　中心主任

出具时间：2015 年 6 月 24 日

十七、《中国松下社会责任报告 2014》
评级报告

中国社会科学院经济学部企业社会责任研究中心（以下简称"中心"）受松下电器（中国）有限公司委托，从"中国企业社会责任报告评级专家委员会"中抽选专家组成评级小组，对《中国松下社会责任报告 2014》（以下简称《报告》）进行评级。

一、评级依据

《中国企业社会责任报告编写指南（CASS–CSR3.0)》暨《中国企业社会责任报告评级标准（2014)》。

二、评级过程

1. 过程性评估小组访谈松下电器（中国）有限公司社会责任相关部门成员；

2. 过程性评估小组现场审查松下电器（中国）有限公司社会责任报告编写过程相关资料；

3. 评级小组对社会责任报告的管理过程及《报告》的披露内容进行评价。

三、评级结论

过程性（★★★★★）

企业公共关系部牵头成立报告编写小组，高层领导负责编写推进及报告审定；编写组对利益相关方进行识别，通过意见征求会、问卷调查等形式收集相关方意见；根据公司发展战略、国家相关政策、相关方意见等对实质性议题进行界定；计划以内览会形式发布报告，并将以印刷品、电子版、H5 版本等形式呈现报告，具有卓越的过程性表现。

实质性（★★★★★）

《报告》系统披露了"贯彻宏观政策"、"产品质量管理"、"产品创新"、"售后服务体系"、"家电召回"、"员工权益保护"、"产品和包装回收再利用"等家用电器制造业关键性议题，叙述详尽充分，具有卓越的实质性表现。

完整性（★★★★☆）

《报告》从"我们引领的责任未来"、"我们为您提供品质生活"、"我们为您奉献绿色生活"、"我们与您共创幸福生活"等角度系统披露了家用电器制造业核心指标的 81.6%，完整性表现领先。

平衡性（★★★★☆）

《报告》详细披露了"工伤事故率"、"员工流失率"等负面数据信息，并以案例形式，简述了部分型号冰箱召回的原因及经过，具有领先的平衡性表现。

可比性（★★★★★）

《报告》披露了"纳税总额"、"客户满意度"、"营业额"等72个关键绩效指标连续3年的可比数据，可比性表现卓越。

可读性（★★★★☆）

《报告》以"我们"及"生活"的形式编排框架，逻辑清晰，语言流畅；采用卡通手绘设计，色调清新，富有亲和力，具有领先的可读性表现。

创新性（★★★★★）

《报告》以"松下在您身边　创享生活美一天"的图画形式，带领读者感受松下创造的价值，拉近与读者的距离；各章节以专题开篇，详述企业重点案例，并嵌入相关方声音，提升报告柔性沟通，创新性表现卓越。

综合评级（★★★★★）

经评级小组评价，《中国松下社会责任报告2014》为五星级，是一份卓越的企业社会责任报告。

四、改进建议

增加对公司可持续发展未来计划的披露，进一步提高报告的完整性。

评级小组

组长：中国企业联合会企业创新工作部主任　程多生

成员：中国社科院经济学部企业社会责任研究中心常务副主任　张蒽

　　　北方工业大学经济管理学院副教授　魏秀丽

　　　中心过程性评估员　王梦娟

评级专家委员会副主席　　　　　　　　　　评级小组组长

中心常务副理事长　　　　　　　　　　　　中心副理事长

出具时间： 2015 年 6 月 30 日

十八、《中国建筑材料集团有限公司 2014 社会责任报告》评级报告

中国社会科学院经济学部企业社会责任研究中心（以下简称"中心"）受中国建筑材料集团有限公司委托，从"中国企业社会责任报告评级专家委员会"中抽选专家组成评级小组，对《中国建筑材料集团有限公司 2014 社会责任报告》（以下简称《报告》）进行评级。

一、评级依据

《中国企业社会责任报告编写指南（CASS–CSR3.0）》暨《中国企业社会责任报告评级标准（2014）》。

二、评级过程

1. 过程性评估小组访谈中国建筑材料集团有限公司社会责任相关部门成员；

2. 过程性评估小组现场审查中国建筑材料集团有限公司社会责任报告编写过程相关资料；

3. 评级小组对社会责任报告的管理过程及《报告》的披露内容进行评价。

三、评级结论

过程性（★★★★★）

集团企业管理部牵头成立报告编写小组，高层领导负责编写推进及报告审定；编写组对利益相关方进行识别，通过问卷调查等形式收集相关方意见；根据公司发展战略、国家相关政策、相关方意见等对实质性议题进行界定；计划在工经联发布会上发布报告，并将以印刷品、电子版、H5 版本等形式呈现报告，具有卓越的过程性表现。

实质性（★★★★★）

《报告》系统披露了"产品质量管理"、"科技创新"、"职业健康管理"、"安全生产"、"环保技术和设备的研发与应用"、"节约能源"、"减少三废排放"、"厂区周边环境治理"等非金属矿物制品业关键性议题，叙述详尽充分，具有卓越的实质性表现。

完整性（★★★★★）

《报告》从"责任管理"、"市场绩效"、"科技创新"、"节能环保"、"员工关爱"、"企业公民"等角度，系统披露了非金属矿物制品业核心指标的 91.0%，完整性表现卓越。

平衡性（★★★★）

《报告》详细披露了"可记录千人工伤事故率"、"职业病新发生例数"、"员工流失率"等负面数据信息，并与历年进行比较，具有优秀的平衡性表现。

可比性（★★★★★）

《报告》披露了"营业收入"、"利润总额"、"万元产值综合能耗"等54个关键绩效指标连续3年的可比数据，并就"水泥产量"、"财富世界500强排名"等指标进行横向比较，可比性表现卓越。

可读性（★★★★★）

《报告》框架清晰，语言流畅，案例丰富；图片、表格等表现形式多样，与文字叙述相得益彰；各章节标题形式统一，文字精雕细琢，排版精美舒适，具有卓越的可读性表现。

创新性（★★★★★）

《报告》突破传统模式，各篇章均弱化责任措施，凸显责任实践，先对"履责机制"进行概述，再以专题形式，深入阐述责任行动及绩效，文字妙趣生动，具有卓越的创新性表现。

综合评级（★★★★★）

经评级小组评价，《中国建筑材料集团有限公司2014社会责任报告》为五星级，是一份卓越的企业社会责任报告。

四、改进建议

增加负面数据及负面事件分析的披露，进一步提高报告的平衡性。

评级小组

组长：中国社科院经济学部企业社会责任研究中心主任　钟宏武
成员：中国企业公民委员会副会长　刘卫华
　　　北方工业大学经济管理学院副教授　魏秀丽
　　　中心过程性评估员　王梦娟

评级专家委员会主席　　　　　　　　评级小组组长
中心常务副理事长　　　　　　　　　中心主任

出具时间：2015年7月14日

十九、《中国电子信息产业集团有限公司 2014 社会责任报告》评级报告

　　中国社会科学院经济学部企业社会责任研究中心（以下简称"中心"）受中国电子信息产业集团有限公司委托，从"中国企业社会责任报告评级专家委员会"中抽选专家组成评级小组，对《中国电子信息产业集团有限公司 2014 社会责任报告》（以下简称《报告》）进行评级。

　　一、评级依据

　　《中国企业社会责任报告编写指南（CASS-CSR3.0）》暨《中国企业社会责任报告评级标准（2014）》。

　　二、评级过程

　　1. 过程性评估小组访谈中国电子信息产业集团有限公司社会责任相关部门成员；

　　2. 过程性评估小组现场审查中国电子信息产业集团有限公司社会责任报告编写过程相关资料；

　　3. 评级小组对社会责任报告的管理过程及《报告》的披露内容进行评价。

　　三、评级结论

　　过程性（★★★★☆）

　　集团社会责任工作部牵头成立编写组，高层领导参与编写启动、推进及报告审定；编写组对利益相关方进行识别，通过实地调研、访谈等形式收集相关方意见；根据国家相关政策、公司发展战略、行业对标分析等对实质性议题进行界定；计划在集团年中会议上发布报告，并将以印刷品、电子版、H5 版本、英文版等形式呈现报告，具有领先的过程性表现。

　　实质性（★★★★★）

　　《报告》系统披露了"产品质量管理"、"产品技术创新"、"供应链管理"、"职业安全健康"、"安全生产"、"绿色制造"等电子产品及电子元器件制造业关键性议题，叙述详细充分，具有卓越的实质性表现。

　　完整性（★★★★☆）

　　《报告》从"引领产业发展"、"创造共享价值"、"建设生态文明"、"坚持互利共赢"、"驱动发展未来"等角度披露了电子产品及电子元器件制造业 80.2% 的核心指标，完整性表现领先。

平衡性（★★★★★）

《报告》以案例形式，对"废水处理站建设工程安全事故"、"甜玉米气味遭质疑"等事件发生的原因、经过及整改措施进行阐述，叙述详尽，平衡性表现卓越。

可比性（★★★★★）

《报告》披露了"营业收入"、"纳税总额"、"环保总投资额"等47个关键绩效指标连续3年以上的历史数据，并就"操作系统市场占有率"、"社会责任发展指数排名"等指标进行横向比较，可比性表现卓越。

可读性（★★★★★）

《报告》框架清晰，案例丰富，篇幅适宜；图片、表格等表现形式多样，与文字叙述相辅相成；使用信息化图标设计，具有行业特色，可读性表现卓越。

创新性（★★★★☆）

《报告》以"中国电子2014"开篇，集中梳理企业年度责任亮点，便于相关方快速了解；以流程图的形式，对生产事故报告制度、环境污染事故报告制度、绿色采购制度进行简化阐述，清晰生动，创新性表现领先。

综合评级（★★★★★）

经评级小组评价，《中国电子信息产业集团有限公司2014社会责任报告》为五星级，是一份卓越的企业社会责任报告。

四、改进建议

加强报告过程性管理，提高利益相关方参与度。

评级小组

组长：中国企业联合会企业创新工作部主任　程多生
成员：清华大学创新与社会责任研究中心主任　邓国胜
　　　中国社科院经济学部企业社会责任研究中心常务副主任　张蒽
　　　中心过程性评估员　王梦娟

评级专家委员会主席　　　　　　　　　　评级小组组长
中心常务副理事长　　　　　　　　　　　中心副理事长

出具时间：2015年7月14日

二十、《中国电信集团公司2014年社会责任报告》评级报告

　　中国社会科学院经济学部企业社会责任研究中心（以下简称"中心"）受中国电信集团公司委托，从"中国企业社会责任报告评级专家委员会"中抽选专家组成评级小组，对《中国电信集团公司2014年社会责任报告》（以下简称《报告》）进行评级。

　　一、评级依据

　　《中国企业社会责任报告编写指南（CASS-CSR3.0)》暨《中国企业社会责任报告评级标准（2014)》。

　　二、评级过程

　　1.过程性评估小组访谈中国电信集团公司社会责任相关部门成员；

　　2.过程性评估小组现场审查中国电信集团公司社会责任报告编写过程相关资料；

　　3.评级小组对社会责任报告的管理过程及《报告》的披露内容进行评价。

　　三、评级结论

　　过程性（★★★★★）

　　企业战略部牵头成立编写组，高层领导参与编写推进及报告审定；编写组对利益相关方进行识别，并通过问卷调查、内外部访谈等形式收集相关方意见；根据公司重大事项、国家相关政策、行业对标分析、相关方意见等对实质性议题进行界定；计划在官方网站发布报告，并将以印刷品、电子版、多语种版本等形式呈现报告，具有卓越的过程性表现。

　　实质性（★★★★★）

　　《报告》系统披露了"确保通信质量"、"资费透明"、"应对客户投诉"、"客户信息保护"、"营造健康网络环境"、"保障应急通讯"、"缩小数字鸿沟"、"环保技术的研发与应用"、"电磁辐射管理"等通信服务业关键性议题，叙述详细充分，具有卓越的实质性表现。

　　完整性（★★★★☆）

　　《报告》从"责任管理"、"本质责任"、"客户责任"、"员工责任"、"环境责任"、"公益责任"、"中国电信在海外"等方面披露了通信服务业核心指标的84.0%，完整性表现领先。

平衡性（★★★★☆）

《报告》披露了"申诉量"、"百万客户申诉率"、"移动通信掉话率"、"员工因公伤亡人数"等负面数据信息，对"快速反应保护用户信息"进行简要介绍，平衡性表现领先。

可比性（★★★★★）

《报告》披露了80个关键绩效指标连续3年的历史数据，并就"客户满意度"、"申诉量"等数据进行横向比较，可比性表现卓越。

可读性（★★★★★）

《报告》逻辑清晰，语言流畅，案例丰富；图片、表格等表达方式丰富，与文字叙述相得益彰；章节过渡页采用漫画形式，生动活泼，具有行业特色，并以"小知识"的形式延伸相关内容，具有卓越的可读性。

创新性（★★★★★）

《报告》设置"互联网+"专题，详述企业"互联网+"责任行动，时效性强，凸显企业核心社会价值；并在员工、环境、公益板块以责任故事开篇，生动阐述企业履责实践，创新性表现卓越。

综合评级（★★★★★）

经评级小组评价，《中国电信集团公司2014年社会责任报告》为五星级，是一份卓越的企业社会责任报告。

四、改进建议

增加负面数据及负面事件分析的披露，进一步提高报告的平衡性。

评级小组

组长：中国社科院经济学部企业社会责任研究中心主任　钟宏武

成员：中国企业联合会雇主工作部副主任、全球契约中国网络执行秘书长　韩斌

　　　北京工商大学经济学院教授　郭毅

　　　中心过程性评估员　王梦娟、林旭

评级专家委员会主席
中心常务副理事长

评级小组组长
中心主任

出具时间：2015年7月16日

二十一、《华润（集团）有限公司 2014 社会责任报告》评级报告

中国社会科学院经济学部企业社会责任研究中心（以下简称"中心"）受华润（集团）有限公司委托，从"中国企业社会责任报告评级专家委员会"中抽选专家组成评级小组，对《华润（集团）有限公司 2014 社会责任报告》（以下简称《报告》）进行评级。

一、评级依据

《中国企业社会责任报告编写指南（CASS-CSR3.0）》暨《中国企业社会责任报告评级标准（2014）》。

二、评级过程

1. 过程性评估小组访谈华润（集团）有限公司社会责任相关部门成员；

2. 过程性评估小组现场审查华润（集团）有限公司社会责任报告编写过程相关资料；

3. 评级小组对社会责任报告的管理过程及《报告》的披露内容进行评价。

三、评级结论

过程性（★★★★★）

集团董事会办公室牵头成立编写组，高层领导参与编写推进及报告审定；编写组对利益相关方进行识别与排序，并通过问卷调查、内外部访谈、舆情监测等形式收集相关方意见；在知识管理系统中建立社会责任工作平台，实现素材共享、进度查询、在线互动等效果；根据公司发展战略、国家相关政策、相关方意见、舆情监测结果等对实质性议题进行界定；计划在主流媒体上以故事形式发布报告，并将以印刷品、英文简版、H5 版本等形式呈现报告，具有卓越的过程性表现。

实质性（★★★★★）

《报告》系统披露了"产品质量管理"、"员工权益保护"、"安全生产"、"发展循环经济"、"节约能源"、"包装减量化及回收再利用"等所在行业关键性议题，叙述详细充分，具有卓越的实质性表现。

完整性（★★★★☆）

《报告》以"携手共创美好生活"为主题，从"携手股东，追求企业健康发展"、"携手员工，提升工作幸福指数"、"携手客户，创造更多商业价值"、"携手伙伴，开创共赢发展新局"、"携手社区，促进社会和谐发展"、"携手环境，建设

绿色生态文明"等方面披露了所在行业核心指标的 81.0%，完整性表现领先。

平衡性（★★★★★）

《报告》披露了"员工死亡人数"、"工伤事故发生数"等负面数据信息，并以案例形式，对查处"收受回扣案件"、回应"破坏丹霞地貌"等事件的经过及改进措施进行阐述，平衡性表现卓越。

可比性（★★★★★）

《报告》披露了 59 个关键绩效指标连续 3 年的历史数据，并就"财富世界500 强排名"、"社会责任发展指数排名"等数据进行横向比较，可比性表现卓越。

可读性（★★★★★）

《报告》框架合理，逻辑清楚，案例丰富；图片、表格等表达方式多元，与文字叙述相得益彰；水墨画风格与现代笔触相融合，彰显磅礴大气，并以"延伸阅读"的方式对相关内容进行解释，具有卓越的可读性。

创新性（★★★★★）

《报告》开篇以"华小姐带您走进华润"的形式，生动展现华润与读者生活的紧密关联；并以"主题实践"的专题形式，对特色责任项目进行重点展示，便于读者快速了解，创新性表现卓越。

综合评级（★★★★★）

经评级小组评价，《华润（集团）有限公司 2014 社会责任报告》为五星级，是一份卓越的企业社会责任报告。

四、改进建议

增加企业横向可比数据，进一步提高报告数据丰富性。

评级小组

组长：新华网副总裁　魏紫川

成员：中国社科院经济学部企业社会责任研究中心常务副主任　张蒽

　　　北京工商大学经济学院教授　郭毅

　　　中心过程性评估员　王梦娟

评级专家委员会主席　　　　　　　　评级小组组长

中心常务副理事长　　　　　　　　　中心副理事长

出具时间：2015 年 7 月 20 日

二十二、《中国电子科技集团公司 2014 企业社会责任报告》评级报告

中国社会科学院经济学部企业社会责任研究中心（以下简称"中心"）受中国电子科技集团公司委托，从"中国企业社会责任报告评级专家委员会"中抽选专家组成评级小组，对《中国电子科技集团公司 2014 企业社会责任报告》（以下简称《报告》）进行评级。

一、评级依据

《中国企业社会责任报告编写指南（CASS-CSR3.0)》暨《中国企业社会责任报告评级标准（2014)》。

二、评级过程

1. 过程性评估小组访谈中国电子科技集团公司社会责任相关部门成员；

2. 过程性评估小组现场审查中国电子科技集团公司社会责任报告编写过程相关资料；

3. 评级小组对社会责任报告的管理过程及《报告》的披露内容进行评价。

三、评级结论

过程性（★★★★☆）

集团质量安全与社会责任部牵头成立报告编写组，高层领导参与编写推进及报告审定；编写组对利益相关方进行识别，并以调研、访谈、问卷等形式收集相关方意见；根据国家相关政策、行业对标分析、公司发展战略及相关方意见对核心议题进行界定；计划召开专项发布会，并将以印刷品、电子版、简版等形式呈现报告，具有领先的过程性表现。

实质性（★★★★★）

《报告》系统披露了"客户关系管理"、"产品质量管理"、"产品科技创新"、"职业健康安全管理"、"安全生产"、"环保技术和设备的研发与应用"、"节约资源能源"等特种设备制造业关键性议题，具有卓越的实质性表现。

完整性（★★★★☆）

《报告》从"核心责任"、"市场绩效"、"环境绩效"、"社会绩效"、"责任管理"等角度，系统披露了特种设备制造业 85.0%的核心指标，完整性表现领先。

平衡性（★★★★★）

《报告》披露了"安全事故伤亡人数"、"年度新增职业病数"、"员工流失率"

等负面数据信息，并以案例形式，对子公司"安全门"事件发生的原因、经过及改进措施进行阐述，平衡性表现卓越。

可比性（★★★★★）

《报告》披露了"营业收入"、"研发投入"、"节能环保总投资"等40个关键绩效指标连续3年的历史数据，并就"产品销量"等指标进行横向比较，可比性表现卓越。

可读性（★★★★★）

《报告》框架清晰，语言流畅，排版精美；水彩画风格设计，清新大方，并对专业术语进行解释，显著提高报告的易读性，具有卓越的可读性表现。

创新性（★★★★☆）

《报告》开篇设置"战略引领　改革助推"专题，详细阐述企业未来发展重点，便于相关方了解；篇末以流程图形式，集中展示"报告全生命周期管理"，清晰明确，具有领先的创新性表现。

综合评级（★★★★★）

经评级小组评价，《中国电子科技集团公司2014企业社会责任报告》为五星级，是一份卓越的企业社会责任报告。

四、改进建议

加强报告过程性管理，进一步提高利益相关方参与度。

评级小组

组长：中国社会科学院经济学部企业社会责任研究中心主任　钟宏武

成员：中国企业联合会雇主工作部副主任、全球契约中国网络执行秘书长　韩斌
　　　清华大学创新与社会责任研究中心主任　邓国胜
　　　中心过程性评估员　翟利峰、王梦娟

评级专家委员会主席　　　　　　　　　　　评级小组组长
中心常务副理事长　　　　　　　　　　　　中心主任

出具时间：2015年9月1日

二十三、《中国黄金集团公司 2014 年社会责任报告》评级报告

中国社会科学院经济学部企业社会责任研究中心（以下简称"中心"）受中国黄金集团公司委托，从"中国企业社会责任报告评级专家委员会"中抽选专家组成评级小组，对《中国黄金集团公司 2014 年社会责任报告》（以下简称《报告》）进行评级。

一、评级依据

《中国企业社会责任报告编写指南（CASS–CSR3.0)》暨《中国企业社会责任报告评级标准（2014)》。

二、评级过程

1. 过程性评估小组访谈中国黄金集团公司社会责任相关部门成员；

2. 过程性评估小组现场审查中国黄金集团公司社会责任报告编写过程相关资料；

3. 评级小组对社会责任报告的管理过程及《报告》的披露内容进行评价。

三、评级结论

过程性（★★★★☆）

集团社会责任工作指导委员会牵头成立报告编写组，高层领导参与编写推进及报告审定；编写组对利益相关方进行识别，并通过调研、专家座谈会等形式收集部分相关方意见；根据公司重大事项、国家相关政策、行业对标分析等对实质性议题进行界定；计划召开专项发布会，并将以印刷品、电子版等形式呈现报告，具有领先的过程性表现。

实质性（★★★★★）

《报告》系统披露了"职业健康管理"、"安全生产"、"环境管理体系"、"环保技术和设备的研发与应用"、"节约土地资源"、"减少三废排放"、"残矿回收"等一般采矿业关键性议题，叙述详细充分，具有卓越的实质性表现。

完整性（★★★★★）

《报告》分为"管理篇"、"实践篇"、"绩效篇"，系统披露了一般采矿业 93% 的关键指标，完整性表现卓越。

平衡性（★★★★★）

《报告》披露了"安全生产事故数"、"员工伤亡人数"、"职业病发生人数"、

"员工流失率"等负面数据信息，并以专版形式，系统梳理了"生产安全事故"的类别、原因及改进措施，平衡性表现卓越。

可比性（★★★★★）

《报告》披露了"矿产金产量"、"环保总投资"、"安全生产投入"等60余个关键绩效指标连续3年以上的历史数据，并就"黄金生产量"、"黄金投资产品市场占有率"等指标进行国内外比较，可比性表现卓越。

可读性（★★★★☆）

《报告》框架清晰，语言流畅，案例丰富；使用金色与蓝色为主色调，与企业LOGO相对应，具有品牌特色；对专业词汇进行解释，提高报告易读性，具有卓越的可读性表现。

创新性（★★★★☆）

《报告》以"管理—实践—绩效"的方式展开叙述，层次清晰，便于读者重点阅读；对"报告编写流程"进行集中阐述，提高报告管理透明度，创新性表现领先。

综合评级（★★★★★）

经评级小组评价，《中国黄金集团公司2014年社会责任报告》为五星级，是一份卓越的企业社会责任报告。

四、改进建议

提炼部分文字和图片，进一步提高报告的可读性。

评级小组

组长：中国社科院经济学部企业社会责任研究中心主任　钟宏武

成员：中国企业联合会企业创新工作部主任　程多生

北方工业大学经济管理学院副教授　魏秀丽

中心过程性评估员　翟利峰

评级专家委员会主席　　　　　　　　　　　评级小组组长

中心常务副理事长　　　　　　　　　　　　中心主任

出具时间：2015年9月21日

第六章　评级报告展示（四星半级）

二十四、《中国光大银行 2014 年社会责任报告》评级报告

中国社会科学院经济学部企业社会责任研究中心（以下简称"中心"）受中国光大银行股份有限公司委托，从"中国企业社会责任报告评级专家委员会"中抽选专家组成评级小组，对《中国光大银行 2014 年社会责任报告》（以下简称《报告》）进行评级。

一、评级依据

《中国企业社会责任报告编写指南（CASS-CSR3.0）》暨《中国企业社会责任报告评级标准（2014）》。

二、评级过程

1. 过程性评估小组访谈中国光大银行股份有限公司社会责任相关部门成员；

2. 过程性评估小组现场审查中国光大银行股份有限公司及其辖内机构社会责任报告编写过程相关资料；

3. 评级小组对社会责任报告的管理过程及《报告》的披露内容进行评价。

三、评级结论

过程性（★★★★）

公司办公室牵头成立报告编写组，高层领导负责编写推进及报告审定；编写组对利益相关方进行识别与排序，并通过访谈、调研等方式收集部分相关方意见；根据公司重大事项、国家相关政策、行业对标分析等对实质性议题进行界定；计划在公司重大活动中发布报告，并将以印刷品、电子版等形式呈现报告，具有优秀的过程性表现。

实质性（★★★★☆）

《报告》系统披露了"加强风险防控"、"支持小微企业"、"助力民生工程"、

"保护客户信息"、"践行绿色信贷"等银行业关键性议题，叙述详细充分，具有领先的实质性表现。

完整性（★★★★）

《报告》从"风险防控"、"金融普惠"、"阳光服务"、"人才凝聚"、"绿色运营"、"社会和谐"等角度系统披露了银行业核心指标的 70.0%，完整性表现优秀。

平衡性（★★★☆）

《报告》披露了"不良贷款率"、"外部客户投诉事件"、"腐败案件数"等负面数据信息，平衡性表现良好。

可比性（★★★★★）

《报告》披露了"营业收入"、"小微企业贷款余额"、"员工满意度"、"绿色信贷余额"等 36 个关键绩效指标连续 3 年以上的历史数据，并就"不良贷款率"进行横向比较，可比性表现卓越。

可读性（★★★★☆）

《报告》框架清晰，语言流畅，案例丰富；采用"延伸阅读"的方式对相关词汇进行解释，提高了报告的易读性，具有领先的可读性表现。

创新性（★★★★☆）

《报告》设置"母亲水窖　十年相伴"、"光大·云缴费"责任专题，从慈善公益、技术创新等角度凸显企业责任实践，利于相关方了解，创新性表现领先。

综合评级（★★★★☆）

经评级小组评价，《中国光大银行 2014 年社会责任报告》为四星半级，是一份领先的企业社会责任报告。

四、改进建议

1. 增加负面数据及负面事件分析的披露，提高报告的平衡性。

2. 加强报告过程性管理，提高利益相关方参与度。

评级小组

组长：中国企业联合会企业创新工作部主任　程多生

成员：中国社科院经济学部企业社会责任研究中心常务副主任　张蒽

　　　上海证券交易所高级经理　杨金忠

　　　中心过程性评估员　翟利峰、王梦娟

评级专家委员会副主席
中心常务副理事长

评级小组组长
中心副理事长

出具时间：2015 年 3 月 18 日

二十五、《2014-2015 丰田中国 CSR 企业社会责任报告》评级报告

中国社会科学院经济学部企业社会责任研究中心（以下简称"中心"）受丰田汽车（中国）投资有限公司委托，从"中国企业社会责任报告评级专家委员会"中抽选专家组成评级小组，对《2014-2015 丰田中国 CSR 企业社会责任报告》（以下简称《报告》）进行评级。

一、评级依据

《中国企业社会责任报告编写指南（CASS-CSR3.0）》暨《中国企业社会责任报告评级标准（2014）》。

二、评级过程

1. 过程性评估小组访谈丰田汽车（中国）投资有限公司社会责任相关部门成员；

2. 过程性评估小组现场审查丰田汽车（中国）投资有限公司社会责任报告编写过程相关资料；

3. 评级小组对社会责任报告的管理过程及《报告》的披露内容进行评价。

三、评级结论

过程性（★★★★☆）

公司社会贡献部率头成立报告编写组，高层领导负责编写推进及报告审定；编写组对利益相关方进行识别与排序，并通过访谈、问卷调查等方式收集相关方意见；根据行业对标分析对实质性议题进行界定；计划在官方网站、车展活动上发布报告，并将以印刷品、电子版等形式呈现报告，具有领先的过程性表现。

实质性（★★★★★）

《报告》系统披露了"提供安全的汽车产品"、"支持科技创新"、"职业健康管理"、"绿色环保汽车的研发与销售"、"节约能源资源"、"报废设备的回收再利用"等交通运输设备制造业关键性议题，叙述详细充分，具有卓越的实质性表现。

完整性（★★★★）

《报告》从"公司治理"、"企业社会责任管理"、"丰田与地球"、"丰田与社会"等角度披露了交通运输设备制造业核心指标的 70.0%，完整性表现优秀。

平衡性（★★★）

《报告》披露了"环境违法事件数"、"百万工时休业事故率"等少量负面数

据，平衡性表现有待加强。

可比性（★★★）

《报告》披露了"汽车销量"、"员工培训"、"公益投入"等多个本年度关键绩效数据，但历年数据及行业数据缺乏，可比性有待提高。

可读性（★★★★★）

《报告》框架清晰，语言流畅，篇幅适宜；关键绩效醒目处理，全篇采用"丰田之路"的卡通书签设计，形式活泼，显著提高了报告的悦读性，具有卓越的可读性表现。

创新性（★★★★★）

《报告》设置专题，详细叙述企业在节能车研发及员工培养方面的责任表现，重点突出；以"树"比喻丰田全球发展愿景，以"树根"、"树干"和"果实"的关系，阐明企业实现可持续发展路径，创新性表现卓越。

综合评级（★★★★☆）

经评级小组评价，《2014-2015 丰田中国 CSR 企业社会责任报告》为四星半级，是一份领先的企业社会责任报告。

四、改进建议

1. 增加企业连续 3 年以上关键数据的披露，提高报告的可比性。

2. 增加负面数据及负面事件分析的披露，提高报告的平衡性。

评级小组

组长：中国社科院经济学部企业社会责任研究中心主任　钟宏武

成员：中国企业联合会雇主工作部副主任、全球契约中国网络执行秘书长　韩斌

　　　北京工商大学经济学院教授　郭毅

　　　中心过程性评估员　翟利峰、王梦娟

评级专家委员会副主席　　　　　　评级小组组长
中心常务副理事长　　　　　　　　中心主任

出具时间： 2015 年 4 月 7 日

二十六、《越秀地产 2014 年企业社会责任报告》评级报告

中国社会科学院经济学部企业社会责任研究中心（以下简称"中心"）受广州市城市建设开发有限公司委托，从"中国企业社会责任报告评级专家委员会"中抽选专家组成评级小组，对《越秀地产 2014 年企业社会责任报告》（以下简称《报告》）进行评级。

一、评级依据

《中国企业社会责任报告编写指南（CASS–CSR3.0）》暨《中国企业社会责任报告评级标准（2014）》。

二、评级过程

1. 过程性评估小组访谈公司社会责任相关部门成员；

2. 过程性评估小组现场审查公司社会责任报告编写过程相关资料；

3. 评级小组对社会责任报告的管理过程及《报告》的披露内容进行评价。

三、评级结论

过程性（★★★★☆）

公司党委工作部牵头成立报告编写组，高层领导负责报告最终审定；编写组对利益相关方进行识别并排序，通过电话、实地访谈等形式收集相关方意见；根据公司战略对实质性议题进行界定；计划在房地产行业协会报告发布会上发布报告，并将以印刷品、电子版、中英文版本等形式呈现报告，具有领先的过程性表现。

实质性（★★★★☆）

《报告》披露了房地产行业社会责任管理风险，并就"提升产品质量"、"创新产品设计"、"新建项目环评"、"噪音污染控制"、"绿色建筑"、"建筑垃圾回收"等行业关键性议题进行回应，具有领先的实质性表现。

完整性（★★★★）

《报告》从"社会责任管理体系建设"、"市场绩效"、"社会绩效"、"绿色地产"等角度系统披露了房地产开发业核心指标的 78.0%，完整性表现优秀。

平衡性（★★★★☆）

《报告》披露了"工伤人数"、"职业病病例数"、"员工流失数"等负面数据信息，并以案例形式简述了公司在守法合规、环境保护等方面的不足与改进建议，

平衡性表现领先。

可比性（★★★★★）

《报告》披露了"营业收入"、"合同销售面积"、"员工培训人次"等40余个关键指标连续3年以上的数据；并就"销售排名"、"品牌价值"等数据进行横向比较，可比性表现卓越。

可读性（★★★★☆）

《报告》框架清晰，语言流畅，篇幅适宜；图形、表格等表达形式丰富，与文字叙述相辅相成，具有领先的可读性表现。

创新性（★★★★★）

《报告》各篇章开篇以"高管问答"形式，依次阐述企业年度议题重点、年度责任亮点及下一步责任计划，形式新颖；并在多处嵌入相关方"心声"，增加报告的可信度，创新性表现卓越。

综合评级（★★★★☆）

经评级小组评价，《越秀地产2014年企业社会责任报告》为四星半级，是一份领先的企业社会责任报告。

四、改进建议

1. 增加行业核心指标的披露，进一步提高报告的完整性。

2. 加强报告过程性管理，提高利益相关方参与度。

评级小组

组长：中国社科院经济学部企业社会责任研究中心主任　钟宏武

成员：清华大学创新与社会责任研究中心主任　邓国胜

　　　上海证券交易所总监助理　杨金忠

　　　中心过程性评估员　王梦娟

评级专家委员会主席　　　　　　　　　　　评级小组组长

中心常务副理事长　　　　　　　　　　　　中心主任

出具时间：2015年4月17日

二十七、《天津生态城投资开发有限公司 2014 年社会责任报告》评级报告

中国社会科学院经济学部企业社会责任研究中心（以下简称"中心"）受天津生态城投资开发有限公司委托，从"中国企业社会责任报告评级专家委员会"中抽选专家组成评级小组，对《天津生态城投资开发有限公司 2014 年社会责任报告》（以下简称《报告》）进行评级。

一、评级依据

《中国企业社会责任报告编写指南（CASS-CSR3.0）》暨《中国企业社会责任报告评级标准（2014）》。

二、评级过程

1. 过程性评估小组访谈天津生态城投资开发有限公司社会责任相关部门成员；

2. 过程性评估小组现场审查天津生态城投资开发有限公司社会责任报告编写过程相关资料；

3. 评级小组对社会责任报告的管理过程及《报告》的披露内容进行评价。

三、评级结论

过程性（★★★★）

公司战略资产部牵头成立报告编写组，高层领导负责编写推进及报告审定；编写组对利益相关方进行识别，通过问卷调查、座谈等形式收集部分相关方意见；根据公司战略规划、行业标准、相关方意见对实质性议题进行界定；计划召开嵌入式发布会，并将以印刷品、电子版等形式呈现报告，具有优秀的过程性表现。

实质性（★★★★☆）

《报告》系统披露了"提供优质服务"、"应对客户投诉"、"员工权益保护"、"绿色建筑"、"基础设施建设"等所在行业关键性议题，具有领先的实质性表现。

完整性（★★★★）

《报告》从"绿色投资，构建未来蓝图"、"绿色建设，修筑坚实基础"、"绿色运营，铸就幸福之城"、"绿色管理，塑造卓越企业"等角度系统披露了所在行业核心指标的 76.0%，完整性表现优秀。

平衡性（★★★★）

《报告》披露了"工伤事故发生次数"、"职业病发病次数"、"员工流失率"等负面数据信息，并简述了施工单位工程质量问题及改进措施，平衡性表现优秀。

可比性（★★★★★）

《报告》披露了"绿化项目数"、"污水处理量"、"绿色建筑面积"等 40 余个关键指标连续 3 年以上的数据，可比性表现卓越。

可读性（★★★★☆）

《报告》框架清晰，语言流畅，案例鲜活；图片、表格等表达方式丰富，并以"延伸阅读"的方式对企业责任措施进一步阐述，具有领先的可读性表现。

创新性（★★★★☆）

《报告》开篇以"2014 年责任足迹"形式，突出企业年度重点工作及责任绩效，便于相关方了解；并按"绿色投资"、"绿色建设"、"绿色运营"、"绿色管理"四个方面展开叙述，突出"生态城市实践者"的定位，创新性表现领先。

综合评级（★★★★☆）

经评级小组评价，《天津生态城投资开发有限公司 2014 年社会责任报告》为四星半级，是一份领先的企业社会责任报告。

四、改进建议

1. 加强报告过程性管理，提高利益相关方参与度。

2. 增加负面数据及负面事件分析的披露，提高报告的平衡性。

评级小组

组长：中国社科院经济学部企业社会责任研究中心主任　钟宏武

成员：北方工业大学经济管理学院副教授　魏秀丽

　　　中心过程性评估员　王梦娟、陈晓飞

评级专家委员会副主席　　　　　　　　　　评级小组组长

中心常务副理事长　　　　　　　　　　　　中心主任

出具时间：2015 年 4 月 18 日

二十八、《华润置地有限公司 2014 年社会责任报告》评级报告

中国社会科学院经济学部企业社会责任研究中心（以下简称"中心"）受华润置地有限公司委托，从"中国企业社会责任报告评级专家委员会"中抽选专家组成评级小组，对《华润置地有限公司 2014 年社会责任报告》（以下简称《报告》）进行评级。

一、评级依据

《中国企业社会责任报告编写指南（CASS-CSR3.0)》暨《中国企业社会责任报告评级标准（2014)》。

二、评级过程

1. 过程性评估小组访谈华润置地有限公司社会责任相关部门成员；

2. 过程性评估小组现场审查华润置地有限公司社会责任报告编写过程相关资料；

3. 评级小组对社会责任报告的管理过程及《报告》的披露内容进行评价。

三、评级结论

过程性（★★★★）

公司人事行政部牵头成立报告编写组，高层领导负责报告审定；通过专家研讨、部门访谈等方式收集相关方意见；根据专家意见、行业对标分析等对实质性议题进行界定；推动附属 9 个大区、2 个事业部发布社会责任报告；计划在公司重大活动中发布报告，并将以印刷品、电子版、多语种版本等形式呈现报告，具有优秀的过程性表现。

实质性（★★★★☆）

《报告》系统披露了"确保房屋住宅质量"、"合规拆迁与老城区保护"、"新建项目环评"、"供应链管理"、"噪音污染控制"、"绿色建筑"等房地产开发业关键性议题，叙述较详细充分，具有领先的实质性。

完整性（★★★★）

《报告》从"责任管理"、"公司治理"、"公平运营"、"质量保障"、"劳工实践"、"环境保护"、"社区参与"等角度披露了房地产开发业核心指标的 76.0 %，完整性表现优秀。

平衡性（★★★★★）

《报告》披露了"千人死亡率"、"百万平方米房屋建筑死亡率"、"职业病发生数"等负面数据信息，并以案例形式，对哈尔滨欢乐颂客户投诉事件、海南石梅湾垃圾场事件的原因、经过和处理措施进行详细阐述，平衡性表现卓越。

可比性（★★★★★）

《报告》披露了30余个关键绩效指标连续3年的历史数据，并就"满意度"、"忠诚度"等数据进行横向比较，可比性表现卓越。

可读性（★★★★☆）

《报告》逻辑清楚，语言流畅，案例生动；图片、表格等形式丰富，与文字叙述相得益彰；封面使用水墨画风格设计，淡雅别致，具有领先的可读性表现。

创新性（★★★★☆）

《报告》设置责任专题，突出"情感悉心服务　品质改变生活"的责任主题；采用中英文语言形式，满足不同相关方阅读需求，创新性表现领先。

综合评级（★★★★☆）

经评级小组评价，《华润置地有限公司2014年社会责任报告》为四星半级，是一份领先的企业社会责任报告。

四、改进建议

1. 加强对实质性议题的管理，提高报告过程性。

2. 增加行业核心指标的披露，进一步提高报告完整性。

评级小组

组长：中国社科院经济学部企业社会责任研究中心主任　钟宏武

成员：清华大学创新与社会责任研究中心主任　邓国胜

　　　上海证券交易所总监助理　杨金忠

　　　中心过程性评估员　王梦娟、王宁

评级专家委员会主席
中心常务副理事长

评级小组组长
中心主任

出具时间：2015年5月8日

二十九、《深圳供电局有限公司 2014 年社会责任实践》评级报告

中国社会科学院经济学部企业社会责任研究中心（以下简称"中心"）受深圳供电局有限公司委托，从"中国企业社会责任报告评级专家委员会"中抽选专家组成评级小组，对《深圳供电局有限公司 2014 年社会责任实践》（以下简称《报告》）进行评级。

一、评级依据

《中国企业社会责任报告编写指南（CASS-CSR3.0)》暨《中国企业社会责任报告评级标准（2014)》。

二、评级过程

1. 过程性评估小组访谈深圳供电局有限公司社会责任相关部门成员；

2. 过程性评估小组现场审查深圳供电局有限公司社会责任报告编写过程相关资料；

3. 评级小组对社会责任报告的管理过程及《报告》的披露内容进行评价。

三、评级结论

过程性（★★★★★）

企业管理部牵头成立报告编写组，高层领导负责编写推进及报告审定；编写组识别利益相关方，并通过调查问卷、座谈会等方式收集相关方意见；根据相关方意见、公司重大事项、国家相关政策、行业对标分析等对实质性议题进行界定；计划在南方电网公司"社会责任周"发布报告，并将以印刷品、电子版、多语种版本等形式呈现报告，具有卓越的过程性表现。

实质性（★★★★★）

《报告》系统披露了"保障电力供应"、"提供优质便捷服务"、"综合停电管理"、"安全生产"、"提高电力输送效率"、"绿色供电"等电力供应业关键性议题，叙述详细充分，具有卓越的实质性。

完整性（★★★★☆）

《报告》从"电力供应"、"绿色环保"、"经济绩效"、"社会和谐"、"责任管理"等角度披露了电力供应业核心指标的 84.0 %，完整性表现领先。

平衡性（★★★★☆）

《报告》披露了"重大及以上电力安全事故数"、"新增职业病数"、"分线线损

异常率"等负面数据信息，并详细阐述了"清风行动"的经过及改进措施，平衡性表现领先。

可比性（★★★★☆）

《报告》披露了 36 个关键绩效指标连续 3 年的历史数据，并就"线损率"、"客户满意度"等数据进行横向比较，可比性表现领先。

可读性（★★★★★）

《报告》框架清晰，结构合理，语言简洁；图片、表格等表达形式丰富，与文字叙述相得益彰；多处引用"利益相关方声音"，提升报告可信度，具有卓越的可读性表现。

创新性（★★★★★）

《报告》设置责任专题，以图画形式生动阐述"电价改革"的缘由、措施及影响，深入浅出，便于相关方了解；"意见反馈表"与公益行动相结合，创新沟通方式，增进报告互动性，创新性表现卓越。

综合评级（★★★★☆）

经评级小组评价，《深圳供电局有限公司 2014 年社会责任实践》为四星半级，是一份领先的企业社会责任报告。

四、改进建议

增加对负面事件的分析，进一步提高报告的平衡性。

评级小组

组长：中国社科院经济学部企业社会责任研究中心主任　钟宏武

成员：中国电力企业联合会秘书长　王志轩

　　　中国企业联合会企业创新工作部主任　程多生

　　　中心过程性评估员　王梦娟、王宁

评级专家委员会主席　　　　　　评级小组组长

中心常务副理事长　　　　　　　中心主任

出具时间： 2015 年 5 月 18 日

三十、《中国民生银行 2014 年社会责任报告》
评级报告

中国社会科学院经济学部企业社会责任研究中心（以下简称"中心"）受中国民生银行股份有限公司委托，从"中国企业社会责任报告评级专家委员会"中抽选专家组成评级小组，对《中国民生银行 2014 年社会责任报告》（以下简称《报告》）进行评级。

一、评级依据

《中国企业社会责任报告编写指南（CASS-CSR3.0)》暨《中国企业社会责任报告评级标准（2014)》。

二、评级过程

1. 过程性评估小组访谈中国民生银行股份有限公司社会责任相关部门成员；

2. 过程性评估小组现场审查中国民生银行股份有限公司及下属机构社会责任报告编写过程相关资料；

3. 评级小组对社会责任报告的管理过程及《报告》的披露内容进行评价。

三、评级结论

过程性（★★★★☆）

公司成立社会责任管理委员会，负责报告编写工作，高层领导负责编写推进及报告审定；编写组对利益相关方进行识别，通过访谈、调研等形式收集部分相关方意见；根据相关方意见、行业对标分析等对实质性议题进行界定；计划在银行业协会报告发布会上发布报告，并将以印刷品、电子版等形式呈现报告，具有领先的过程性表现。

实质性（★★★★☆）

《报告》系统披露了"金融产品多样化"、"产品创新服务"、"保护客户信息安全"、"确保资费透明"、"中小企业信贷支持"、"绿色信贷"等银行业关键性议题，具有领先的实质性表现。

完整性（★★★★）

《报告》分为"上篇：从战略到行动"及"下篇：从情怀到担当"，从管理和实践两个维度系统披露了银行业核心指标的 73.0%，完整性表现优秀。

平衡性（★★★☆）

《报告》披露了"安全生产事故数"、"职业病发生人数"等少量负面数据信息，平衡性表现有待提高。

可比性（★★★★★）

《报告》披露了"营业收入"、"纳税总额"、"公益捐赠额"等36个关键绩效指标连续3年的可比数据；并就"手机银行综合测评得分"等数据进行横向比较，可比性表现卓越。

可读性（★★★★☆）

《报告》框架创新，结构合理，案例丰富；图片、表格等表达形式丰富，与文字叙述相辅相成；对专业词汇进行解释，显著提高了报告的易读性，具有领先的可读性表现。

创新性（★★★★★）

《报告》分为上、下两篇，上篇详述企业"从战略到行动"的责任表现，下篇生动描述企业"从情怀到担当"的责任故事，形式新颖，独具匠心，创新性表现卓越。

综合评级（★★★★☆）

经评级小组评价，《中国民生银行2014年社会责任报告》为四星半级，是一份领先的企业社会责任报告。

四、改进建议

1. 增加负面数据及负面事件分析的披露，提高报告的平衡性。

2. 加强报告过程性管理，提高利益相关方参与度。

评级小组

组长：中国社科院经济学部企业社会责任研究中心主任　钟宏武

成员：清华大学创新与社会责任研究中心主任　邓国胜

　　　北方工业大学经济管理学院副教授　魏秀丽

　　　中心过程性评估员　王梦娟、陈晓飞

评级专家委员会副主席　　　　　　　　评级小组组长

中心常务副理事长　　　　　　　　　　中心主任

出具时间：2015年6月3日

三十一、《中国交通建设股份有限公司 2014 年社会责任报告》评级报告

中国社会科学院经济学部企业社会责任研究中心（以下简称"中心"）受中国交通建设股份有限公司委托，从"中国企业社会责任报告评级专家委员会"中抽选专家组成评级小组，对《中国交通建设股份有限公司 2014 年社会责任报告》（以下简称《报告》）进行评级。

一、评级依据

《中国企业社会责任报告编写指南（CASS-CSR3.0)》暨《中国企业社会责任报告评级标准（2014)》。

二、评级过程

1. 过程性评估小组访谈中国交通建设股份有限公司社会责任相关部门成员；

2. 过程性评估小组现场审查中国交通建设股份有限公司社会责任报告编写过程相关资料；

3. 评级小组对社会责任报告的管理过程及《报告》的披露内容进行评价。

三、评级结论

过程性（★★★★☆）

公司党委工作部牵头成立报告编写组，高层领导负责编写推进及报告审定；编写组对利益相关方进行识别，并通过问卷调查、访谈等方式收集相关方意见；根据国家相关政策、公司发展战略、利益相关方意见等对实质性议题进行界定；计划在公司党建活动中发布报告，并将以印刷品、电子版、中英文版本等形式呈现报告，具有领先的过程性表现。

实质性（★★★★☆）

《报告》系统披露了"建筑质量管理"、"科技创新"、"农民工权益保护"、"安全生产"、"绿色治理"等建筑业关键性议题，具有领先的实质性表现。

完整性（★★★★）

《报告》从"市场责任"、"客户责任"、"员工责任"、"环境责任"、"责任管理"等方面系统披露了建筑业核心指标的 78.0%，完整性表现优秀。

平衡性（★★★★）

《报告》披露了"员工流失率"、"重特大安全事故次数"、"重特大安全事故死亡人数"等负面数据信息，并简述了隧道施工安全专项整治活动，平衡性表现优秀。

可比性（★★★★☆）

《报告》披露了"营业收入"、"员工本地化率"、"能源节约量"等 31 个关键绩效指标连续 3 年以上的历史数据，并就"ENR 全球最大国际承包商排名"、"世界 500 强排名"等数据进行横向比较，可比性表现领先。

可读性（★★★★★）

《报告》框架清晰，逻辑清楚，语言简洁流畅；图片、表格等表达形式丰富，与文字叙述相辅相成；使用企业工程图，精美大气，排版赏心悦目，具有卓越的可读性表现。

创新性（★★★★☆）

《报告》设置"海外责任"板块，同时采用中英文混排形式，利于海外利益相关方快速了解；多处嵌入利益相关方评价，提升报告可信度，创新性表现领先。

综合评级（★★★★☆）

经评级小组评价，《中国交通建设股份有限公司 2014 年社会责任报告》为四星半级，是一份领先的企业社会责任报告。

四、改进建议

1. 增加承包商管理等内容的披露，进一步提高报告完整性。

2. 增加负面数据及负面事件分析的披露，进一步提高报告的平衡性。

评级小组

组长：中国社科院经济学部企业社会责任研究中心主任　钟宏武

成员：中国企业公民委员会副会长　刘卫华

　　　清华大学创新与社会责任研究中心主任　邓国胜

　　　中心过程性评估员　王梦娟、陈晓飞

评级专家委员会主席　　　　　　　　　评级小组组长

中心常务副理事长　　　　　　　　　　中心主任

出具时间：2015 年 6 月 12 日

三十二、《华润电力控股有限公司 2014 年可持续发展报告》评级报告

中国社会科学院经济学部企业社会责任研究中心（以下简称"中心"）受华润电力控股有限公司委托，从"中国企业社会责任报告评级专家委员会"中抽选专家组成评级小组，对《华润电力控股有限公司 2014 年可持续发展报告》（以下简称《报告》）进行评级。

一、评级依据

《中国企业社会责任报告编写指南（CASS—CSR3.0)》暨《中国企业社会责任报告评级标准（2014)》。

二、评级过程

1. 过程性评估小组访谈华润电力控股有限公司社会责任相关部门成员；

2. 过程性评估小组现场审查华润电力控股有限公司社会责任报告编写过程相关资料；

3. 评级小组对社会责任报告的管理过程及《报告》的披露内容进行评价。

三、评级结论

过程性（★★★★☆）

公司董事会办公室牵头成立报告编写组，高层领导负责编写推进及报告审定；编写组对利益相关方进行识别与排序，并通过问卷调查、企业开放日等方式收集相关方意见；根据国家相关政策、电力行业要求、利益相关方意见等对实质性议题进行界定；计划召开专项发布会，并将以印刷品、电子版、H5 版本等形式呈现报告，具有领先的过程性表现。

实质性（★★★★★）

《报告》系统披露了"保障电力供应"、"安全生产"、"发展绿色电力"、"节约能源资源"、"发展循环经济"、"厂区及周边环境治理"等电力生产业关键性议题，叙述详细充分，具有卓越的实质性表现。

完整性（★★★★☆）

《报告》从"与股东携手，铸就优良业绩"、"与伙伴携手，开创共赢局面"、"与员工携手，助力精彩人生"、"与大众携手，共创美好生活"等方面系统披露了电力生产业核心指标的 83.0%，完整性表现领先。

平衡性（★★★★★）

《报告》披露了"员工伤亡人数"、"重大设备事故数"、"员工流失率"等负面数据信息，并以案例形式，详细阐述公司应对"合规经营问题"、"脱硫环保问题"的经过及改进措施，同时回应外界对下属电厂"破坏丹霞地貌"的质疑，平衡性表现卓越。

可比性（★★★★★）

《报告》披露了"运营发电量"、"营业收入"、"节能环保改造投入"等57个关键绩效指标连续3年以上的历史数据，并就"普氏能源资讯全球能源企业排名"、"福布斯全球企业排名"等数据进行横向比较，可比性表现卓越。

可读性（★★★★☆）

《报告》以"携手"为主线编排框架，脉络清晰，案例丰富；图片、表格等表现形式多样，与文字叙述相辅相成；水墨画设计，古典大气，富有文化气息，具有领先的可读性表现。

创新性（★★★★☆）

《报告》以"创新绿色发展　责任引领未来"开篇，重点阐述企业环保表现，呼应"绿色能源润泽生活"的责任理念；以"相关方评价"、"政府评价"、"员工评价"结尾，利于相关方全面了解企业，提升报告可信度，创新性表现领先。

综合评级（★★★★☆）

经评级小组评价，《华润电力控股有限公司2014年可持续发展报告》为四星半级，是一份领先的企业社会责任报告。

四、改进建议

加强报告过程管理，进一步提高利益相关方参与度。

评级小组

组长：中国社科院经济学部企业社会责任研究中心主任　钟宏武

成员：中国电力企业联合会秘书长　王志轩
　　　北方工业大学经济管理学院副教授　魏秀丽
　　　中心过程性评估员　王梦娟、陈晓飞

评级专家委员会主席
中心常务副理事长

评级小组组长
中心主任

出具时间： 2015年6月16日

三十三、《中国储备棉管理总公司2014年社会责任报告》评级报告

中国社会科学院经济学部企业社会责任研究中心（以下简称"中心"）受中国储备棉管理总公司委托，从"中国企业社会责任报告评级专家委员会"中抽选专家组成评级小组，对《中国储备棉管理总公司2014年社会责任报告》（以下简称《报告》）进行评级。

一、评级依据

《中国企业社会责任报告编写指南（CASS-CSR3.0)》暨《中国企业社会责任报告评级标准（2014)》。

二、评级过程

1. 过程性评估小组访谈中国储备棉管理总公司社会责任相关部门成员；

2. 过程性评估小组现场审查中国储备棉管理总公司社会责任报告编写过程相关资料；

3. 评级小组对社会责任报告的管理过程及《报告》的披露内容进行评价。

三、评级结论

过程性（★★★★☆）

公司综合部成立报告编写小组，公司高层领导负责编写推进及报告审定；编写组对利益相关方进行识别，通过实地调研、座谈会等方式收集相关方意见；根据国家相关政策、公司重大事项、行业对标分析、利益相关方调查等对实质性议题进行界定；拟定在官方网站发布报告，并以印刷品、电子版、微信版等形式呈现报告，具有领先的过程性表现。

实质性（★★★★☆）

《报告》系统披露了"响应国家政策"、"仓储管理"、"信息化建设"、"员工权益保护"、"安全生产"、"绿色仓储与物流"等仓储业关键性议题，具有领先的实质性表现。

完整性（★★★★☆）

《报告》从"服务国家宏观调控"、"保障安全生产运营"、"促进社会和谐共赢"、"辅助员工成长提升"、"创建绿色生态家园"、"推动企业可持续发展"等角度披露了仓储业82.0%的核心指标，完整性表现领先。

平衡性（★★★★☆）

《报告》披露了"重大安全生产事故数"、"员工伤亡人数"、"员工流失率"等负面数据，并简述了棉包阴燃隐患的排查经过及处置措施，平衡性表现领先。

可比性（★★★★★）

《报告》披露了"资产总额"、"纳税总额"、"储备棉出入库总量"、"安全生产投入"、"能源消耗总量"等 36 个关键绩效指标连续 3 年的历史数据，可比性表现卓越。

可读性（★★★★★）

《报告》框架清晰，语言流畅，案例丰富；图片、表格等表达形式多样，与文字叙述相得益彰；采用嫩芽绿与棉花白为报告主色调，清新淡雅，排版精美，具有卓越的可读性表现。

创新性（★★★★★）

《报告》以"棉花之旅"的方式，依次讲述棉花从种植到消费的全过程，引人入胜；以"一张图体验出库第一线"的地图形式，生动呈现各地承储库响应市场调控的经过，便于读者直观了解，具有卓越的创新性。

综合评级（★★★★☆）

经评级小组评价，《中国储备棉管理总公司 2014 年社会责任报告》为四星半级，是一份领先的企业社会责任报告。

四、改进建议

加强实质性议题管理，进一步提高报告过程性。

评级小组

组长：中国企业联合会企业创新工作部主任 程多生

成员：中国社科院经济学部企业社会责任研究中心常务副主任 张蒽

北方工业大学经济管理学院副教授 魏秀丽

中心过程性评估员 王梦娟

评级专家委员会主席　　　　　　　　　　　评级小组组长

中心常务副理事长　　　　　　　　　　　　中心副理事长

出具时间：2015 年 6 月 26 日

三十四、《远洋地产企业社会责任报告2014》评级报告

　　中国社会科学院经济学部企业社会责任研究中心（以下简称"中心"）受远洋地产控股有限公司委托，从"中国企业社会责任报告评级专家委员会"中抽选专家组成评级小组，对《远洋地产企业社会责任报告2014》（以下简称《报告》）进行评级。

　　一、评级依据

　　《中国企业社会责任报告编写指南（CASS-CSR3.0)》暨《中国企业社会责任报告评级标准（2014）》。

　　二、评级过程

　　1.过程性评估小组访谈远洋地产控股有限公司社会责任相关部门成员；

　　2.过程性评估小组现场审查远洋地产控股有限公司社会责任报告编写过程相关资料；

　　3.评级小组对社会责任报告的管理过程及《报告》的披露内容进行评价。

　　三、评级结论

　　过程性（★★★★☆）

　　企业经营管理中心牵头成立报告编写小组，高层领导负责编写推进及报告审定；编写组对利益相关方进行识别，通过意见征求会、访谈等形式收集相关方意见；根据公司发展战略、国家相关政策、行业对标分析等对实质性议题进行界定；计划在品牌公益活动上发布报告，并将以印刷品、电子版、H5版本等形式呈现报告，具有领先的过程性表现。

　　实质性（★★★★）

　　《报告》系统披露了"贯彻宏观政策"、"确保房屋住宅质量"、"客户信息保护"、"新建项目环评"等房地产开发业关键性议题，具有优秀的实质性表现。

　　完整性（★★★☆）

　　《报告》从"经济责任"、"社区责任"、"员工责任"、"客户责任"、"环境责任"、"伙伴责任"、"社会公益"等角度系统披露了房地产开发业核心指标的65.0%，完整性表现优秀。

　　平衡性（★★★☆）

　　《报告》详细披露了"员工离职人数"、"员工主动离职率"、"员工被动离职

率"等负面指标信息，并与同行业进行比较，具有良好的平衡性。

可比性（★★★★★）

《报告》披露了"员工总人数"、"员工志愿者人数"等29个关键绩效指标连续3年的可比数据，并就"员工离职率"等指标进行横向比较，可比性表现卓越。

可读性（★★★★☆）

《报告》框架清晰，语言流畅；图片、表格等表达方式多样，与文字叙述相辅相成，色调明亮鲜艳，彰显高端大气，具有领先的可读性。

创新性（★★★★☆）

《报告》颠覆传统报告方式，以单独章节的形式实现编制创新，对年度大事件进行梳理，凸显责任亮点，创新性表现领先。

综合评级（★★★★☆）

经评级小组评价，《远洋地产企业社会责任报告2014》为四星半级，是一份领先的企业社会责任报告。

四、改进建议

1. 增加负面数据及负面事件分析的披露，提高报告的平衡性。

2. 增加行业关键性议题的披露，提高报告的实质性。

评级小组

组长：中国社科院经济学部企业社会责任研究中心主任　钟宏武

成员：中国企业联合会雇主工作部副主任、全球契约中国网络执行秘书长　韩斌

清华大学创新与社会责任研究中心主任　邓国胜

中心过程性评估员　翟利峰、陈晓飞

评级专家委员会副主席　　　　　　　　　评级小组组长

中心常务副理事长　　　　　　　　　　　中心主任

出具时间：2015年6月29日

三十五、《中国航空工业集团公司 2014 年社会责任报告》评级报告

中国社会科学院经济学部企业社会责任研究中心（以下简称"中心"）受中国航空工业集团公司委托，从"中国企业社会责任报告评级专家委员会"中抽选专家组成评级小组，对《中国航空工业集团公司 2014 年社会责任报告》（以下简称《报告》）进行评级。

一、评级依据

《中国企业社会责任报告编写指南（CASS–CSR3.0)》暨《中国企业社会责任报告评级标准（2014)》。

二、评级过程

1. 过程性评估小组访谈中国航空工业集团公司社会责任相关部门成员；

2. 过程性评估小组现场审查中国航空工业集团公司社会责任报告编写过程相关资料；

3. 评级小组对社会责任报告的管理过程及《报告》的披露内容进行评价。

三、评级结论

过程性（★★★★☆）

集团综合管理部社会责任处牵头成立报告编写组，高层领导参与编写推进及报告审定；编写组对利益相关方进行识别，并根据公司发展战略、国家相关政策、行业对标分析及舆论热点等对实质性议题进行界定；拟定召开专项发布会，并将以印刷品、多语种版本、H5 版本等形式呈现报告，具有领先的过程性表现。

实质性（★★★★★）

《报告》系统披露了"贯彻宏观政策"、"客户关系管理"、"产品质量管理"、"产品科技创新"、"职业健康安全管理"、"安全生产"、"环保技术和设备的研发与应用"等特种设备制造业关键性议题，叙述详细充分，具有卓越的实质性表现。

完整性（★★★★）

《报告》从"蓝天上的中航工业"、"我们身边的中航工业"、"安全优质的中航工业"、"律己担当的中航工业"、"绿色发展的中航工业"等方面披露了特种设备制造业核心指标的 71.7%，完整性表现优秀。

平衡性（★★★☆）

《报告》披露了"安全生产事故数"、"员工流失率"、"职业病病例数"等少量

负面数据，平衡性有待提高。

可比性（★★★☆）

《报告》披露了"安全生产投入"、"民机出口收入"等15个关键绩效指标连续3年以上的历史数据，并就"财富企业500强排名"进行横向比较，可比性需进一步加强。

可读性（★★★★★）

《报告》框架合理，语言生动，专题深入；使用丰富的图片、表格等表现形式，与文字叙述相辅相成，设计凸显行业特色，配色清新大气，具有卓越的可读性表现。

创新性（★★★★★）

《报告》在篇末设置"走向世界的中航工业"及"大山里的读书声"专题，详细阐述了企业在海外及公益方面的履责情况，内容深入且生动；多处以"延伸阅读"、"回响"、"链接"等方式展开叙述，便于相关方进一步了解，创新性表现卓越。

综合评级（★★★★☆）

经评级小组评价，《中国航空工业集团公司2014年社会责任报告》为四星半级，是一份领先的企业社会责任报告。

四、改进建议

1. 增加企业历史关键数据的披露，提高报告的可比性。

2. 增加负面数据及负面事件分析的披露，提高报告的平衡性。

评级小组

组长：中国社科院经济学部企业社会责任研究中心主任　钟宏武

成员：中国企业公民委员会副会长　刘卫华

　　　北京工商大学经济学院教授　郭毅

　　　中心过程性评估员　王志敏、林旭

评级专家委员会主席　　　　　　　　　评级小组组长

中心常务副理事长　　　　　　　　　　中心主任

出具时间： 2015年6月29日

三十六、《广百集团 2014 年社会责任报告》评级报告

中国社会科学院经济学部企业社会责任研究中心（以下简称"中心"）受广州百货企业集团有限公司委托，从"中国企业社会责任报告评级专家委员会"中抽选专家组成评级小组，对《广百集团 2014 年社会责任报告》（以下简称《报告》）进行评级。

一、评级依据

《中国企业社会责任报告编写指南（CASS–CSR3.0)》暨《中国企业社会责任报告评级标准（2014)》。

二、评级过程

1. 过程性评估小组访谈广州百货企业集团有限公司社会责任相关部门成员；

2. 过程性评估小组现场审查广州百货企业集团有限公司社会责任报告编写过程相关资料；

3. 评级小组对社会责任报告的管理过程及《报告》的披露内容进行评价。

三、评级结论

过程性（★★★★☆）

集团企业文化与品牌传播部牵头成立报告编写小组，高层领导负责编写推进及报告审定；编写组对利益相关方进行识别，通过意见征求会、客户调查、员工交流会等形式收集相关方意见；根据公司发展战略、行业对标分析等对实质性议题进行界定；计划召开专项发布会，并将以印刷品、电子版、H5 版本等形式呈现报告，具有领先的过程性表现。

实质性（★★★★☆）

《报告》系统披露了"售后服务管理体系"、"问题产品处理的制度措施"、"服务特殊人群"、"责任采购"、"节能建筑与绿色门店"、"员工权益保护"等零售业关键性议题，叙述详细充分，具有领先的实质性表现。

完整性（★★★★☆）

《报告》从"顾客权益责任"、"员工权益责任"、"商品质量责任"、"环境保护责任"、"安全生产责任"、"伙伴权益责任"、"社会公益责任"等角度系统披露了零售业核心指标的 83.0%，完整性表现领先。

平衡性（★★★★）

《报告》披露了"顾客投诉事件数"、"违反廉洁从业人员数"等负面数据信息，并简述了产品质量检测不合格情况及处理措施，平衡性表现优秀。

可比性（★★★★☆）

《报告》披露了"主营业务收入"、"环保总投入"等22个关键绩效指标连续3年的可比数据，并就"员工满意度"、"员工敬业度"等指标进行横向比较，可比性表现领先。

可读性（★★★★☆）

《报告》框架清晰，结构合理，语言流畅；使用大量案例及丰富图片，增强报告沟通效力，具有领先的可读性表现。

创新性（★★★★）

《报告》各篇章以"导读"形式开篇，对章节核心内容进行概述，便于读者抓住重点；采用"广百荣誉墙"的形式，集中展现企业履责成效，创新性表现优秀。

综合评级（★★★★☆）

经评级小组评价，《广百集团2014年社会责任报告》为四星半级，是一份领先的企业社会责任报告。

四、改进建议

1. 增加负面数据及负面事件分析的披露，提高报告的平衡性。

2. 提炼公司年度重点实践，进一步突出报告亮点。

评级小组

组长：中国社科院经济学部企业社会责任研究中心主任　钟宏武

成员：中国企业联合会雇主工作部副主任、全球契约中国网络执行秘书长　韩斌

北方工业大学经济管理学院副教授　魏秀丽

中心过程性评估员　翟利峰、陈晓飞

评级专家委员会主席　　　　　　　　　评级小组组长

中心常务副理事长　　　　　　　　　　中心主任

出具时间：2015年7月1日

三十七、《太原钢铁（集团）有限公司 2014 年社会责任报告》评级报告

中国社会科学院经济学部企业社会责任研究中心（以下简称"中心"）受太原钢铁（集团）有限公司委托，从"中国企业社会责任报告评级专家委员会"中抽选专家组成评级小组，对《太原钢铁（集团）有限公司 2014 年社会责任报告》（以下简称《报告》）进行评级。

一、评级依据

《中国企业社会责任报告编写指南（CASS-CSR3.0)》暨《中国企业社会责任报告评级标准（2014)》。

二、评级过程

1. 过程性评估小组访谈太原钢铁（集团）有限公司社会责任相关部门成员；

2. 过程性评估小组现场审查太原钢铁（集团）有限公司社会责任报告编写过程相关资料；

3. 评级小组对社会责任报告的管理过程及《报告》的披露内容进行评价。

三、评级结论

过程性（★★★★☆）

企业文化部牵头成立报告编写组，高层领导负责编写推进及报告审定；编写组对利益相关方进行识别，并通过专家研讨、部门访谈等方式收集相关方意见；根据国内外相关标准、报告对标分析、利益相关方意见等对实质性议题进行界定；计划在工经联年度会上发布报告，并将以印刷品、电子版、微信版等形式呈现报告，具有领先的过程性表现。

实质性（★★★★★）

《报告》系统披露了"产品质量管理"、"科技创新"、"责任采购"、"职业健康管理"、"安全生产"、"发展循环经济"、"节约资源能源"等钢铁行业关键性议题，具有卓越的实质性表现。

完整性（★★★★☆）

《报告》从"钢铁主业发展"、"为客户创造价值"、"创新体系建设"、"供应商管理"、"环境方针"、"员工成长与关爱"、"社会和谐发展"等方面系统披露了钢铁行业核心指标的 83.0%，完整性表现领先。

平衡性（★★★★★）

《报告》披露了"员工辞职率"、"千人负伤率"、"职业病发病率"等负面数据信息，并对安全生产事故发生的原因及改进措施进行详细阐述，平衡性表现卓越。

可比性（★★★★☆）

《报告》披露了"钢产量"、"营业总收入"、"吨钢综合能耗"等36个关键绩效指标连续3年以上的历史数据，并就"不锈钢出口量"、"吨钢能耗"、"吨钢水耗"等数据进行横向比较，可比性表现领先。

可读性（★★★★）

《报告》框架清晰，语言流畅，案例丰富；图片、表格等表达形式多样，与文字叙述相辅相成；各篇章色调与主题相呼应，清新大方，具有优秀的可读性表现。

创新性（★★★★☆）

《报告》开篇设置"绿色太钢 与城共融"专题，重点披露企业在环境方面的履责实践，并在经济、环境、社会各篇末集中展现责任绩效及利益相关方评价，便于读者快速了解，创新性表现领先。

综合评级（★★★★☆）

经评级小组评价，《太原钢铁（集团）有限公司2014年社会责任报告》为四星半级，是一份领先的企业社会责任报告。

四、改进建议

1. 精炼文字，进一步提高报告可读性。

2. 加强报告过程性管理，进一步提高利益相关方参与度。

评级小组

组长：中国社科院经济学部企业社会责任研究中心主任 钟宏武

成员：中国企业公民委员会副会长 刘卫华

北方工业大学经济管理学院副教授 魏秀丽

中心过程性评估员 王梦娟

评级专家委员会主席　　　　　　评级小组组长

中心常务副理事长　　　　　　　中心主任

出具时间：2015年7月2日

三十八、《现代汽车集团（中国）2014社会责任报告》评级报告

中国社会科学院经济学部企业社会责任研究中心（以下简称"中心"）受现代汽车（中国）投资有限公司委托，从"中国企业社会责任报告评级专家委员会"中抽选专家组成评级小组，对《现代汽车集团（中国）2014社会责任报告》（以下简称《报告》）进行评级。

一、评级依据

《中国企业社会责任报告编写指南（CASS-CSR3.0）》暨《中国企业社会责任报告评级标准（2014）》。

二、评级过程

1. 过程性评估小组访谈现代汽车（中国）投资有限公司社会责任相关部门成员；

2. 过程性评估小组现场审查现代汽车（中国）投资有限公司社会责任报告编写过程相关资料；

3. 评级小组对社会责任报告的管理过程及《报告》的披露内容进行评价。

三、评级结论

过程性（★★★★★）

集团社会贡献部牵头成立报告编写小组，高层领导负责编写推进及报告审定；编写组对利益相关方进行识别，通过意见征求会、问卷调查、访谈等形式收集相关方意见；根据公司发展战略、国家相关政策、相关方意见等对实质性议题进行界定；计划在公司内部会议上发布报告，并将以印刷品、电子版、视频等形式呈现报告，具有卓越的过程性表现。

实质性（★★★★★）

《报告》系统披露了"贯彻宏观政策"、"客户关系管理"、"确保产品安全性"、"支持科技研发"、"产品召回机制"、"员工培训与发展"、"安全生产"、"节能与新能源交通运输设备的研发与销售"等汽车行业关键性议题，叙述详尽充分，具有卓越的实质性表现。

完整性（★★★★☆）

《报告》从"汽车安全与产品质量"、"客户服务"、"绿色环保汽车"、"员工培训与发展"、"节能减排"、"技术创新与安全生产"、"平等雇佣与权益保护"、"社区发展与建设"等角度，系统披露了汽车行业核心指标的82.0%，完整性表现领先。

平衡性（★★★★☆）

《报告》披露了"安全生产事故比率"、"员工流失率"、"召回事件数"等负面数据信息，并简述了"社会贡献体系建设滞后"造成的影响及改进情况，具有领先的平衡性表现。

可比性（★★★★★）

《报告》披露了"销售总额"、"纳税总额"、"公益投入总额"等43个关键绩效指标连续3年的可比数据，并就"汽车销量"、"售后满意度"等指标进行横向比较，可比性表现卓越。

可读性（★★★★★）

《报告》逻辑清楚，重点突出，案例丰富；图片、表格等表现形式多样，与文字叙述相得益彰；封面采用卡通汽车图形设计，既富有行业特点，又凸显绿色环保，具有卓越的可读性表现。

创新性（★★★★☆）

《报告》突破传统报告模式，以议题型报告形式突出重点，更具针对性；开篇以专题形式，阐述企业"2014年10大主要成绩"、"全球布局"及"中国事业"等，便于相关方快速了解，创新性表现领先。

综合评级（★★★★☆）

经评级小组评价，《现代汽车集团（中国）2014社会责任报告》为四星半级，是一份领先的企业社会责任报告。

四、改进建议

增加负面数据及负面事件分析的披露，进一步提高报告的平衡性。

评级小组

组长：新华网副总裁　魏紫川

成员：中国社科院经济学部企业社会责任研究中心常务副主任　张蒽

　　　北京工商大学经济学院教授　郭毅

　　　中心过程性评估员　王梦娟、陈晓飞

评级专家委员会副主席　　　　　　　评级小组组长

中心常务副理事长　　　　　　　　　中心副理事长

出具时间：2015年7月6日

三十九、《中国大唐集团公司 2014 年社会责任报告》评级报告

中国社会科学院经济学部企业社会责任研究中心（以下简称"中心"）受中国大唐集团公司委托，从"中国企业社会责任报告评级专家委员会"中抽选专家组成评级小组，对《中国大唐集团公司 2014 年社会责任报告》（以下简称《报告》）进行评级。

一、评级依据

《中国企业社会责任报告编写指南（CASS-CSR3.0）》暨《中国企业社会责任报告评级标准（2014)》。

二、评级过程

1. 过程性评估小组访谈中国大唐集团公司社会责任相关部门成员；

2. 过程性评估小组现场审查中国大唐集团公司社会责任报告编写过程相关资料；

3. 评级小组对社会责任报告的管理过程及《报告》的披露内容进行评价。

三、评级结论

过程性（★★★★）

集团政研室社会责任处牵头成立报告编写组，高层领导审定报告框架并参与内容修改；编写组对利益相关方进行识别，并通过内部研讨、业务座谈等方式收集相关方意见；根据国家相关政策、公司发展战略等对实质性议题进行界定；计划召开专项发布会，并将以印刷品、电子版、二维码链接等形式呈现报告，具有优秀的过程性表现。

实质性（★★★★★）

《报告》系统披露了"保障电力供应"、"安全生产"、"发展绿色电力"、"节约能源资源"、"发展循环经济"、"厂区及周边环境治理"等电力生产业关键性议题，叙述详细充分，具有卓越的实质性表现。

完整性（★★★★）

《报告》从"优化结构"、"效益导向"、"以人为本"、"创新驱动"、"清洁高效"、"携手共进"等方面，系统披露了电力生产业核心指标的 70.0%，完整性表现优秀。

平衡性（★★★★★）

《报告》披露了"重大人身伤亡事故"、"重大设备事故次数"等负面数据信

息，并以案例形式，详细阐述"大唐淮北发电厂4·25人身死亡事故"、"阳城发电公司超标排放"等发生的原因、经过及改进措施，平衡性表现卓越。

可比性（★★★★☆）

《报告》披露了"发电量"、"营业收入"、"利润总额"等34个关键绩效指标连续3年以上的历史数据，并就"脱硝装备率"、"授权专利数"等数据进行横向比较，可比性表现领先。

可读性（★★★★☆）

《报告》框架清晰，逻辑清楚，案例丰富；采用图片、表格等多种表现形式，与文字叙述相辅相成；水墨画设计，融入中国古典元素，富有文化内涵，具有领先的可读性表现。

创新性（★★★★☆）

《报告》设置"全面创新管理"、"党的群众路线教育实践活动"专题，深入阐述企业年度重点工作；同时梳理"2014年责任大事记"，利于相关方快速了解，创新性表现领先。

综合评级（★★★★☆）

经评级小组评价，《中国大唐集团公司2014年社会责任报告》为四星半级，是一份领先的企业社会责任报告。

四、改进建议

加强报告过程管理，进一步提高利益相关方参与度。

评级小组

组长：中国社科院经济学部企业社会责任研究中心主任　钟宏武

成员：中国电力企业联合会秘书长　王志轩

　　　中国企业联合会企业创新工作部主任　程多生

　　　中心过程性评估员　王梦娟、林旭

评级专家委员会主席　　　　　　　　　评级小组组长

中心常务副理事长　　　　　　　　　　中心主任

出具时间： 2015年7月7日

四十、《LG（中国）2014 社会责任报告》评级报告

中国社会科学院经济学部企业社会责任研究中心（以下简称"中心"）受 LG（中国）社会责任委员会委托，从"中国企业社会责任报告评级专家委员会"中抽选专家组成评级小组，对《LG（中国）2014 社会责任报告》（以下简称《报告》）进行评级。

一、评级依据

《中国企业社会责任报告编写指南（CASS-CSR3.0）》暨《中国企业社会责任报告评级标准（2014）》。

二、评级过程

1. 过程性评估小组访谈 LG（中国）社会责任委员会相关成员；

2. 过程性评估小组现场审查 LG（中国）社会责任委员会报告编写过程相关资料；

3. 评级小组对社会责任报告的管理过程及《报告》的披露内容进行评价。

三、评级结论

过程性（★★★★★）

公司对外合作部牵头成立报告编写组，高层领导参与编写推进及报告审定；编写组对利益相关方进行识别，并通过座谈会、问卷调查等方式收集相关方意见；根据公司重大事项、国家政策、行业对标、相关方意见等对实质性议题进行界定；计划在公司重大活动中发布报告，并将以印刷品、电子版、H5 版本等形式呈现报告，具有卓越的过程性表现。

实质性（★★★★★）

《报告》系统披露了"产品质量管理"、"技术创新"、"供应链管理"、"安全生产"、"职业健康管理"、"环保产品研发与应用"、"重金属管理"、"产品和包装回收再利用"等电子产品与电子元器件制造业关键性议题，叙述详细充分，具有卓越的实质性表现。

完整性（★★★★）

《报告》从"为顾客创造价值"、"培养本土人才"、"供应链管理"、"EESH 体系"、"应对气候变化"、"社区支持与融入"等方面披露了电子产品与电子元器件制造业核心指标的 72.0%，完整性表现优秀。

平衡性（★★★★☆）

《报告》披露了"安全生产事故数"、"员工伤亡人数"、"因公伤亡人数"等负面数据信息，并对不合格供应商审查的过程及结果进行阐述，平衡性表现领先。

可比性（★★★★☆）

《报告》披露了 30 个关键绩效指标连续 3 年的历史数据，并就"全球大尺寸LCD 市场占有率"等数据进行横向比较，可比性表现领先。

可读性（★★★★★）

《报告》框架清晰，篇幅适宜，语言流畅；图片、表格等表达方式丰富，与文字叙述相得益彰；全篇以红色与灰色为主色调，与品牌标识相符，简洁大气，彰显企业特色，可读性表现卓越。

创新性（★★★★★）

《报告》以社区代表、员工、合作伙伴、消费者的故事开篇，通过第一人称的叙事方式，生动阐述企业在相关方中的形象，富有创意；以"议题型"报告方式对年度重点实践展开叙述，创新性表现卓越。

综合评级（★★★★☆）

经评级小组评价，《LG（中国）2014 社会责任报告》为四星半级，是一份领先的企业社会责任报告。

四、改进建议

增加行业核心指标的披露，进一步提高报告的完整性。

评级小组

组长：新华网副总裁　魏紫川

成员：中国社科院经济学部企业社会责任研究中心常务副主任　张蕙

　　　北京工商大学经济学院教授　郭毅

　　　中心过程性评估员　王梦娟

评级专家委员会副主席　　　　　　　　评级小组组长

中心常务副理事长　　　　　　　　　　中心副理事长

出具时间： 2015 年 7 月 20 日

四十一、《LG 化学（中国）2014 社会责任报告》评级报告

中国社会科学院经济学部企业社会责任研究中心（以下简称"中心"）受 LG 化学（中国）委托，从"中国企业社会责任报告评级专家委员会"中抽选专家组成评级小组，对《LG 化学（中国）2014 社会责任报告》（以下简称《报告》）进行评级。

一、评级依据

《中国企业社会责任报告编写指南（CASS-CSR3.0）》暨《中国企业社会责任报告评级标准（2014）》。

二、评级过程

1. 过程性评估小组访谈 LG 化学（中国）社会责任相关部门成员；

2. 过程性评估小组现场审查 LG 化学（中国）社会责任报告编写过程相关资料；

3. 评级小组对社会责任报告的管理过程及《报告》的披露内容进行评价。

三、评级结论

过程性（★★★★☆）

公司总务/涉外 Part 牵头成立报告编写组，高层领导负责编写推进及报告审定；编写组对利益相关方进行识别，通过访谈、调研等形式收集相关方意见；根据国家相关政策、公司发展战略、相关方意见等对实质性议题进行界定；计划在公司重大会议上发布报告，并将以印刷品、电子版、H5 版本等形式呈现报告，具有领先的过程性表现。

实质性（★★★★☆）

《报告》系统披露了"产品质量管理"、"科技与创新"、"职业健康管理"、"安全生产"、"有害物质管理"、"积极应对气候变化"、"发展循环经济"等石油化工业关键性议题，叙述详细充分，具有领先的实质性表现。

完整性（★★★★）

《报告》从"走进 LG 化学"、"责任管理篇"、"责任行动篇"、"责任绩效篇"等角度披露了石油化工业核心指标的 72.50%，完整性表现优秀。

平衡性（★★★★）

《报告》披露了"安全事故总数"、"工伤人数"、"员工流失率"、"职业病发生

率"、"产品不良率"等负面数据信息，平衡性表现优秀。

可比性（★★★★★）

《报告》披露了"营业收入"、"纳税总额"、"安全环境投资费用"等75个关键绩效指标连续3年以上的历史数据，可比性表现卓越。

可读性（★★★★★）

《报告》框架清楚，专题深入，语言流畅；丰富的表格与图形设计，与文字叙述相辅相成；排版简洁大方，封面设计结合主营业务，凸显企业特色，具有卓越的可读性表现。

创新性（★★★★☆）

《报告》以"走进LG化学"开篇，详细介绍企业产品及在中国的经营状况，拉近与读者的距离，增强"LG化学在您身边"的主题感染力；以"责任管理"、"责任行动"及"责任绩效"的方式谋篇布局，更具针对性，便于相关方重点了解，创新性表现领先。

综合评级（★★★★☆）

经评级小组评价，《LG化学（中国）2014社会责任报告》为四星半级，是一份领先的企业社会责任报告。

四、改进建议

1. 增加负面数据及负面事件分析的披露，进一步提高报告的平衡性。

2. 加强报告过程性管理，进一步提高利益相关方参与度。

评级小组

组长：新华网副总裁　魏紫川

成员：中国企业联合会企业创新工作部主任　程多生

　　　北方工业大学经济管理学院副教授　魏秀丽

　　　中心过程性评估员　王梦娟

评级专家委员会副主席　　　　　　　　评级小组组长

中心常务副理事长　　　　　　　　　　中心副理事长

出具时间：2015年7月22日

四十二、《中国盐业总公司 2014 社会责任报告》评级报告

中国社会科学院经济学部企业社会责任研究中心（以下简称"中心"）受中国盐业总公司委托，从"中国企业社会责任报告评级专家委员会"中抽选专家组成评级小组，对《中国盐业总公司 2014 社会责任报告》（以下简称《报告》）进行评级。

一、评级依据

《中国企业社会责任报告编写指南（CASS-CSR3.0)》暨《中国企业社会责任报告评级标准（2014)》。

二、评级过程

1. 过程性评估小组访谈中国盐业总公司社会责任相关部门成员；

2. 过程性评估小组现场审查中国盐业总公司社会责任报告编写过程相关资料；

3. 评级小组对社会责任报告的管理过程及《报告》的披露内容进行评价。

三、评级结论

过程性（★★★★☆）

公司办公厅牵头成立报告编写组，高层领导参与编写推进及报告审定；编写组对利益相关方进行识别，通过访谈、调研等形式收集利益相关方意见；根据公司发展战略、相关方意见对实质性议题进行界定；计划以活动嵌入方式发布报告，并将以印刷品、电子版等形式呈现报告，具有领先的过程性表现。

实质性（★★★★★）

《报告》系统披露了"食品安全管理"、"倡导科学用盐"、"供应商管理"、"绿色采购制度"、"员工权益保护"、"发展循环经济"等食品行业关键性议题，叙述详细充分，具有卓越的实质性表现。

完整性（★★★★）

《报告》从"保障食盐安全供应"、"强化供应商管理"、"员工权益保障"、"带动地方发展"、"坚持绿色运营"等方面，系统披露了食品行业核心指标的72.0%，完整性表现优秀。

平衡性（★★★★）

《报告》披露了"安全生产死亡人数"、"员工流失率"、"职业病病例数"等负面数据信息，并对安全生产隐患排查结果进行简述，平衡性表现优秀。

可比性（★★★★★）

《报告》披露了"营业收入"、"研发投入"、"碘盐合格率"等 42 个关键绩效指标连续 3 年的历史数据，并就"盐产品单位综合能耗"、"烧碱单位综合能耗"等指标与国家清洁生产标准对比，可比性表现卓越。

可读性（★★★★☆）

《报告》框架清晰，语言流畅，案例生动；图片、表格等表现形式丰富，与文字叙述相辅相成；设计风格融入青花瓷元素，典雅大气，具有文化底蕴，可读性表现领先。

创新性（★★★★☆）

《报告》以"中盐史话"开篇，梳理企业发展历程，引导读者"走进中盐"；以延伸阅读的方式，进行盐类知识的科普，增强报告的互动性，创新性表现领先。

综合评级（★★★★☆）

经评级小组评价，《中国盐业总公司 2014 社会责任报告》为四星半级，是一份领先的企业社会责任报告。

四、改进建议

1. 增加负面数据及负面事件分析的披露，进一步提高报告的平衡性。

2. 加强报告过程性管理，进一步提高利益相关方参与度。

评级小组

组长：中国企业联合会企业创新工作部主任 程多生

成员：中国社科院经济学部企业社会责任研究中心常务副主任 张蒽

北京工商大学经济学院教授 郭毅

中心过程性评估员 翟利峰

评级专家委员会主席
中心常务副理事长

评级小组组长
中心副理事长

出具时间：2015 年 7 月 29 日

四十三、《中国机械工业集团有限公司 2014 年社会责任报告》评级报告

中国社会科学院经济学部企业社会责任研究中心（以下简称"中心"）受中国机械工业集团有限公司委托，从"中国企业社会责任报告评级专家委员会"中抽选专家组成评级小组，对《中国机械工业集团有限公司 2014 年社会责任报告》（以下简称《报告》）进行评级。

一、评级依据

《中国企业社会责任报告编写指南（CASS–CSR3.0)》暨《中国企业社会责任报告评级标准（2014)》。

二、评级过程

1. 过程性评估小组访谈中国机械工业集团有限公司社会责任相关部门成员；

2. 过程性评估小组现场审查中国机械工业集团有限公司社会责任报告编写过程相关资料；

3. 评级小组对社会责任报告的管理过程及《报告》的披露内容进行评价。

三、评级结论

过程性（★★★★★）

集团企业文化部牵头成立报告编写组，公司董事长负责编写推进及报告审定；编写组对利益相关方进行识别，并以国内外调研、访谈等形式收集相关方意见；根据公司发展战略、国家相关政策、相关方意见等对实质性议题进行界定；计划召开嵌入式发布会，并将以印刷品、电子版、H5 版本、海外版等形式呈现报告，具有卓越的过程性表现。

实质性（★★★★★）

《报告》系统披露了"产品质量管理"、"客户服务"、"安全生产"、"绿色设计"、"节约能源、水资源"、"保障员工权益"、"绿色生产和经营"等机械设备制造业关键性议题，叙述详细充分，具有卓越的实质性表现。

完整性（★★★★）

《报告》从"责任国机"、"价值国机"、"创新国机"、"绿色国机"、"幸福国机"等角度，系统披露了机械设备制造业核心指标的 78.0%，完整性表现优秀。

平衡性（★★★★☆）

《报告》披露了"重大安全事故数"、"员工死亡人数"、"重大伙伴投诉事件"

等负面数据，并对公司反腐倡廉建设、安全隐患整改的情况进行简述，平衡性表现领先。

可比性（★★★★★）

《报告》披露了"营业收入"、"员工总数"、"科技创新投入"等 31 个关键绩效指标连续 5 年以上数据，并就"世界 500 强排名"、"ENR 全球 250 家最大国际承包商排名"等指标进行横向比较，可比性表现卓越。

可读性（★★★★★）

《报告》框架清晰，结构合理，语言流畅；采用图片、表格、案例等表达方式，丰富文字表述；各篇章色调清新，过渡页采用行业特色大图，精美大气，具有卓越的可读性表现。

创新性（★★★★☆）

《报告》设置"推进国际化经营　筑梦'一带一路'"专题，详述企业在国际市场开拓方面的贡献，重点突出；以轴线图的形式，梳理出企业社会责任工作历程，便于相关方了解，创新性表现领先。

综合评级（★★★★☆）

经评级小组评价，《中国机械工业集团有限公司 2014 年社会责任报告》为四星半级，是一份领先的企业社会责任报告。

四、改进建议

增加行业核心指标的披露，进一步提高报告的完整性。

评级小组

组长：中国社科院经济学部企业社会责任研究中心主任　钟宏武

成员：中国企业联合会雇主工作部副主任、全球契约中国网络执行秘书长　韩斌

　　　北方工业大学经济管理学院副教授　魏秀丽

　　　中心过程性评估员　王梦娟

评级专家委员会主席　　　　　　　　　　评级小组组长

中心常务副理事长　　　　　　　　　　　中心主任

出具时间： 2015 年 7 月 20 日

四十四、《2014 台达中国区企业社会责任报告》评级报告

中国社会科学院经济学部企业社会责任研究中心（以下简称"中心"）受台达中国区企业社会责任委员会委托，从"中国企业社会责任报告评级专家委员会"中抽选专家组成评级小组，对《2014 台达中国区企业社会责任报告》（以下简称《报告》）进行评级。

一、评级依据

《中国企业社会责任报告编写指南（CASS-CSR3.0)》暨《中国企业社会责任报告评级标准（2014)》。

二、评级过程

1. 过程性评估小组访谈台达中国区企业社会责任委员会相关成员；

2. 过程性评估小组现场审查台达中国区企业社会责任委员会报告编写过程相关资料；

3. 评级小组对社会责任报告的管理过程及《报告》的披露内容进行评价。

三、评级结论

过程性（★★★★☆）

中国区企业社会责任委员会牵头成立报告编写组，高层领导负责编写推进及报告审定；编写组对利益相关方进行识别，并通过访谈、问卷调查等方式收集相关方意见；根据公司发展战略、国内外相关标准、行业对标分析等对实质性议题进行界定；计划召开专项发布会，并将以印刷品、微信版等形式呈现报告，具有领先的过程性表现。

实质性（★★★★★）

《报告》系统披露了"产品技术创新"、"供应链管理"、"职业健康管理"、"安全生产"、"有害物质管理"、"产品和包装回收再利用"、"环保产品的研发与应用"等电子产品与电子元器件制造业关键性议题，叙述详细充分，具有卓越的实质性表现。

完整性（★★★★☆）

《报告》从"推动环境保护"、"超越客户期望"、"助推价值链共赢"、"助力员工发展"、"加强社会参与"等角度系统披露了电子产品与电子元器件核心指标的82.0%，完整性表现领先。

平衡性（★★★★）

《报告》披露了"安全生产事故数"、"中国区工伤事故统计"、"年度新增职业病数量"等负面数据信息，平衡性表现优秀。

可比性（★★★★☆）

《报告》披露了"营业收入"、"环保总投资"、"责任采购比率"等73个关键绩效数据，可比性表现卓越。

可读性（★★★★）

《报告》框架清晰，内容详实，案例丰富；图片、表格等表达方式多元，与文字叙述相辅相成；淡蓝色风格，简洁淡雅，具有优秀的可读性表现。

创新性（★★★★☆）

《报告》设置责任专题，详细叙述企业在"应对气候变化，推广绿色建筑"方面的责任表现，凸显"环保、节能、爱地球"的责任理念；多处嵌入相关方声音，增强报告的可信度，具有领先的创新性表现。

综合评级（★★★★☆）

经评级小组评价，《2014台达中国区企业社会责任报告》为四星半级，是一份领先的企业社会责任报告。

四、改进建议

增加负面数据及负面事件分析的披露，提高报告的平衡性。

评级小组

组长：新华网副总裁　魏紫川

成员：中国企业公民委员会副会长　刘卫华

中国社科院经济学部企业社会责任研究中心常务副主任　张蒽

中心过程性评估员　王梦娟、林旭

评级专家委员会副主席　　　　　　　　评级小组组长

中心常务副理事长　　　　　　　　　　中心副理事长

出具时间： 2015 年 7 月 30 日

四十五、《佳能（中国）企业社会责任报告 2014-2015》评级报告

中国社会科学院经济学部企业社会责任研究中心（以下简称"中心"）受佳能（中国）有限公司委托，从"中国企业社会责任报告评级专家委员会"中抽选专家组成评级小组，对《佳能（中国）企业社会责任报告 2014-2015》（以下简称《报告》）进行评级。

一、评级依据

《中国企业社会责任报告编写指南（CASS-CSR3.0)》暨《中国企业社会责任报告评级标准（2014)》。

二、评级过程

1. 过程性评估小组访谈佳能（中国）有限公司社会责任部门相关成员；

2. 过程性评估小组现场审查佳能（中国）有限公司社会责任报告编写过程相关资料；

3. 评级小组对社会责任报告的管理过程及《报告》的披露内容进行评价。

三、评级结论

过程性（★★★★★）

企业社会责任推进部门牵头成立报告编写组，高层领导参与访谈及报告审定；编写组对利益相关方进行识别，通过实地调研、深入访谈、调查问卷等方式收集相关方意见；根据中国相关政策、公司发展战略、行业对标分析及相关方意见对实质性议题进行界定；计划召开专项发布会，并将以印刷品、电子版等形式呈现报告，具有卓越的过程性表现。

实质性（★★★★★）

《报告》系统披露了"产品技术创新"、"供应链管理"、"职业健康管理"、"环保产品研发和销售"、"有害物质管理"、"产品和包装回收再利用"等电子产品与电子元器件制造业关键性议题，叙述详细充分，.具有卓越的实质性表现。

完整性（★★★★☆）

《报告》从"重诚信合规经营"、"与客户共享精彩"、"待伙伴始终如一"、"对员工不吝付出"、"为绿色不遗余力"、"用影像传递感动"等角度披露了电子产品与电子元器件制造业 83.0%的核心指标，完整性表现领先。

平衡性（★★★★）

《报告》披露了"职业病发生次数"、"重大安全事故数"、"员工因公死亡人数"、"员工流失率"等负面数据，平衡性表现优秀。

可比性（★★★★★）

《报告》披露了49个关键绩效指标连续3年以上的历史数据，并就"专利申请数"等指标进行横向对比，具有卓越的可比性表现。

可读性（★★★★★）

《报告》框架清晰，语言流畅，案例丰富；封面采用佳能影像作品，质朴厚重，传递感动；以"链接"形式对文中内容进行补充说明，显著提高了报告的易读性，具有卓越的可读性表现。

创新性（★★★★★）

《报告》设置"共同发现丝路之美"专题，详述企业在非物质文化遗产影像保存中的责任实践，唤起公众对文化遗产的关注；各篇章以访谈故事开篇，以高管视角解读责任重点，创新性表现卓越。

综合评级（★★★★☆）

经评级小组评价，《佳能（中国）企业社会责任报告2014-2015》为四星半级，是一份领先的企业社会责任报告。

四、改进建议

增加负面数据及负面事件分析的披露，提高报告的平衡性。

评级小组

组长：中国社科院经济学部企业社会责任研究中心主任　钟宏武

成员：中国企业联合会雇主工作部副主任、全球契约中国网络执行秘书长　韩斌

　　　北方工业大学经济管理学院副教授　魏秀丽

　　　中心过程性评估员　王梦娟

评级专家委员会副主席　　　　　　　　　评级小组组长

中心常务副理事长　　　　　　　　　　　中心主任

出具时间：2015 年 7 月 30 日

四十六、《2014 斗山 Infracore（中国）社会责任报告》评级报告

中国社会科学院经济学部企业社会责任研究中心（以下简称"中心"）受斗山（中国）投资有限公司委托，从"中国企业社会责任报告评级专家委员会"中抽选专家组成评级小组，对《2014 斗山 Infracore（中国）社会责任报告》（以下简称《报告》）进行评级。

一、评级依据

《中国企业社会责任报告编写指南（CASS–CSR3.0）》暨《中国企业社会责任报告评级标准（2014)》。

二、评级过程

1. 过程性评估小组访谈斗山（中国）投资有限公司社会责任相关部门成员；

2. 过程性评估小组现场审查斗山（中国）投资有限公司社会责任报告编写过程相关资料；

3. 评级小组对社会责任报告的管理过程及《报告》的披露内容进行评价。

三、评级结论

过程性（★★★★☆）

企业公共事务＆管理部牵头成立报告编写组，高层领导参与编写启动、推进及报告审定；编写组对利益相关方进行识别，通过部门访谈、专家研讨等方式收集相关方意见；根据国家相关政策、公司发展战略、相关方意见等对实质性议题进行界定；计划在官网发布报告，并将以印刷品、电子版、H5版本等形式呈现报告，具有领先的过程性表现。

实质性（★★★★★）

《报告》系统披露了"产品质量管理"、"产品创新"、"职业健康管理"、"安全生产"、"环保产品的研发和销售"、"减少三废排放"、"报废设备的回收再利用"等机械设备制造业关键性议题，叙述详细充分，具有卓越的实质性表现。

完整性（★★★★☆）

《报告》从"坚实责任承诺，谱写责任未来"、"坚实客户承诺，谱写品质未来"、"坚实员工承诺，谱写幸福未来"、"坚实绿色承诺，谱写美丽未来"、"坚实社会承诺，谱写和谐未来"等角度，系统披露了机械设备制造业核心指标的82.7%，完整性表现领先。

平衡性（★★★★☆）

《报告》披露了"员工流失率"、"安全生产事故数"、"员工因事故受伤人数"等负面数据信息，并以案例形式，对"作业人员险坠井"事件的原因、经过及改进措施进行阐述，平衡性表现领先。

可比性（★★★★★）

《报告》披露了"研发投入"、"员工总数"、"安全生产投入"等66个关键绩效指标连续3年以上的历史数据，并就"社会责任发展指数"进行横向比较，可比性表现卓越。

可读性（★★★★★）

《报告》框架清晰，篇幅适宜，语言流畅；排版清新大方，封面使用产品车辆展现发展历程，别出心裁，具有行业特色，可读性表现卓越。

创新性（★★★★★）

《报告》以"承诺"与"未来"为主线，分章节展现企业在客户、员工、环境等方面的责任实践，凸显"坚实承诺，谱写未来"责任主题；以责任聚焦形式，详述企业在斗山"服务年"的关爱活动，便于相关方了解，具有卓越的创新性表现。

综合评级（★★★★☆）

经评级小组评价，《2014斗山Infracore（中国）社会责任报告》为四星半级，是一份领先的企业社会责任报告。

四、改进建议

加强报告过程性管理，提高利益相关方参与度。

评级小组

组长：新华网副总裁 魏紫川

成员：中国社科院经济学部企业社会责任研究中心常务副主任 张蒽

北方工业大学经济管理学院副教授 魏秀丽

中心过程性评估员 王梦娟

评级专家委员会副主席　　　　　　　评级小组组长
中心常务副理事长　　　　　　　　　中心副理事长

出具时间： 2015年8月6日

四十七、《中国浦项 2014 年社会责任报告》评级报告

中国社会科学院经济学部企业社会责任研究中心（以下简称"中心"）受浦项（中国）投资有限公司委托，从"中国企业社会责任报告评级专家委员会"中抽选专家组成评级小组，对《中国浦项 2014 年社会责任报告》（以下简称《报告》）进行评级。

一、评级依据

《中国企业社会责任报告编写指南（CASS-CSR3.0)》暨《中国企业社会责任报告评级标准（2014)》。

二、评级过程

1. 过程性评估小组访谈浦项（中国）投资有限公司社会责任部门相关成员；

2. 过程性评估小组现场审查浦项（中国）投资有限公司社会责任报告编写过程相关资料；

3. 评级小组对社会责任报告的管理过程及《报告》的披露内容进行评价。

三、评级结论

过程性（★★★★☆）

公司经营企划部牵头成立报告编写组，高层领导参与编写推进及报告审定；编写组对利益相关方进行识别，并通过调研、访谈等形式收集相关方意见；根据公司重大事项、行业对标分析、利益相关方意见等对实质性议题进行界定；计划在官方网站发布报告，并将以电子版、印刷版等形式呈现报告，具有领先的过程性表现。

实质性（★★★★☆）

《报告》系统披露了"产品质量管理"、"产品创新"、"责任采购"、"职业健康管理"、"安全生产"、"节约能源、水资源"等钢铁行业关键性议题，具有领先的实质性表现。

完整性（★★★★）

《报告》从"责任内核：CSR 管理"、"逆境求索：市场责任"、"持续呵护：环境责任"、"共同繁荣：社会责任"等角度，系统披露了钢铁行业 78.0% 的核心指标，完整性表现优秀。

平衡性（★★★）

《报告》披露了"安全生产事故数"、"年度新增职业病人数"等负面数据信息，平衡性需进一步改进。

可比性（★★★★★）

《报告》披露了"销售额"、"纳税总额"、"安全生产投入"等46个关键绩效指标连续2年以上的历史数据，并对"社会责任发展指数"进行横向比较，可比性表现领先。

可读性（★★★★☆）

《报告》框架清晰，篇幅适宜，案例丰富；图片、表格等表达方式多元，与文字叙述相辅相成；过渡页采用企业广告图，精美大气，凸显企业特色，具有领先的可读性表现。

创新性（★★★★☆）

《报告》设置责任专题，详述企业"解决方案式营销"的战略及成果，便于相关方了解企业发展重点；多处嵌入相关方声音，提升报告可信度，创新性表现领先。

综合评级（★★★★☆）

经评级小组评价，《中国浦项2014年社会责任报告》为四星半级，是一份领先的企业社会责任报告。

四、改进建议

1. 增加负面数据及负面事件分析的披露，提高报告的平衡性。

2. 加强报告过程性管理，进一步提高利益相关方参与度。

评级小组

组长：中国企业联合会企业创新工作部主任　程多生

成员：清华大学创新与社会责任研究中心主任　邓国胜

　　　中国社科院经济学部企业社会责任研究中心常务副主任　张蒽

　　　中心过程性评估员　王梦娟

评级专家委员会副主席　　　　　　　　评级小组组长

中心常务副理事长　　　　　　　　　　中心副理事长

出具时间： 2015年8月11日

四十八、《社会科学文献出版社企业社会责任报告（2013-2014）》评级报告

中国社会科学院经济学部企业社会责任研究中心（以下简称"中心"）受社会科学文献出版社委托，从"中国企业社会责任报告评级专家委员会"中抽选专家组成评级小组，对《社会科学文献出版社企业社会责任报告（2013-2014）》（以下简称《报告》）进行评级。

一、评级依据

《中国企业社会责任报告编写指南（CASS-CSR3.0）》暨《中国企业社会责任报告评级标准（2014）》。

二、评级过程

1. 过程性评估小组访谈社会科学文献出版社社会责任相关部门成员；

2. 过程性评估小组现场审查社会科学文献出版社社会责任报告编写过程相关资料；

3. 评级小组对社会责任报告的管理过程及《报告》的披露内容进行评价。

三、评级结论

过程性（★★★★）

公司成立企业社会责任委员会，高层领导负责编写推进及报告审定；编写组对利益相关方进行识别，并通过问卷调查、座谈会等方式收集部分相关方意见；根据行业形势、公司发展战略等对实质性议题进行界定；计划召开专项发布会，并将以印刷品、电子版、H5版等形式呈现报告，具有优秀的过程性表现。

实质性（★★★★☆）

《报告》系统披露了"数字化出版"、"提供健康的文娱产品"、"弘扬传统文化"、"员工权益保护"、"绿色出版"等文化娱乐业关键性议题，具有领先的实质性。

完整性（★★★★）

《报告》从"为行业：树立出版典范"、"为学术：促进专业建设"、"为客户：提供多元服务"、"为伙伴：携手合作共赢"、"为员工：共筑成长梦想"、"为环境：绿色节能减排"、"为社会：传递公益关怀"等角度披露了文化娱乐业核心指标的73.0%，完整性表现优秀。

平衡性（★★★★）

《报告》披露了"不合格图书数"、"安全生产事故数"、"员工流失率"等负面

数据信息，平衡性表现优秀。

可比性（★★★☆）

《报告》披露了本年度相关绩效数据，但缺乏历史数据及横向数据的比较，可比性有待提高。

可读性（★★★★☆）

《报告》框架清晰，篇幅适宜，语言流畅；使用精美图片，与案例叙述相辅相成；排版简洁大方，符合行业特色，具有领先的可读性表现。

创新性（★★★★☆）

《报告》以"智慧出版 守望学术"为主题，以利益相关方为立足点编排"七为"框架，脉络清晰；作为出版企业发布社会责任报告，引领行业发展，具有领先的创新性表现。

综合评级（★★★★☆）

经评级小组评价，《社会科学文献出版社企业社会责任报告（2013-2014）》为四星半级，是一份领先的企业社会责任报告。

四、改进建议

1. 增加企业历史关键数据的披露，提高报告的可比性。

2. 增加负面数据及负面事件分析的披露，提高报告的平衡性。

评级小组

组长：中国社科院经济学部企业社会责任研究中心主任　钟宏武

成员：商道纵横总经理　郭沛源

　　　清华大学创新与社会责任研究中心主任　邓国胜

　　　中心过程性评估员　王梦娟、王志敏

评级专家委员会副主席　　　　　　　评级小组组长

中心常务副理事长　　　　　　　　　中心主任

出具时间：2015 年 8 月 26 日

四十九、《新兴际华集团 2014 企业社会责任报告》评级报告

中国社会科学院经济学部企业社会责任研究中心（以下简称"中心"）受新兴际华集团有限公司委托，从"中国企业社会责任报告评级专家委员会"中抽选专家组成评级小组，对《新兴际华集团 2014 企业社会责任报告》（以下简称《报告》）进行评级。

一、评级依据

《中国企业社会责任报告编写指南（CASS-CSR3.0）》暨《中国企业社会责任报告评级标准（2014）》。

二、评级过程

1. 过程性评估小组访谈新兴际华集团有限公司社会责任相关部门成员；

2. 过程性评估小组现场审查新兴际华集团有限公司社会责任报告编写过程相关资料；

3. 评级小组对社会责任报告的管理过程及《报告》的披露内容进行评价。

三、评级结论

过程性（★★★★）

集团办公室牵头成立报告编写组，高层领导参与编写推进及报告审定；编写组对利益相关方进行识别，并通过访谈、调研等方式收集相关方意见；根据公司发展战略、社会关注热点、产业发展方向等对实质性议题进行界定；拟定召开专项发布会，并将以印刷品、电子版、H5 版本等形式呈现报告，具有优秀的过程性表现。

实质性（★★★★☆）

《报告》系统披露了"产品质量管理"、"产品科技创新"、"供应商管理"、"安全生产"、"环保技术和设备的研发与应用"、"节约资源能源"等所在行业关键性议题，叙述详细充分，具有领先的实质性表现。

完整性（★★★★）

《报告》从"传承与创新——多元化发展之路"、"绿色事业——环保与效益同行"、"诚担责任——与社会共享价值"等角度，披露了所在行业核心指标的 72.0%，完整性表现优秀。

平衡性（★★★★☆）

《报告》披露了"员工死亡人数"、"员工工伤事故次数"、"重大设备事故次数"等负面数据信息，并对安全生产隐患排查的经过、结果进行简述，平衡性表现卓越。

可比性（★★★★★）

《报告》披露了"万元产值综合能耗"、"安全生产投入"、"钢材合格率"等63个关键绩效指标连续3年以上的历史数据，可比性表现卓越。

可读性（★★★★★）

《报告》框架合理，篇幅适宜，语言流畅；图片、表格等表现形式丰富，色调清新，排版精美，使用"小知识"的栏目方式对专业词汇进行解释，显著提高报告易读性，具有卓越的可读性表现。

创新性（★★★★☆）

《报告》进行结构创新，以专题形式重点展现企业履责实践；通过"延伸阅读"方式介绍行业背景，深入浅出，并嵌入相关方声音，提升报告可信度，具有领先的创新性。

综合评级（★★★★☆）

经评级小组评价，《新兴际华集团2014企业社会责任报告》为四星半级，是一份领先的企业社会责任报告。

四、改进建议

加强报告过程性管理，进一步提高外部利益相关方参与度。

评级小组

组长：中国企业联合会企业创新工作部主任　程多生

成员：清华大学创新与社会责任研究中心主任　邓国胜

　　　中国社会科学院经济学部企业社会责任研究中心常务副主任　张蒽

　　　中心过程性评估员　王梦娟、王志敏

评级专家委员会主席　　　　　　　　评级小组组长

中心常务副理事长　　　　　　　　　中心副理事长

出具时间：2015年9月9日

五十、《中国医药集团企业社会责任报告2014》评级报告

中国社会科学院经济学部企业社会责任研究中心（以下简称"中心"）受中国医药集团委托，从"中国企业社会责任报告评级专家委员会"中抽选专家组成评级小组，对《中国医药集团企业社会责任报告2014》（以下简称《报告》）进行评级。

一、评级依据

《中国企业社会责任报告编写指南（CASS-CSR3.0)》暨《中国企业社会责任报告评级标准（2014)》。

二、评级过程

1. 过程性评估小组访谈中国医药集团社会责任相关部门成员；

2. 过程性评估小组现场审查中国医药集团社会责任报告编写过程相关资料；

3. 评级小组对社会责任报告的管理过程及《报告》的披露内容进行评价。

三、评级结论

过程性（★★★★☆）

集团董事会办公室牵头成立报告编写组，高层领导负责关键节点把控及报告审定；编写组对利益相关方进行识别，并通过调研、内部研讨等形式收集部分相关方意见；根据公司发展战略、行业对标分析、相关方意见等对实质性议题进行界定；通过优秀案例评选推动所属企业社会责任管理工作开展；计划在官网发布报告，并将以印刷品、电子版等形式呈现报告，具有领先的过程性表现。

实质性（★★★★★）

《报告》系统披露了"产品质量管理"、"产品研发"、"药品召回制度"、"安全生产"、"节能减排制度"、"关注社区健康"等医药生物制造业关键性议题，叙述详细充分，具有卓越的实质性表现。

完整性（★★★★☆）

《报告》从"责任管理提升履责绩效"、"做强做优科学稳健发展"、"携手同行实现价值共赢"、"绿色前行助推生态安全"、"以人为本促进员工成长"、"情系民生共铸和谐家园"等角度，系统披露了医药生物制造业核心指标的82.0%，完整性表现领先。

平衡性（★★★★☆）

《报告》披露了"死亡事故数"、"员工流失率"、"职业病人数"等负面数据信

息，并对年度九大风险进行梳理，平衡性表现领先。

可比性（★★★★★）

《报告》披露了"营业收入"、"研发投入"、"员工总数"等45个关键绩效指标连续3年以上的历史数据，并就"品牌价值"进行横向对比，可比性表现卓越。

可读性（★★★★☆）

《报告》框架清晰，案例丰富，语言流畅；图片、表格等表达方式多元，与文字叙述相辅相成；各篇章使用不同颜色区隔，清新简洁，具有领先的可读性表现。

创新性（★★★★）

《报告》开篇以"主要业务"和"主要产品"的专版形式，集中呈现产品品牌和生态业务，便于读者快捷了解企业全貌，拉近与读者距离，具有优秀的创新性表现。

综合评级（★★★★☆）

经评级小组评价，《中国医药集团企业社会责任报告2014》为四星半级，是一份领先的企业社会责任报告。

四、改进建议

1. 增加行业核心指标的披露，提高报告的完整性。

2. 加强报告过程性管理，提高利益相关方参与度。

评级小组

组长：中国社科院经济学部企业社会责任研究中心主任 钟宏武

成员：中国企业联合会雇主工作部副主任、全球契约中国网络执行秘书长 韩斌

北京工商大学经济学院教授 郭毅

中心过程性评估员 王梦娟、林旭

评级专家委员会主席　　　　　　　　　　　评级小组组长

中心常务副理事长　　　　　　　　　　　　中心主任

出具时间： 2015 年 9 月 28 日

五十一、《2014 中钢集团可持续发展报告》评级报告

中国社会科学院经济学部企业社会责任研究中心（以下简称"中心"）受中国中钢集团公司委托，从"中国企业社会责任报告评级专家委员会"中抽选专家组成评级小组，对《2014 中钢集团可持续发展报告》（以下简称《报告》）进行评级。

一、评级依据

《中国企业社会责任报告编写指南（CASS-CSR3.0)》暨《中国企业社会责任报告评级标准（2014)》。

二、评级过程

1. 过程性评估小组访谈中国中钢集团公司社会责任相关部门成员；

2. 过程性评估小组现场审查中国中钢集团公司社会责任报告编写过程相关资料；

3. 评级小组对社会责任报告的管理过程及《报告》的披露内容进行评价。

三、评级结论

过程性（★★★★☆）

集团办公室牵头成立报告编写组，并将外部相关方纳为编写组成员，高层领导参与编写推进及报告审定；通过问卷调查、调研、访谈等形式收集相关方意见；拟定召开专项发布会，并将以印刷品、电子版及 H5 版本等形式呈现报告，具有领先的过程性表现。

实质性（★★★★★）

《报告》系统披露了"响应国家政策"、"职业健康管理"、"安全生产"、"科技创新"、"环保技术和设备的研发与应用"、"节约土地资源"、"厂区周边环境治理"等钢铁行业关键性议题，具有卓越的实质性表现。

完整性（★★★★）

《报告》从"可持续发展管理"、"价值产业链"、"绿色服务链"、"和谐共赢链"等角度披露了钢铁行业核心指标的 72.0%，完整性表现优秀。

平衡性（★★★★★）

《报告》披露了"安全生产事故数"、"工亡人数"、"重伤人数"等负面数据信息，并对钢铁行业面临的挑战、企业应对方式进行深入分析，平衡性表现卓越。

可比性（★★★☆）

《报告》披露了"营业收入"、"研发投入"、"万元产值综合能耗"等少量关键绩效指标连续 3 年的历史数据，并就"铬矿资源量"进行横向比较，可比性表现良好。

可读性（★★★★☆）

《报告》框架清晰，逻辑清楚，语言流畅；图片、表格等表达方式多元，与文字叙述相得益彰；色调柔和，排版精美，具有领先的可读性表现。

创新性（★★★★☆）

《报告》开篇以责任专题形式，重点呈现"一带一路"海外投资情况及企业"科技创新"建设及成果，便于相关方了解，创新性表现领先。

综合评级（★★★★☆）

经评级小组评价，《2014 中钢集团可持续发展报告》为四星半级，是一份领先的企业社会责任报告。

四、改进建议

1. 增加行业关键绩效数据的披露，进一步提高报告的可比性。

2. 增加行业核心指标的披露，进一步提高报告的完整性。

评级小组

组长：中国社科院经济学部企业社会责任研究中心主任　钟宏武

成员：中国企业公民委员会副会长　刘卫华

北京工商大学经济学院教授　郭毅

中心过程性评估员　王梦娟、林旭

评级专家委员会副主席　　　　　　评级小组组长

中心常务副理事长　　　　　　　　中心主任

出具时间： 2015 年 11 月 3 日

五十二、《北方工业可持续发展报告（2014-2015)》评级报告

中国社会科学院经济学部企业社会责任研究中心（以下简称"中心"）受中国北方工业公司委托，从"中国企业社会责任报告评级专家委员会"中抽选专家组成评级小组，对《北方工业可持续发展报告（2014-2015)》（以下简称《报告》）进行评级。

一、评级依据

《中国企业社会责任报告编写指南（CASS-CSR3.0)》暨《中国企业社会责任报告评级标准（2014)》。

二、评级过程

1. 过程性评估小组访谈中国北方工业公司社会责任相关部门成员；

2. 过程性评估小组现场审查中国北方工业公司社会责任报告编写过程相关资料；

3. 评级小组对社会责任报告的管理过程及《报告》的披露内容进行评价。

三、评级结论

过程性（★★★★☆）

公司总裁办牵头成立报告编写小组，高层领导参与编写推进及报告审定；编写组对利益相关方进行识别与排序，并通过意见征求会等方式收集内外部相关方意见；根据国内外通行标准、公司战略等对实质性议题进行界定；计划召开嵌入式发布会，并将以印刷品、电子版、英文版等形式呈现报告，具有领先的过程性表现。

实质性（★★★★☆）

《报告》系统披露了"诚信经营"、"维护股东权益"、"保护客户权益"、"提供优质产品"、"绿色经营"等所在行业关键性议题，叙述详细充分，具有领先的实质性表现。

完整性（★★★★☆）

《报告》从"与股东共创可持续价值"、"与价值链共谋协同发展"、"与客户共享创新成果"、"与员工共促和谐成长"、"与社区共筑美好家园"、"与环境共赢绿色明天"等角度，系统披露了所在行业核心指标的81.0%，具有领先的完整性表现。

平衡性（★★★★）

《报告》披露了"新增职业病"、"生产事故数"、"伤亡人数"等负面数据信息，并简述企业安全生产隐患排查的经过及结果，平衡性表现优秀。

可比性（★★★★☆）

《报告》披露了"营业收入"、"利润总额"、"纳税总额"、"研发投入"等33个关键指标连续3年以上的数据，可比性表现领先。

可读性（★★★★★）

《报告》逻辑清楚，案例丰富，篇幅适宜；采用蓝、橙、紫三色为报告主色调，与公司标识相呼应；过渡页使用企业高清大图，行业特色明显，具有卓越的可读性表现。

创新性（★★★★☆）

《报告》开篇以"总裁问答"形式，深入阐述公司可持续发展理念及行动计划，便于相关方了解；篇末以"感言录"形式，从客户、员工等相关方视角生动展示企业责任表现，具有领先的创新性表现。

综合评级（★★★★☆）

经评级小组评价，《北方工业可持续发展报告（2014-2015）》为四星半级，是一份领先的企业社会责任报告。

四、改进建议

增加负面数据及负面事件分析的披露，进一步提高报告的平衡性。

评级小组

组长：中国社科院经济学部企业社会责任研究中心主任　钟宏武

成员：中国企业联合会企业创新工作部主任　程多生

　　　北方工业大学经济管理学院副教授　魏秀丽

　　　中心过程性评估员　王梦娟、林旭

评级专家委员会副主席　　　　　　　　　评级小组组长

中心常务副理事长　　　　　　　　　　　中心主任

出具时间：2015年11月9日

五十三、《2014 中国兵器装备集团公司社会责任报告》评级报告

中国社会科学院经济学部企业社会责任研究中心（以下简称"中心"）受中国兵器装备集团公司委托，从"中国企业社会责任报告评级专家委员会"中抽选专家组成评级小组，对《2014 中国兵器装备集团公司社会责任报告》（以下简称《报告》）进行评级。

一、评级依据

《中国企业社会责任报告编写指南（CASS-CSR3.0）》暨《中国企业社会责任报告评级标准（2014）》。

二、评级过程

1. 过程性评估小组访谈中国兵器装备集团公司社会责任相关部门成员；

2. 过程性评估小组现场审查中国兵器装备集团公司社会责任报告编写过程相关资料；

3. 评级小组对社会责任报告的管理过程及《报告》的披露内容进行评价。

三、评级结论

过程性（★★★★☆）

集团改革与管理部牵头成立报告编写小组，高层领导参与编写推进及报告审定；编写组对利益相关方进行识别，并通过意见征求会等方式收集相关方意见；根据行业发展趋势、集团战略布局等对实质性议题进行界定；计划在官方网站发布报告，并将以印刷品、电子版、微信版等形式呈现报告，具有领先的过程性表现。

实质性（★★★★☆）

《报告》系统披露了"产品质量管理"、"产品科技创新"、"客户关系管理"、"安全生产"、"节约资源能源"等特种设备制造业关键性议题，叙述详细充分，具有领先的实质性表现。

完整性（★★★★）

《报告》从"持续发展"、"创新发展"、"共享发展"、"绿色发展"、"协同发展"等角度披露了特种设备制造业核心指标的 71.0%，完整性表现优秀。

平衡性（★★★★★）

《报告》披露了"安全生产事故死亡人数"、"工伤事故发生数"、"重大质量事

故发生数"等负面数据信息，并以专题形式对下属企业"10·13"死亡事故发生的经过、原因及防范措施进行详细阐述，平衡性表现卓越。

可比性（★★★★★）

《报告》披露了"营业收入"、"净利润"、"捐赠资金总额"、"安全生产投入"等43个集团关键指标连续3年以上的数据；并就"集团公司汽车销量增速"、"光学玻璃销量"、"原料药销售收入"等进行横向比较，可比性表现卓越。

可读性（★★★★★）

《报告》框架清晰，逻辑清楚，案例丰富；采用图片、表格等多种表达形式，与文字叙述相辅相成；封面设计与集团标识相呼应，并采用不同颜色对不同主题进行区隔，排版精美，具有卓越的可读性表现。

创新性（★★★★）

《报告》以"协调发展"的专版形式，对下属企业履责表现进行集中梳理，便于相关方全面了解；关键绩效醒目标注，创新性表现优秀。

综合评级（★★★★☆）

经评级小组评价，《2014中国兵器装备集团公司社会责任报告》为四星半级，是一份领先的企业社会责任报告。

四、改进建议

加强报告过程性管理，提高利益相关方参与度。

评级小组

组长：中国社科院经济学部企业社会责任研究中心主任　钟宏武

成员：中国企业联合会企业创新工作部主任　程多生

　　　北方工业大学经济管理学院副教授　魏秀丽

　　　中心过程性评估员　王梦娟、林旭

评级专家委员会副主席　　　　　　评级小组组长

中心常务副理事长　　　　　　　　中心主任

出具时间： 2015年11月9日

第七章　评级报告展示（四星级及三星半级）

五十四、《国家开发投资公司 2014 企业社会责任报告》评级报告

中国社会科学院经济学部企业社会责任研究中心（以下简称"中心"）受国家开发投资公司委托，从"中国企业社会责任报告评级专家委员会"中抽选专家组成评级小组，对《国家开发投资公司 2014 企业社会责任报告》（以下简称《报告》）进行评级。

一、评级依据

评级小组依据《中国企业社会责任报告编写指南（CASS-CSR3.0)》暨《中国企业社会责任报告评级标准（2013)》对《报告》质量进行评价。

二、评级结论

实质性（★★★★☆）

《报告》系统披露了"产品服务创新"、"积极开发清洁能源"、"安全生产管理"、"维护员工合法权益"、"支持社会公益"等所在行业关键性议题，具有领先的实质性表现。

完整性（★★★★）

《报告》从"经济发展责任"、"环境保护责任"、"安全生产责任"、"员工发展责任"、"企业公民责任"等角度系统披露了所在行业核心指标的 70.0%，完整性表现优秀。

平衡性（★★★★☆）

《报告》披露了"安全生产事故死亡人数"、"煤炭百万吨死亡率"等负面数据信息，并以案例形式阐述安全生产事故产生的影响及改进措施，平衡性表现领先。

可比性（★★★★☆）

《报告》披露了"主营业务收入"、"能源消费总量"、"新增就业数"、"公益捐赠"等 28 个关键指标连续 3 年以上的数据，并就"央企经营业绩考核排名"进行横向比较，可比性表现领先。

可读性（★★★★☆）

《报告》框架清晰，篇幅适宜，语言流畅；图片、表格等表达方式丰富，与文字叙述相辅相成，具有领先的可读性表现。

创新性（★★★★）

《报告》布局合理，行文规范，对关键绩效醒目处理；篇末附加详细的财务数据，便于相关方了解企业经营业绩，具有优秀的创新性表现。

综合评级（★★★★）

经评级小组评价，《国家开发投资公司 2014 企业社会责任报告》为四星级，是一份优秀的企业社会责任报告。

三、改进建议

1. 增加责任管理等内容的披露，提高报告的完整性。

2. 增加年度亮点的总结，以突出责任实践重点。

评级小组

组长：中国社科院经济学部企业社会责任研究中心主任　钟宏武

成员：中国企业联合会雇主工作部副主任、全球契约中国网络执行秘书长　韩斌

　　　北方工业大学经济管理学院副教授　魏秀丽

评级专家委员会主席　　　　　　　　评级小组组长

中心常务副理事长　　　　　　　　　中心主任

出具时间：2015 年 4 月 22 日

五十五、《朔黄铁路 2014 年度社会责任报告》
评级报告

中国社会科学院经济学部企业社会责任研究中心（以下简称"中心"）受朔黄铁路发展有限责任公司委托，从"中国企业社会责任报告评级专家委员会"中抽选专家组成评级小组，对《朔黄铁路 2014 年度社会责任报告》（以下简称《报告》）进行评级。

一、评级依据

《中国企业社会责任报告编写指南（CASS-CSR3.0）》暨《中国企业社会责任报告评级标准（2014）》。

二、评级过程

1. 过程性评估小组访谈朔黄铁路发展有限责任公司社会责任相关部门成员；

2. 过程性评估小组现场审查朔黄铁路发展有限责任公司社会责任报告编写过程相关资料；

3. 评级小组对社会责任报告的管理过程及《报告》的披露内容进行评价。

三、评级结论

过程性（★★★★）

企业策划部牵头成立报告编写组，高层领导负责编写推进及报告审定；编写组对利益相关方进行识别，通过问卷调查等形式收集部分相关方意见；根据相关方意见、公司重大事项等对实质性议题进行界定；计划以嵌入方式发布报告，并将以印刷品、电子版等形式呈现报告，具有优秀的过程性表现。

实质性（★★★★）

《报告》系统披露了"服务质量管理"、"职业安全健康"、"安全运输"、"绿色能源交通工具"等交通运输服务业关键性议题，具有优秀的实质性表现。

完整性（★★★★）

《报告》从"社会责任管理"、"公司治理"、"安全生产"、"员工权益"、"环保节约"、"创新驱动"、"社会贡献"、"社会评价"等角度系统披露了交通运输服务业核心指标的 71.6%，完整性表现优秀。

平衡性（★★★★）

《报告》披露了"员工死亡事故数"、"火灾爆炸事故数"等负面数据信息，并对"乘务员超劳"问题提出改进措施，平衡性表现优秀。

可比性（★★★★☆）

《报告》披露了"营业收入"、"运煤量"、"环保总投资"、"纳税总额"等30余个关键绩效指标连续3年以上的历史数据，可比性表现领先。

可读性（★★★★）

《报告》结构合理，逻辑清晰，语言简洁；使用较多的图片、表格，图文并茂，具有优秀的可读性表现。

创新性（★★★★）

《报告》以"朔黄赋"开篇，气势恢宏；绘制"朔黄历程"轴线图，凸显企业重大责任实践，便于相关方重点了解，创新性表现优秀。

综合评级（★★★★）

经评级小组评价，《朔黄铁路2014年度社会责任报告》为四星级，是一份优秀的企业社会责任报告。

四、改进建议

1. 加强报告过程性管理，提高利益相关方参与度。

2. 加强实质性议题管理，进一步提高报告实质性。

3. 突出报告亮点，进一步提高报告的创新性。

评级小组

组长：中国社科院经济学部企业社会责任研究中心主任　钟宏武

成员：北方工业大学经济管理学院副教授　魏秀丽

　　　商道纵横总经理　郭沛源

　　　中心过程性评估员　王梦娟、陈晓飞

评级专家委员会副主席　　　　　　　　　评级小组组长

中心常务副理事长　　　　　　　　　　　中心主任

出具时间：2015年4月28日

五十六、《神华国华电力 2014 年社会责任报告》评级报告

中国社会科学院经济学部企业社会责任研究中心（以下简称"中心"）受神华国华电力公司委托，从"中国企业社会责任报告评级专家委员会"中抽选专家组成评级小组，对《神华国华电力 2014 年社会责任报告》（以下简称《报告》）进行评级。

一、评级依据

《中国企业社会责任报告编写指南（CASS-CSR3.0)》暨《中国企业社会责任报告评级标准（2014)》。

二、评级过程

1. 过程性评估小组访谈神华国华电力公司社会责任相关部门成员；

2. 过程性评估小组现场审查神华国华电力公司社会责任报告编写过程相关资料；

3. 评级小组对社会责任报告的管理过程及《报告》的披露内容进行评价。

三、评级结论

过程性（★★★★）

公司总经理工作部牵头成立报告编写组，高层领导负责编写推进及报告审定；编写组对利益相关方进行识别，通过访谈、调研等形式收集相关方意见；根据宏观政策分析、行业对标分析等对实质性议题进行界定；计划在公司重大活动中发布报告，并将以印刷品、电子版等形式呈现报告，具有优秀的过程性表现。

实质性（★★★★☆）

《报告》系统披露了"保障电力供应"、"安全生产"、"发展绿色电力"、"节约资源能源"、"减少三废排放"、"发展循环经济"等电力生产业关键性议题，具有领先的实质性表现。

完整性（★★★★）

《报告》从"经济责任篇"、"环境责任篇"、"社会责任篇"、"责任管理篇"等角度系统披露了电力生产业核心指标的 78.0%，完整性表现优秀。

平衡性（★★★★☆）

《报告》披露了"人身伤亡事故数"、"新增职业病人数"等负面数据信息，并就北海项目环评、安全隐患排查的经过、结果及改进措施进行阐述，平衡性表现

领先。

可比性（★★★☆）

《报告》披露了 18 个关键绩效指标连续 3 年的可比数据；并就"火电利润"、"供电煤耗"等数据进行横向比较，可比性需进一步加强。

可读性（★★★★☆）

《报告》框架清晰，逻辑清楚，文笔流畅；整体使用绿色主调，清新自然，排版精美；并对专业词汇进行解释，以利沟通，具有领先的可读性表现。

创新性（★★★★☆）

《报告》设置责任专题，详述企业在"近零排放"、"海外履责"等方面的责任表现，重点突出；报告语言使用中英文，便于海外利益相关方了解，创新性表现领先。

综合评级（★★★★）

经评级小组评价，《神华国华电力 2014 年社会责任报告》为四星级，是一份优秀的企业社会责任报告。

四、改进建议

1. 增加企业历史关键数据的披露，提高报告的可比性。

2. 加强报告过程性管理，提高利益相关方参与度。

3. 增加行业核心指标的披露，提高报告的完整性。

评级小组

组长：中国社科院经济学部企业社会责任研究中心主任　钟宏武

成员：中国电力企业联合会秘书长　王志轩

　　　北方工业大学经济管理学院副教授　魏秀丽

　　　中心过程性评估员　王梦娟、陈晓飞

评级专家委员会主席　　　　　　　　　评级小组组长

中心常务副理事长　　　　　　　　　　中心主任

出具时间：2015 年 5 月 25 日

五十七、《北京三元食品股份有限公司2014年企业社会责任报告》评级报告

中国社会科学院经济学部企业社会责任研究中心（以下简称"中心"）受北京三元食品股份有限公司委托，从"中国企业社会责任报告评级专家委员会"中抽选专家组成评级小组，对《北京三元食品股份有限公司2014年企业社会责任报告》（以下简称《报告》）进行评级。

一、评级依据

《中国企业社会责任报告编写指南（CASS-CSR3.0）》暨《中国企业社会责任报告评级标准（2014)》。

二、评级过程

1. 过程性评估小组访谈北京三元食品股份有限公司社会责任相关部门成员；

2. 过程性评估小组现场审查北京三元食品股份有限公司社会责任报告编写过程相关资料；

3. 评级小组对社会责任报告的管理过程及《报告》的披露内容进行评价。

三、评级结论

过程性（★★★★）

公司市场部牵头成立报告编写小组，高层领导负责编写推进及报告审定；编写组对利益相关方进行识别，并通过意见征求会、调查问卷等方式收集部分相关方意见；根据国家宏观政策、行业对标分析、利益相关方访谈等对实质性议题进行界定；计划在官方网站发布报告，并将以印刷品、电子版等形式呈现报告，具有优秀的过程性表现。

实质性（★★★★☆）

《报告》系统披露了"食品安全管理"、"原材料安全卫生管理"、"应对客户投诉"、"绿色采购"、"带动农村经济发展"、"节约能源、水资源"、"产品包装减量化"等食品饮料业关键性议题，具有领先的实质性表现。

完整性（★★★★）

《报告》从"责任管理"、"确保食品质量安全"、"创新产品与服务"、"践行绿色低碳发展"、"共创可持续价值"等角度披露了食品饮料业核心指标的74.1%，完整性表现优秀。

平衡性（★★★）

《报告》披露了"员工生产事故数"、"员工流失率"等负面数据信息，平衡性需进一步改进。

可比性（★★★★★）

《报告》披露了"业务收入"、"利润总额"、"科技创新投入"等45个关键指标连续3年以上的数据，可比性表现卓越。

可读性（★★★★）

《报告》框架清晰，逻辑清楚，案例丰富；采用图片、表格等多种表达形式，与文字叙述相结合，重点突出，具有优秀的可读性表现。

创新性（★★★☆）

《报告》为首次发布，能较好地识别食品饮料业关键性议题；通过丰富的案例，实现与相关方的良好沟通，创新性表现良好。

综合评级（★★★★）

经评级小组评价，《北京三元食品股份有限公司2014年企业社会责任报告》为四星级，是一份优秀的企业社会责任报告。

四、改进建议

1. 增加负面数据及负面事件分析的披露，提高报告的平衡性。

2. 优化报告设计，进一步增强报告可读性。

3. 加强报告过程性管理，提高利益相关方参与度。

评级小组

组长：中国社科院经济学部企业社会责任研究中心主任　钟宏武

成员：中国企业联合会企业创新工作部主任　程多生

　　　中山大学岭南学院教授　陈宏辉

　　　中心过程性评估员　王梦娟、陈晓飞

评级专家委员会主席　　　　　　　　　　　评级小组组长

中心常务副理事长　　　　　　　　　　　　中心主任

出具时间：2015年6月1日

五十八、《神朔铁路分公司 2014 年社会责任报告》评级报告

中国社会科学院经济学部企业社会责任研究中心（以下简称"中心"）受神朔铁路分公司委托，从"中国企业社会责任报告评级专家委员会"中抽选专家组成评级小组，对《神朔铁路分公司 2014 年社会责任报告》（以下简称《报告》）进行评级。

一、评级依据

《中国企业社会责任报告编写指南（CASS-CSR3.0)》暨《中国企业社会责任报告评级标准（2014)》。

二、评级过程

1. 过程性评估小组访谈神朔铁路分公司社会责任相关部门成员；

2. 过程性评估小组现场审查神朔铁路分公司社会责任报告编写过程相关资料；

3. 评级小组对社会责任报告的管理过程及《报告》的披露内容进行评价。

三、评级结论

过程性（★★★★）

公司行政办公室牵头成立报告编写组，高层领导负责编写推进及报告审定；编写组对利益相关方进行识别，通过座谈会、访谈等形式收集相关方意见；根据国家相关政策、公司重大事项、行业对标分析等对实质性议题进行界定；计划以印刷品、电子版等形式呈现报告，具有优秀的过程性表现。

实质性（★★★★）

《报告》系统披露了"响应国家政策"、"服务质量管理"、"职业安全健康"、"保障安全运输"、"使用绿色能源交通工具"等交通运输服务业关键性议题，具有优秀的实质性表现。

完整性（★★★★）

《报告》从"立企之道，保障能源可靠供给"、"成事之道，安全高效运营"、"育人之道，共享企业发展成果"、"环保之道，打造绿色能源生命线"、"和谐之道，共建文明社区"等角度系统披露了交通运输服务业核心指标的 73.0%，完整性表现优秀。

平衡性（★★★★★）

《报告》披露了"千万吨公里故障率"、"全年故障延时"、"员工流失率"等负

面数据信息，并以案例形式，详细阐述了"7·25事件"发生的经过、原因及处理措施，平衡性表现卓越。

可比性（★★★★★）

《报告》披露了"运输收入"、"纳税总额"、"综合能耗"等50余个关键绩效指标连续3年以上的历史数据，可比性表现卓越。

可读性（★★★★☆）

《报告》框架清晰，主题突出，语言流畅；使用丰富的图形设计，与文字叙述相呼应；多处嵌入利益相关方评价，提升报告可信度，具有领先的可读性表现。

创新性（★★★★☆）

《报告》以"神朔铁路赋"开篇，气势恢宏，以时间轴的形式梳理企业发展历程，便于相关方了解；各篇末以"聚焦"的专题案例形式，深入阐述企业履责实践，创新性表现领先。

综合评级（★★★★）

经评级小组评价，《神朔铁路分公司2014年社会责任报告》为四星级，是一份优秀的企业社会责任报告。

四、改进建议

1. 加强利益相关方的参与度，提高报告过程性。

2. 增加行业关键性议题的披露，进一步提高报告实质性。

评级小组

组长：中国企业联合会企业创新工作部主任　程多生

成员：中国社科院经济学部企业社会责任研究中心常务副主任　张蒽

北方工业大学经济管理学院副教授　魏秀丽

中心过程性评估员　王志敏、翟利峰

评级专家委员会副主席　　　　　　　　评级小组组长

中心常务副理事长　　　　　　　　　　中心副理事长

出具时间：2015年6月29日

五十九、《中国航天科技集团公司 2014 年度社会责任报告》评级报告

中国社会科学院经济学部企业社会责任研究中心（以下简称"中心"）受中国航天科技集团公司委托，从"中国企业社会责任报告评级专家委员会"中抽选专家组成评级小组，对《中国航天科技集团公司 2014 年度社会责任报告》（以下简称《报告》）进行评级。

一、评级依据

《中国企业社会责任报告编写指南（CASS-CSR3.0）》暨《中国企业社会责任报告评级标准（2014）》。

二、评级过程

1. 过程性评估小组访谈中国航天科技集团公司社会责任相关部门成员；

2. 过程性评估小组现场审查中国航天科技集团公司社会责任报告编写过程相关资料；

3. 评级小组对社会责任报告的管理过程及《报告》的披露内容进行评价。

三、评级结论

过程性（★★★★）

集团办公厅牵头成立报告编写组，高层领导参与编写推进及报告审定；编写组对利益相关方进行识别，根据国内外标准、行业报告分析、利益相关方意见等对实质性议题进行界定；计划在官方网站发布报告，并将以印刷品、电子版、网页版等形式呈现报告，具有优秀的过程性表现。

实质性（★★★★）

《报告》系统披露了"贯彻宏观政策"、"产品质量管理"、"产品科技创新"、"安全生产"、"环保技术和设备的研发与应用"、"节约资源能源"等特种设备制造业关键性议题，具有优秀的实质性表现。

完整性（★★★☆）

《报告》从"心系人类未来，肩负航天大国使命与责任"、"构筑国家安全，履行提升民众生活品质责任"、"共创社会和谐，践行优化绿色环境责任"、"提升企业价值，落实可持续发展责任"等方面披露了特种设备制造业核心指标的 65.0%，完整性表现良好。

平衡性（★★★）

《报告》简述了安全事故隐患排查与整改的经过，但负面信息披露较少，平衡性需进一步加强。

可比性（★★★☆）

《报告》披露了"营业收入"、"从业人员总数"等少量关键绩效指标连续 3 年的历史数据，并就"运载火箭发射情况"进行全球对比，可比性表现良好。

可读性（★★★★☆）

《报告》框架合理，文字优美，案例丰富；宇航照片高端大气，具有行业特色；封面上儿童伫立宇宙，科技感强，凸显企业"承载未来之路"的责任理念，可读性表现领先。

创新性（★★★★☆）

《报告》以"航天，人类文明发展的驱动力"开篇，对航天历史进行简介，语言生动，趣味性强；各篇章及子标题均设置"责任相关度"，便于读者快速了解章节内容与自身的关联度，具有领先的创新性表现。

综合评级（★★★★）

经评级小组评价，《中国航天科技集团公司 2014 年度社会责任报告》为四星级，是一份优秀的企业社会责任报告。

四、改进建议

1. 增加负面数据及负面事件分析的披露，提高报告的平衡性。

2. 增加企业历史关键数据的披露，提高报告的可比性。

3. 增加行业核心指标的披露，进一步提高报告完整性。

评级小组

组长：中国社科院经济学部企业社会责任研究中心主任　钟宏武

成员：中国企业联合会企业创新工作部主任　程多生

　　　北京工商大学经济学院教授　郭毅

　　　中心过程性评估员　王梦娟

评级专家委员会主席　　　　　　　　　　评级小组组长

中心常务副理事长　　　　　　　　　　　中心主任

出具时间：2015 年 7 月 29 日

六十、《广东省建筑工程集团有限公司 2014 社会责任报告》评级报告

中国社会科学院经济学部企业社会责任研究中心（以下简称"中心"）受广东省建筑工程集团有限公司委托，从"中国企业社会责任报告评级专家委员会"中抽选专家组成评级小组，对《广东省建筑工程集团有限公司 2014 社会责任报告》（以下简称《报告》）进行评级。

一、评级依据

《中国企业社会责任报告编写指南（CASS–CSR3.0)》暨《中国企业社会责任报告评级标准（2014)》。

二、评级过程

1. 过程性评估小组访谈广东省建筑工程集团有限公司社会责任相关部门成员；

2. 过程性评估小组现场审查广东省建筑工程集团有限公司社会责任报告编写过程相关资料；

3. 评级小组对社会责任报告的管理过程及《报告》的披露内容进行评价。

三、评级结论

过程性（★★★☆）

集团办公室牵头成立报告编写组，高层领导负责编写推进及报告审定；编写组对利益相关方进行识别，根据国内外政策、行业对标分析、公司发展战略等对实质性议题进行界定；计划在官方网站发布报告，并将以印刷品、电子版等形式呈现报告，具有良好的过程性表现。

实质性（★★★★☆）

《报告》系统披露了"建筑质量管理"、"农民工权益保护"、"安全生产"、"绿色建材使用"等建筑业关键性议题，具有领先的实质性表现。

完整性（★★★★）

《报告》从"我们的管理"、"我们的行动"、"我们的绩效"、"我们的承诺"等角度披露了建筑业核心指标的 72.0%，完整性表现优秀。

平衡性（★★★☆）

《报告》披露了"安全生产事故数"、"员工伤亡人数"、"客户投诉解决率"等负面数据信息，平衡性表现良好。

可比性（★★★★☆）

《报告》披露了"营业额"、"利润总额"、"工程质量验收合格率"等51个关键指标连续3年以上的历史数据，可比性表现领先。

可读性（★★★★）

《报告》逻辑清楚，语言流畅，表现形式多样；过渡页采用工程图设计，凸显行业特色；设置"小知识"栏目，对相关词汇进行解释，提升报告的易读性，具有优秀的可读性表现。

创新性（★★★★）

《报告》以"图解建工"开篇，生动阐述企业核心业务；采用SWOT模型，可视化呈现企业优势、劣势、机遇与挑战，清晰明确，便于相关方了解，创新性表现优秀。

综合评级（★★★★）

经评级小组评价，《广东省建筑工程集团有限公司2014社会责任报告》为四星级，是一份优秀的企业社会责任报告。

四、改进建议

1. 加强报告过程性管理，提高利益相关方参与度。

2. 增加负面数据及负面事件分析的披露，提高报告的平衡性。

评级小组

组长：中国社科院经济学部企业社会责任研究中心主任　钟宏武

成员：中国企业公民委员会副会长　刘卫华

　　　北京工商大学经济学院教授　郭毅

　　　中心过程性评估员　王娅郦、张闽湘

评级专家委员会副主席　　　　　　　　评级小组组长

中心常务副理事长　　　　　　　　　　中心主任

出具时间：2015年8月28日

六十一、《韩泰轮胎（中国）企业社会责任报告 2014/15》评级报告

中国社会科学院经济学部企业社会责任研究中心（以下简称"中心"）受上海韩泰轮胎销售有限公司委托，从"中国企业社会责任报告评级专家委员会"中抽选专家组成评级小组，对《韩泰轮胎（中国）企业社会责任报告 2014/15》（以下简称《报告》）进行评级。

一、评级依据

《中国企业社会责任报告编写指南（CASS-CSR3.0）》暨《中国企业社会责任报告评级标准（2014）》。

二、评级过程

1. 过程性评估小组访谈上海韩泰轮胎销售有限公司社会责任相关部门成员；

2. 过程性评估小组现场审查上海韩泰轮胎销售有限公司社会责任报告编写过程相关资料；

3. 评级小组对社会责任报告的管理过程及《报告》的披露内容进行评价。

三、评级结论

过程性（★★★★）

公司战略企划部牵头成立报告编写组，高层领导负责关键节点把控及报告审定；编写组对利益相关方进行识别，并通过部门访谈、调查问卷等形式收集部分相关方意见；根据公司发展战略、行业对标分析、相关方意见等对实质性议题进行界定；计划在官网发布报告，并将以印刷品、电子版、微信版等形式呈现报告，具有优秀的过程性表现。

实质性（★★★★★）

《报告》系统披露了"产品质量管理"、"技术创新"、"职业健康管理"、"安全生产"、"供应链管理"、"环保产品的研发与销售"、"减少温室气体排放"等一般制造业关键性议题，叙述详细充分，具有卓越的实质性表现。

完整性（★★★☆）

《报告》从"统合 RISK 管理"、"员工创造价值"、"员工健康和安全管理"、"外部利益相关者满意经营"、"环境经营"、"伦理经营"等角度，系统披露了一般制造业核心指标的 60.0%，完整性表现良好。

平衡性（★★★☆）

《报告》披露了"灾害率"、"安全强度率"等负面数据信息，并对高污染燃料的清洁改造进行简述，平衡性表现良好。

可比性（★★★★★）

《报告》披露了"能源使用量"、"公众环境满意度"、"员工总数"等50余个关键绩效指标连续3年以上的历史数据，并就"市场占有率"进行横向比较，可比性表现卓越。

可读性（★★★★）

《报告》框架清晰，篇幅适宜，设计精美；各篇章使用不同颜色区隔，清新简洁，具有优秀的可读性表现。

创新性（★★★★☆）

《报告》各章节开篇对实质性议题进行识别，并以表格形式集中梳理"2014年主要成果"及"2015年主要计划"，重点明确，便于相关方了解，具有领先的创新性表现。

综合评级（★★★★）

经评级小组评价，《韩泰轮胎（中国）企业社会责任报告2014/15》为四星级，是一份优秀的企业社会责任报告。

四、改进建议

1. 增加负面数据及负面事件分析的披露，提高报告的平衡性。

2. 增加行业核心指标的披露，提高报告的完整性。

评级小组

组长：中国社科院经济学部企业社会责任研究中心主任　钟宏武

成员：中国企业公民委员会副会长　刘卫华

　　　北方工业大学经济管理学院副教授　魏秀丽

　　　中心过程性评估员　王梦娟、林旭

评级专家委员会副主席　　　　　　评级小组组长

中心常务副理事长　　　　　　　　中心主任

出具时间：2015年9月18日

六十二、《2014年中芯国际企业社会责任报告》评级报告

中国社会科学院经济学部企业社会责任研究中心（以下简称"中心"）受中芯国际集成电路制造有限公司委托，从"中国企业社会责任报告评级专家委员会"中抽选专家组成评级小组，对《2014年中芯国际企业社会责任报告》（以下简称《报告》）进行评级。

一、评级依据

《中国企业社会责任报告编写指南（CASS–CSR3.0）》暨《中国企业社会责任报告评级标准（2014）》。

二、评级过程

1. 过程性评估小组访谈中芯国际集成电路制造有限公司社会责任相关部门成员；

2. 过程性评估小组现场审查中芯国际集成电路制造有限公司社会责任报告编写过程相关资料；

3. 评级小组对社会责任报告的管理过程及《报告》的披露内容进行评价。

三、评级结论

过程性（★★★☆）

企业公共关系科CSR部门牵头成立报告编写组，高层领导负责关键节点把控及报告审定；编写组对利益相关方进行识别，并通过定期业务座谈会等形式收集相关方意见；计划在官网发布报告，并将以印刷品、电子版、英文版等形式呈现报告，具有良好的过程性表现。

实质性（★★★★★）

《报告》系统披露了"产品质量管理"、"产品技术创新"、"职业健康管理"、"安全生产"、"供应链管理"、"环保产品的研发与应用"、"减少温室气体排放"等电子产品与电子元器件制造业关键性议题，叙述详细充分，具有卓越的实质性表现。

完整性（★★★☆）

《报告》从"利益相关方沟通"、"公司治理"、"客户服务与供应链管理"、"以人为本"、"保护环境"等角度，系统披露了电子产品与电子元器件制造业核心指标的60.0%，完整性表现良好。

平衡性（★★★）

《报告》披露了"可记录工伤率"连续 5 年以上的数据，负面数据指标整体披露较少，平衡性表现有待加强。

可比性（★★★☆）

《报告》披露了"客户满意度"、"温室气体排放强度"、"电能消耗总量"等 20 余个关键绩效指标连续 3 年以上的历史数据，可比性表现良好。

可读性（★★★★☆）

《报告》框架清晰，篇幅适宜，排版大方；全篇使用绿色主调，符合环保理念；过渡页采用行业高清大图，企业特色明显，具有领先的可读性表现。

创新性（★★★☆）

《报告》开篇以时间轴形式，系统梳理企业发展历程，一目了然；部分政策、案例附有链接，以便读者进一步了解详细内容，具有良好的创新性表现。

综合评级（★★★★）

经评级小组评价，《2014 年中芯国际企业社会责任报告》为四星级，是一份优秀的企业社会责任报告。

四、改进建议

1. 增加负面数据及负面事件分析的披露，提高报告的平衡性。

2. 增加行业核心指标的披露，提高报告的完整性。

3. 增加企业历史关键数据的披露，提高报告的可比性。

评级小组

组长：中国社科院经济学部企业社会责任研究中心主任　钟宏武

成员：清华大学创新与社会责任研究中心主任　邓国胜
　　　中国企业联合会雇主工作部副主任、全球契约中国网络执行秘书长　韩斌
　　　中心过程性评估员　王梦娟、林旭

评级专家委员会副主席　　　　　　　评级小组组长
中心常务副理事长　　　　　　　　　中心主任

出具时间：2015 年 9 月 21 日

六十三、《中国黄金国际资源有限公司2014年社会责任报告》评级报告

中国社会科学院经济学部企业社会责任研究中心（以下简称"中心"）受中国黄金国际资源有限公司委托，从"中国企业社会责任报告评级专家委员会"中抽选专家组成评级小组，对《中国黄金国际资源有限公司2014年社会责任报告》（以下简称《报告》）进行评级。

一、评级依据

《中国企业社会责任报告编写指南（CASS-CSR3.0)》暨《中国企业社会责任报告评级标准（2014)》。

二、评级过程

1. 过程性评估小组访谈中国黄金国际资源有限公司社会责任相关部门成员；

2. 过程性评估小组现场审查中国黄金国际资源有限公司社会责任报告编写过程相关资料；

3. 评级小组对社会责任报告的管理过程及《报告》的披露内容进行评价。

三、评级结论

过程性（★★★★☆）

公司综合办公室董秘处牵头成立报告编写组，高层领导参与编写推进及报告审定；编写组对利益相关方进行识别，并通过问卷调查、专家咨询等形式收集部分相关方意见；根据国家相关政策、行业对标分析、公司发展战略等对实质性议题进行界定；计划在官方网站发布报告，并将以印刷品、电子版等形式呈现报告，具有领先的过程性表现。

实质性（★★★★☆）

《报告》系统披露了"数字矿山建设"、"职业健康管理"、"安全生产"、"环境管理体系"、"环保技术和设备的研发与应用"、"减少三废排放"、"矿区生态保护"等一般采矿业关键性议题，具有领先的实质性表现。

完整性（★★★★）

《报告》从"责任管理"、"环保节能"、"安全生产"、"员工权益"、"科技创新"、"和谐共赢"等角度，披露了一般采矿业72.0%的核心指标，完整性表现优秀。

平衡性（★★★★）

《报告》披露了"百万吨工亡率"、"重大设备事故率"、"职业病病例数"等负

面数据信息，并以案例形式，简述子公司隐患排查经过及结果，平衡性表现优秀。

可比性（★★★★★）

《报告》披露了"纳税总额"、"安全投入"、"环保投入"、"对外捐助总额"等60余个关键绩效指标连续3年以上的历史数据，具有卓越的可比性表现。

可读性（★★★★☆）

《报告》框架清晰，语言流畅，案例丰富；图片、表格等表达方式多元，与文字叙述相辅相成；关键绩效醒目标注，具有领先的可读性表现。

创新性（★★★★）

《报告》延续"一拖二"的报告形式，对子公司的案例集中阐述；采用专版形式，对上一年度社会责任目标落实情况进行梳理，便于相关方了解，具有优秀的创新性表现。

综合评级（★★★★）

经评级小组评价，《中国黄金国际资源有限公司2014年社会责任报告》为四星级，是一份优秀的企业社会责任报告。

四、改进建议

1. 加强报告过程性管理，进一步提高利益相关方参与度。

2. 增加行业核心指标的披露，进一步提高报告的完整性。

评级小组

组长：中国社科院经济学部企业社会责任研究中心主任　钟宏武

成员：中国企业联合会企业创新工作部主任　程多生

　　　北方工业大学经济管理学院副教授　魏秀丽

　　　中心过程性评估员　王梦娟、王志敏

评级专家委员会副主席　　　　　　　评级小组组长

中心常务副理事长　　　　　　　　　中心主任

出具时间： 2015年10月8日

六十四、《中国诚通控股集团有限公司 2014 社会责任报告》评级报告

中国社会科学院经济学部企业社会责任研究中心（以下简称"中心"）受中国诚通控股集团有限公司委托，从"中国企业社会责任报告评级专家委员会"中抽选专家组成评级小组，对《中国诚通控股集团有限公司 2014 社会责任报告》（以下简称《报告》）进行评级。

一、评级依据

《中国企业社会责任报告编写指南（CASS-CSR3.0)》暨《中国企业社会责任报告评级标准（2014)》。

二、评级过程

1. 过程性评估小组访谈中国诚通控股集团有限公司社会责任相关部门成员；

2. 过程性评估小组现场审查中国诚通控股集团有限公司社会责任报告编写过程相关资料；

3. 评级小组对社会责任报告的管理过程及《报告》的披露内容进行评价。

三、评级结论

过程性（★★★★☆）

集团战略管理中心牵头成立报告编写组；高层领导负责编写推进与报告审定；编写组对利益相关方进行识别，并通过意见征求会、问卷调查等方式收集内外部相关方意见；根据国家相关政策、公司发展战略对实质性议题进行界定；下属 6 家上市公司发布社会责任报告；计划在官方网站发布报告，并以印刷品、电子版等形式呈现报告，具有领先的过程性表现。

实质性（★★★★☆）

《报告》系统披露了"提供优质服务"、"产品服务创新"、"应对客户投诉"、"员工权益保护"、"安全生产"、"发展循环经济"等所在行业关键性议题，叙述详细充分，具有领先的实质性表现。

完整性（★★★☆）

《报告》从"实践国资国企改革"、"产业板块转型升级"、"投身生态文明建设"、"促进社会和谐发展"等角度披露所在行业核心指标的 62.6%，完整性表现良好。

平衡性（★★★☆）

《报告》对集团安全隐患排查及下属亏损企业关停原因、经过进行简述，平衡性表现良好。

可比性（★★★）

《报告》披露了"资产总额"、"营业收入"、"节能减排投资额"等少量连续 3 年以上的数据指标，可比性表现有待加强。

可读性（★★★★）

《报告》框架清晰，逻辑清楚，案例丰富；图片、表格等表达形式丰富，与文字叙述相辅相成；用不同颜色对各章节内容进行区隔，排版精美，具有优秀的可读性表现。

创新性（★★★☆）

《报告》以"历史沿革"的形式总结企业发展历程；响应国企改革政策，对企业落实深化改革的措施进行详细阐述，便于相关方了解，创新性表现良好。

综合评级（★★★★）

经评级小组评价，《中国诚通控股集团有限公司 2014 社会责任报告》为四星级，是一份优秀的企业社会责任报告。

四、改进建议

1. 增加企业历史关键数据的披露，提高报告的可比性。

2. 增加行业核心指标的披露，提高报告的完整性。

3. 增加负面数据及负面事件分析的披露，提高报告的平衡性。

评级小组

组长：中国社科院经济学部企业社会责任研究中心主任　钟宏武

成员：中国企业公民委员会副会长　刘卫华

北方工业大学经济管理学院副教授　魏秀丽

中心过程性评估员　王梦娟、林旭

| 评级专家委员会副主席 | 评级小组组长 |
| 中心常务副理事长 | 中心主任 |

出具时间：2015 年 12 月 7 日

六十五、《中国互联网络信息中心 2014 年社会责任报告》评级报告

中国社会科学院经济学部企业社会责任研究中心（以下简称"中心"）受中国互联网络信息中心委托，从"中国企业社会责任报告评级专家委员会"中抽选专家组成评级小组，对《中国互联网络信息中心 2014 年社会责任报告》（以下简称《报告》）进行评级。

一、评级依据

《中国企业社会责任报告编写指南（CASS-CSR3.0)》暨《中国企业社会责任报告评级标准（2014)》。

二、评级过程

1. 过程性评估小组访谈中国互联网络信息中心社会责任相关部门成员；

2. 过程性评估小组审查中国互联网络信息中心社会责任报告编写过程相关资料；

3. 评级小组对社会责任报告的管理过程及《报告》的披露内容进行评价。

三、评级结论

过程性（★★★★）

办公室牵头成立报告编写组，高层领导负责编写推进及报告审定；编写组对利益相关方进行识别与排序，并通过问卷调查等方式收集部分相关方意见；根据公司重大事项、国家相关政策等对实质性议题进行界定；计划在公司重大活动中发布报告，并将以印刷品、电子版、多语种版本等形式呈现报告，具有优秀的过程性表现。

实质性（★★★★）

《报告》系统披露了"产品技术和服务创新"、"保护客户信息安全"、"打击不良应用"、"绿色运营"等互联网服务业关键性议题，叙述详细充分，具有优秀的实质性表现。

完整性（★★★☆）

《报告》从"内核责任"、"中层责任"、"外延责任"等角度系统披露了互联网服务业核心指标的 60.0%，完整性表现良好。

平衡性（★★★）

《报告》以正面描述为主，简述了"不良网站"、"钓鱼网站"的筛查与处理情

况，平衡性表现一般。

可比性（★★★）

《报告》披露了"域名注册审核效率"、"CN 域名日查询量"等 10 余个关键绩效指标连续 3 年以上的历史数据，可比性表现一般。

可读性（★★★★）

《报告》框架清晰，结构合理，图文并茂；设计风格清新简洁，多处使用行业特色图标，提高了报告的悦读性，具有优秀的可读性表现。

创新性（★★★★）

《报告》从"国之责"、"民之益"、"人之和"的社会责任观出发，构建"内核责任"、"中层责任"、"外延责任"的三维责任体系，提法新颖，脉络清晰，创新性表现优秀。

综合评级（★★★☆）

经评级小组评价，《中国互联网络信息中心 2014 年社会责任报告》为三星半级，是一份良好的企业社会责任报告。

四、改进建议

1. 增加负面数据及负面事件分析的披露，提高报告的平衡性。

2. 增加企业历史关键数据的披露，提高报告的可比性。

3. 增加行业核心指标的披露，进一步提高报告的完整性。

评级小组

组长：中国社科院经济学部企业社会责任研究中心　钟宏武

成员：清华大学创新与社会责任研究中心主任　邓国胜

　　　商道纵横总经理　郭沛源

　　　中心过程性评估员　王梦娟、张晓丹

评级专家委员会副主席　　　　　　　评级小组组长

中心常务副理事长　　　　　　　　　中心主任

出具时间：2015 年 3 月 13 日

管理篇

中国企业社会责任报告管理优秀企业

第八章　中石化集团：为美好生活加油

一、公司简介

中国石油化工集团公司（英文缩写 Sinopec Group）（以下简称"中国石化"或"中石化"）是 1998 年 7 月国家在原中国石油化工总公司基础上重组成立的特大型石油石化企业集团，是国家独资设立的国有公司、国家授权投资的机构和国家控股公司。公司注册资本 2316 亿元，董事长为法定代表人，总部设在北京，中国石油化工集团公司在 2014 年《财富》世界 500 强企业中排名第 3 位。

公司对其全资企业、控股企业、参股企业的有关国有资产行使资产受益、重大决策和选择管理者等出资人的权力，对国有资产依法进行经营、管理和监督，并相应承担保值增值责任。公司控股的中国石油化工股份有限公司先后于 2000 年 10 月和 2001 年 8 月在境外、境内发行 H 股和 A 股，并分别在香港、纽约、伦敦和上海上市。

中国石油化工集团公司致力于"建设人民满意的世界一流能源化工公司"，业务包括油气勘探开发、石油炼制和油品销售、化工产品生产和销售、石油和炼化工程服务、国际贸易、科技研发等。2013 年，中国石化实现营业收入 29451 亿元，生产原油 7659 万吨，天然气 259 亿立方米，加工原油 23370 万吨，向社会提供成品油 18000 万吨，化工产品经营量 5823 万吨。

中国石化为百姓衣、食、住、行提供基础原料和能源动力保障，提升大众生活水平，推动经济发展；通过 3 万多个加油站，使人们的出行更加高效和便捷；不断研发，提高油品质量和标准，使人们在享受现代生活的同时，拥有洁净和宜居的环境；生产高品质特种油品，为航空、航天和商用车辆提供更高效节能的动力。

中国石化以负责任的态度，通过投资、贸易和工程服务，融入和促进全球 70 个国家和地区的经济及社会的发展和进步。作为国际性公司，中国石化秉持对优秀企业公民最佳实践标准的承诺，注重与投资和贸易伙伴国互利互惠、共同发展，力求与当地社会共同发展，并为推动世界能源行业进步做出贡献。

中国石化除大力开发新能源外，努力让"能源环境成本"理念深入人心，把有限的资源最大限度地惠及每一个人。社会责任永远是企业的核心竞争力，离开了各利益相关方，企业无从生存和发展。中国石化注重与合作伙伴的深度合作，共同追求生产过程清洁和终端产品清洁。一直以来，中国石化不断致力于在自身发展和环境保护之间谋求平衡。2011 年，中国石化把绿色低碳战略提升为集团未来发展战略之一。作为全球契约中国网络的轮值主席单位，秉承"1+3"，即一家公司至少带动三家合作伙伴的原则，中国石化努力推动与自身业务联系密切的上下游合作企业加入联合国全球契约组织，通过自身的切实行动，带动更多的中国企业加大环境保护投入，共同推动社会关注气候、改善环境。

二、责任报告

（一）报告概览

企业社会责任报告是企业就社会责任议题与利益相关方进行沟通的重要平台。中国石油化工集团公司自 2008 年发布第一份企业社会责任报告以来，本着客观、规范、透明、全面的原则，已经连续 7 年发布企业社会责任报告，披露公司保障能源供应以及经济、环境、社会等方面的工作绩效。此外，中石化除了在社会责任报告中以"海外专题"的形式披露公司在海外的履责情况，还发布地区报告，如 2012 年发布《中国石化在巴西》（中文、英文、葡萄牙文），2013 年发布《中国石化在非洲》（中文、英文），从业务发展、安全生产、保护当地环境、关爱员工和社区参与 5 个方面披露中石化在巴西和非洲的履责实践；随着中国第一个大型页岩气田——涪陵页岩气田的开发，中国石化于 2014 年发布了《中国石化页岩气开发环境、社会、治理报告》，披露中石化涪陵页岩气开发项目在页岩气安全开发，保护当地环境，社区沟通等方面的实践，回应公众的知情诉求。

2014 年 4 月，中国石化发布《2013 年企业社会责任报告》，这是公司第七份社会责任报告，从"公司治理"、"责任管理"、"清洁能源"、"安全生产"、"生态文明"、"关爱员工"、"伙伴责任"、"海外社会责任报告"、"社会责任大事记"、"社会评价"等方面全面披露公司在 2013 年的履责情况。

中石化利用每年度发行的企业社会责任报告书，将企业社会责任方面的成果向社会做积极的展示，并在公司主页刊登电子版，为各相关机构背对背评价方式提供便利。同时，积极联络企业社会责任专家进行评价沟通，主动提交报告成果，参与外部评价，进一步提升和改善企业社会责任工作及社会责任报告编制水平。

表 8-1　中石化社会责任报告发布情况

发布时间	报告名称	报告页数	报告语言	报告版本	参考标准	第三方评价
2008 年	《中国石油化工集团 2007 年企业社会责任报告》	60	中文	印刷版、电子版	GRI3.0 IPIECA/API	—
2009 年	《中国石油化工集团 2008 年企业社会责任报告》	54	中文	印刷版、电子版	UNGC	—
2010 年	《中国石油化工集团 2009 年企业社会责任报告》	88	中文 英文	印刷版、电子版	GRI3.0 IPIECA/API 《关于中央企业履行社会责任的指导意见》 《CASS-CSR1.0》等	中国企业社会责任报告专家评级委员会
2011 年	《每一滴都是承诺——中国石油化工集团 2010 年企业社会责任报告》	81	中文 英文	印刷版、电子版	GRI3.0 IPIECA/API 《关于中央企业履行社会责任的指导意见》 《CASS-CSR2.0》等	中国企业社会责任报告专家评级委员会
2012 年	《中国石油化工集团 2011 年企业社会责任报告》	83	中文 英文	印刷版、电子版	GRI3.0 IPIECA/API 《关于中央企业履行社会责任的指导意见》 《CASS-CSR2.0》等	中国企业社会责任报告专家评级委员会
2013 年	《中国石油化工集团 2012 年企业社会责任报告》	77	中文 英文	印刷版、电子版	GRI3.0 IPIECA/API 《关于中央企业履行社会责任的指导意见》 《CASS-CSR2.0》等	中国企业社会责任报告专家评级委员会
2014 年	《中国石油化工集团 2013 年企业社会责任报告》	101	中文 英文	印刷版、电子版	GRI3.0 IPIECA/API 《关于中央企业履行社会责任的指导意见》 《CASS-CSR3.0》等	中国企业社会责任报告专家评级委员会

（二）报告投入

中石化企业社会责任报告以内部编制为主，各下属公司社会责任联络人负责收集数据，集团公司各职能部门进行案例材料提交，社会责任团队进行资料整理和报告撰写。除了内部人员积极参与编写以外，公司还邀请外部社会责任专家为报告编写提出意见或建议。每年报告编写投入资源如表8-2所示。

表8-2　中石化社会责任报告投入①

报告名称	投入人员	投入时间	搜集素材
《中国石油化工集团2011年企业社会责任报告》	10	4个月	46万字的文字素材及700多张照片
《中国石油化工集团2012年企业社会责任报告》	10	5个月	45万字的文字素材及600多张照片
《中国石油化工集团2013年企业社会责任报告》	12	5个月	50万字的文字素材及800多张照片

三、报告管理

（一）组织

近年来，中石化积极探索可持续发展之路，坚持从战略高度认识、部署和推进企业与社会、环境的和谐发展。大力加强和改进社会责任管理，把社会责任管理融入公司战略、企业文化和日常运营，持续提升履责能力，增强价值创造能力，实现优质高效可持续发展，持续提升公司的美誉度和影响力。

1. 社会责任组织体系

中石化建立了覆盖集团公司、分子公司的联动社会责任组织体系，在分子公司明确责任部门，明确集团公司各部门、各直属单位社会责任专（兼）职工作人员为社会责任管理工作联络员。

---

① 此处所举的报告案例以中石化最新发布的3份企业社会责任报告为例。

2. 社会责任制度

2013 年，中石化逐步健全公司社会责任管理体系，成立社会责任管理提升工作组，制定并下发《关于加强和改进企业社会责任管理工作的指导意见》、《企业社会责任工作管理办法》。

3. 社会责任组织队伍

中石化董事会设立社会责任委员会，成为首家设立社会责任委员会的中央企业。社会责任委员会主要负责研究公司社会责任管理的政策、治理、战略、规划等，向董事会提出建议；审阅公司年度社会责任计划，包括安全环保、绿色低碳、对外捐赠等；审阅公司年度社会责任的执行情况及社会责任报告；董事会授权的其他事宜。如图 8-1 所示。

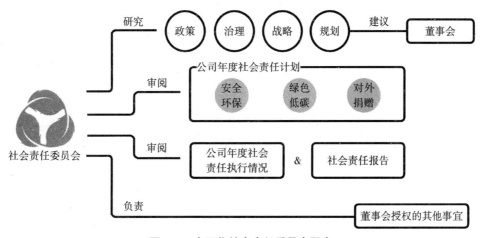

图 8-1　中石化社会责任委员会职责

（二）参与

中石化 2013 年社会责任报告编制历时 4 个月，主要分为议题识别和报告编制两个阶段。在议题识别方面，对内，通过员工网络问卷调查、社会责任议题征集等收集了内部利益相关方关注的议题；对外，通过企业声誉调研、媒体座谈会、社会监督员座谈会、企业开放日等活动收集了外部利益相关方关注的议题。综合内外部利益相关方和社会责任研究机构的意见，确定了报告的核心议题。

在报告编制方面，报告编制工作小组围绕核心议题制定了报告编制方案，起草了报告提纲，收集并分析有关材料，编写报告内容并征求意见、修改完善，组织编委会审稿，提交第三方评审机构评级，并提交董事会审议通过。

表8-3 中石化利益相关方参与表

方 法	具体措施
国内外利益相关方调研	2013年，中石化对国内外180位利益相关方进行了访谈调研，覆盖政府、非政府组织、金融机构、业内专家、媒体、员工等。利益相关方高度关注中石化声誉、新能源、环境保护、沟通与互动、国际化经营、公司透明度和开放度等议题
媒体记者座谈会	2013年，中石化举办了年度媒体座谈会。媒体范围涵盖《人民日报》、新华社、《中国日报》、中央电视台等中央媒体；21世纪经济报道、财新传媒、经济观察报等财经媒体；《能源杂志》、《中国能源报》等行业媒体；以及《北京晚报》、《京华时报》、《新京报》等都市类媒体。中国石化现场征求与会记者建议，并填调查问卷。与会记者发言积极，对中国石化今后低碳绿色发展，理顺上下游业务网络、责任沟通、公司透明度等议题高度关注
社会监督员	中石化设立了社会监督员机制，于2011年5月首次聘请了高校学者、研究机构专家、媒体精英、意见领袖、证券分析师、消费者代表等13名社会各界人士担任中石化社会监督员，在央企中属首例。2013年，公司社会监督员扩充为30位 中石化逐步建立了与社会监督员相关的工作机制，包括工作联系机制、例会机制、通报反馈机制等。采用多种形式向社会监督员发送与其履行监督职责有关的文件、信息及各种学习资料。以电话、信函、座谈等形式建立与社会监督员的联系沟通渠道，听取意见、建议和要求。建立了工作例会制度，听取社会监督员的意见和建议。设立专门的信息反馈渠道，公司设有专人受理社会监督员提出的意见、建议及投诉、举报，按照公司内部职责分工转交相关部门处理，并及时向社会监督员反馈办理和落实情况。截至2013年，共收到关于企业可持续发展和社会责任问题、生产经营管理工作问题、加油站标识及加油工品牌意识、网络舆情问题以及社会监督员队伍建设等各类建议共56条

（三）界定

1. 议题确定流程
- 参考专业标准；
- 结合企业实践；
- 听取专家意见；
- 中高层领导访谈；
- 利益相关方访谈。

2. 社会责任核心议题

中石化以公司战略、企业管理现状和利益相关方关注焦点为基础，依据国内外社会责任报告主流编制依据（GRI G4、CASS-CSR3.0）以及 IPIECA、API 联合发布的《石油和天然气行业自愿发布可持续报告指南》、社会舆论及行业焦点，通过深度访谈、问卷调研、反向路演、社会监督员座谈、企业开放日等活动，从内外部收集和梳理出中国石化可持续发展议题库。中石化建立议题筛选矩阵，对议题进一步识别排序，确定公司核心可持续发展议题。中石化就可持续发展议题同时进行多次定期及时的内外部沟通，为报告编写奠定基础。

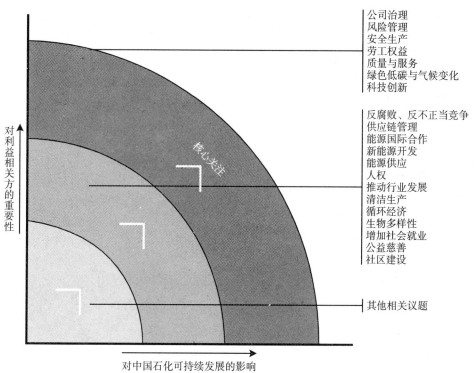

公司治理
风险管理
安全生产
劳工权益
质量与服务
绿色低碳与气候变化
科技创新

反腐败、反不正当竞争
供应链管理
能源国际合作
新能源开发
能源供应
人权
推动行业发展
清洁生产
循环经济
生物多样性
增加社会就业
公益慈善
社区建设

其他相关议题

核心关注

对利益相关方的重要性

对中国石化可持续发展的影响

图 8-2　中石化社会责任核心

（四）启动

中石化通过建立报告编写组，下发报告编写通知，召开报告编制启动会，组织报告编制培训。2013 年 12 月，中石化启动 2013 年社会责任报告编制工作，成立由 12 人组成的报告编制小组，并制订《公司 2013 年社会责任报告编制工作计划》，下发《关丁提交 2013 年社会责任报告材料的通知》，循序渐进推进资料收集、参与编制人员进场、报告第一稿、专家评审会、利益相关方意见征求会、集团社会责任委员会最终审议、报告定稿、报告印刷、报告发布，时间跨度从 2013 年 12 月到 2014 年 4 月。

（五）编写

中石化通过以下方法收集报告编写素材：
● 制定并下发部门资料收集清单；
● 对高层管理者、利益相关方进行访谈；
● 对下属企业进行调研；
● 对企业存量资料进行案头分析。

中石化通过对各利益相关方的调研和座谈来确定报告需要披露的核心议题，以回应利益相关方关切的问题，包括员工问卷调查、媒体座谈会、社会监督员座谈会、企业开放日等。在报告编制方面，报告编制工作小组围绕核心议题制定了报告编制方案、起草报告提纲、收集并分析有关材料、编写报告内容并征求相关方意见、修改完善等，最终董事会审议通过。

中石化 2013 年社会责任报告内容包括"公司治理"、"责任管理"、"清洁能源"、"安全生产"、"生态文明"、"关爱员工"、"伙伴责任"、"海外社会责任报告"、"社会责任大事记"、"社会评价"等方面的内容，用图文并茂的形式全面阐述了中石化在履行企业社会责任方面的重要举措和情况，并披露了公司相关的业绩指标。

（六）发布

2014 年 6 月 6 日，中石化在广东湛江举办"共享光明，爱心加油——健康快车中石化湛江站光明行"活动，并在活动现场发布了《中国石油化工集团公司2013 年社会责任报告》。

（七）使用

公司在报告发布后对报告编制工作开展了分析和总结，为下一年持续提升报告质量打下基础。2013 年的企业社会责任报告在 2012 年五星级报告的编制基础上，充分借鉴全球先进企业社会责任报告，结合中石化自身特点，把社会责任管理理念融入报告编制，从形式、结构、内容三方面进行创新和改进，进一步提升了报告整体质量。另外，中石化利用多样化形式和渠道呈现社会责任报告，如在公司内部大型活动以及对外交流中推送社会责任报告，以达到与利益相关方的沟通目的。

第九章　中国南方电网：万家灯火　南网情深

一、公司简介

南方电网公司成立于 2002 年底，负责投资、建设和经营管理覆盖广东、广西、云南、贵州、海南五省区的南方区域电网，供电面积 100 万平方公里，供电人口 2.3 亿人，供电客户 7063 万户。主营业务包括：经营相关的输配电业务，参与投资、建设和经营相关的跨区域输变电和联网工程；从事电力购销业务，负责电力交易与调度；从事国内外投融资业务；自主开展外贸流通经营、国际合作、对外工程承包和对外劳务合作等业务。2013 年全网统调最高负荷 1.289 亿千瓦，全社会用电量 8945 亿千瓦时。

南方电网公司连续十年入围全球 500 强企业，目前列第 115 位。公司连续七年获得国资委经营业绩考核 A 级，并荣获第三任期业绩考核 A 级及优秀企业奖、科技创新企业奖、节能减排优秀企业奖。公司总部共设 21 个部门、1 个直属机构，下设超高压输电公司、调峰调频发电公司、教育培训评价中心（公司党校、干部学院）和招标服务中心 4 家分公司，广东、广西、云南、贵州、海南电网公司、广州供电局、深圳供电局和南网国际公司（南网国际香港公司）8 家全资子公司，南网科研院、南网综合能源公司、南网财务公司、南网传媒公司和鼎和财产保险股份有限公司 5 家控股子公司。员工总数 31.6 万人。

2003~2013 年，南方电网公司售电量从 2575 亿千瓦时增长到 7433 亿千瓦时，年均增长 11.2%；营业收入从 1290 亿元增长到 4482 亿元，年均增长 13.26%；西电东送电量从 267 亿千瓦时增长到 1314 亿千瓦时，年均增长 17.2%；资产总额从 2312 亿元增长到 5843 亿元，增长了 1.5 倍；累计实现利税 3120 亿元。累计完成电网建设投资 5893 亿元。全网 110 千伏及以上变电容量从 2 亿千伏安增长到 7 亿千伏安，线路长度从 7 万千米增长到 17 万千米，分别增长了近 3.5 倍和 2.4 倍。

南方电网是西电东送规模最大、社会综合效益最好、发展后劲最强的电网。目前西电东送已经形成"八交八直"（500 千伏天广交流四回，贵广交流四回；±500 千伏天广直流、三广直流各一回，溪洛渡送广东直流两回，贵广直流两回，±800 千伏云广特高压直流、糯扎渡送广东特高压直流各一回）16 条 500 千伏及以上大通道，最大输送能力达到 3400 万千瓦。南方电网也是国内率先"走出去"的电网。作为国务院确定的大湄公河次区域电力合作中方执行单位，南方电网公司积极实施"走出去"战略，坚持立足周边、立足主业，加强与大湄公河次区域国家、港澳地区的电力合作。2013 年，通过南方电网向香港的送电量占其用电量的25%；向澳门的送电量占其用电量的 93%。截至 2013 年底，南方电网公司累计向越南送电 281 亿千瓦时，向老挝送电 5 亿千瓦时，从缅甸进口电量 95 亿千瓦时。

　　2013 年，南方电网主要奖项如表 9-1 所示。

表 9-1　2013 年南方电网主要奖项

名　　称	颁发单位
全国五一劳动奖状	中华全国总工会
全国工人先锋号	中华全国总工会
全国供电可靠性金牌企业	国家能源局、中国电力企业联合会
中央企业先进集体	人力资源和社会保障部、国务院国资委
中央国家机关等单位定点扶贫先进集体	国务院扶贫开发领导小组
中央企业职工技能竞赛突出贡献奖	国务院国资委
中央企业职工技能竞赛优秀组织奖	国务院国资委

二、责任报告

（一）报告概况

　　南方电网公司自 2008 年发布第一份企业社会责任报告以来，本着客观、规范、透明、全面的原则，已经连续 7 年发布企业社会责任报告，披露公司安全优质供电以及经济、环境、社会等方面的工作绩效。同时，公司每年同步发布社会责任报告英文版，并要求各省公司发布自身的社会责任实践报告。

　　2014 年 5 月 15 日，南方电网公司发布《南方电网 2013 年企业社会责任报告》，这是公司第七份社会责任报告，也是 2014 年国内第一份"五星级"社会责任报告，并成为国内唯一连续 4 年社会责任报告获"五星级"的企业。在《中国企业社会责任报告（2014）》中，南方电网公司社会责任发展指数在中国企业 300 强中名列第一。

南方电网公司多年来持续创新企业社会责任报告，报告呈现三方面的特点：

（1）理念引领，知行合一，以责任实践支撑社会责任报告。公司以核心价值观"万家灯火　南网情深"引领特色实践。

（2）全球视野，系统思维，在高起点上编制企业社会责任报告，注重南网特色和延续性。公司连续两年创新开展全球先进企业社会责任报告研究，对国际先进电网企业报告从结构、内容、形式、管理等多个层次进行分析，了解国际先进报告发展趋势，对实质议题进行补充。同时，认真分析并学习借鉴国内兄弟单位的优秀报告。

（3）锐意进取，结合实际，努力发挥社会责任报告在企业管理中的作用。公司创新社会责任报告编制模式，成立报告编制小组，启动报告编制培训，与利益相关方沟通，识别实质性议题，跟踪服务社会责任关键绩效指标，报告编制严谨、求实、创新。

南方电网公司努力实现企业经营与社会责任的高度统一，致力于企业在经济、社会与环境方面的全面、协调、可持续发展，在建设服务好、管理好、形象好的国际先进电网企业征途中，迈出了新的坚实步伐。

表 9-2　南方电网公司企业社会责任报告发布情况

企业名称	报告名称[①]	编制标准	参考标准	页码	第三方审验
南网	2013 企业社会责任报告	CSG-CSR 1.0	国资发研究〔2008〕1 号 ISAE3000[②] CASS-CSR2.0 GRI G4 中国可持续发展工商理事会《中国企事业社会责任推荐标准和实施范例》	86	中国企业社会责任报告专家评级委员会

（二）报告投入

南方电网企业社会责任报告采用内外部相结合的方式编制报告，并邀请外部社会责任专家为报告编写提出意见建议。

---

① 截至指南出版前，目标企业发布的报告为其最新的社会责任报告。
② ISAE3000 是由国际审计与鉴证准则委员会（International Auditing and Assurance Standard Board，IAASB）发布的在国际上影响力最大的审验标准之一。

三、报告管理

（一）组织

南方电网公司认真分析公司成立以来履行社会责任取得的经验、存在的不足，制订规划，有章法、有步骤、系统地推动社会责任工作与时俱进、深入开展。

1. 社会责任组织体系

为推进编制 2013 年社会责任报告，南方电网公司成立由战略策划部负责牵头组织，其他部门、各分子公司共同参与的报告编制小组，主要负责报告撰写、统筹协调、综合统稿、总结评价等工作。战略部杨晋柏主任、刘静萍副主任担任报告编制小组总负责，全程指导报告编制，社会责任处龚鹤强处长为编制小组总协调。报告编制小组覆盖公司总部各职能部门，各省公司和广州局、深圳局、南网能源公司派员全程参加报告编制和讨论，其他分子公司参与报告的修改和完善工作。编写报告全过程邀请了中国社会科学院企业社会责任研究中心、责扬天下等国内 CSR 专家参与报告指导、编写工作。2014 年，党组会对《南方电网公司 2013 年社会责任报告》进行审议并原则通过。

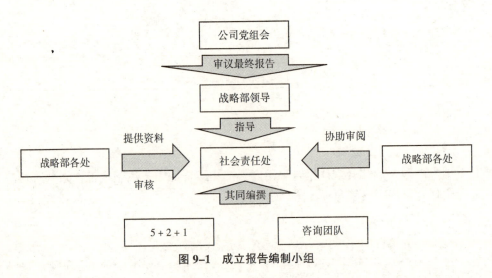

图9-1 成立报告编制小组

2. 社会责任制度

2010 年，南方电网公司建立了《南方电网公司社会责任指标体系 （CSG-CSR1.0)》，从战略与治理、电力供应、经济绩效、绿色环保、社会和谐五个方面，明确管理指标和体系。指标体系将作为南方电网公司社会责任信息搜集、社会责任报告编制和社会责任考核评价的重要依据。各部门和各分公司已将社会责任核心指标纳入年度统计范围，以保证企业社会责任工作的落实，不断推动公司社会责任工作的科学化和系统化。

3. 社会责任组织队伍

南方电网公司设置了专职企业社会责任推进团队来管理和推进企业社会责任管理工作，并在各部门和各分公司设置了企业社会责任专任/兼任的责任者与联络窗口，以保证企业社会责任在南方电网公司可以通畅、直接地进行推进和管理。同时，南方电网公司定期举办专题培训活动，加强团队人员的素质建设，为公司专项社会责任管理工作奠定坚实的基础。

（二） 参与

南方电网公司与客户、供应商、合作伙伴、媒体、社区公众等利益相关方进行交流，了解利益相关方对公司社会责任工作的期望和要求，倾听他们对社会责任报告的意见和建议。公司建立了利益相关方清单，并按照顺序对利益相关方重要性进行排序。同时，公司分层分级开展利益相关方调查工作，及时了解利益相关方反馈意见，开展第三方满意度调查，如开展客户满意度调查、大客户座谈会等。

2014 年 4 月 10 日，南方电网公司 2013 年社会责任报告研讨会，邀请了政府、行业协会、CSR 领域专家对报告编写提出改进建议。同时，南方电网公司积极参加中国社会科学院《中国企业社会责任报告白皮书 （2013)》发布研讨、2013年金蜜蜂社会责任报告国际研讨会，交流报告编写经验，传播报告价值。

表 9-3　南方电网公司利益相关方参与表

利益相关方	期望与要求	沟通与回应	实例
政府	遵纪守法 依法纳税 安全供电 国有资产保值增值 持续稳定回报	合规管理、主动纳税；执行国家能源政策、电价政策 政企合作推进电网建设；加强日常管理 接受监管考核；工作汇报与意见听取；完善治理结构	广东电网公司与广东省珠海市人民政府签署《"十二五" 电网建设战略合作协议》与《新能源项目建设战略合作协议》，围绕珠海建设 "生态文明新特区、科学发展示范市" 和 "珠江口西岸核心城市" 的目标，规划建设珠海电网，全力保障珠海电力供应

续表

利益相关方	期望与要求	沟通与回应	实例
员工	工资与福利保障 员工健康与安全 公平晋升与发展 员工关爱	及时足额发放工资、缴纳社保；拓宽员工参与管理的渠道 提供健康的工作环境；组织健康安全培训和体检 建立公平晋升机制；帮助困难员工 实施员工辅导计划；建设幸福南网 为女性员工提供特殊保护	深圳供电局实施"电励计划"非物质激励方案，对在"员工、电网、客户"三方面工作中有贡献的员工给予"电励徽章"奖励。员工可凭徽章换取电影票、茶具、带薪休假等12项奖励
客户	减少停电时间 高质量电能供应 服务渠道畅通 便捷 提供节能指导	提供可靠供电；开展客户满意度管理 创新服务模式，提升客户体验 电网建设与改造；技术与管理创新 座谈与走访 开展节能宣传，提供个性化节能服务	佛山供电局首次实施"履约保函"电费回收新举措。供电局、用电企业、银行三方签订协议，当企业未能按期缴清电费时，由银行一方先行垫付，企业归还银行借款及利息，实现供电局、用电企业、银行三方共赢
合作伙伴	信守承诺 公开、公平、公正 采购 分享经验	公开采购信息；接受反馈意见 谈判与交流；开展项目合作 开展战略合作；开展责任采购	贵州电网公司联合贵州省相关大学和研究院，成立贵州省智能电网产业技术创新战略联盟，开展智能电网产业发展规划制定，启动关键技术及装备研发和产业化试点工作，形成产业链完善、创新能力突出、辐射带动作用强的智能电网产业基地
环境	节能减排、节约资源 应对气候变化 生态保护	节能发电调度；环境信息公开；环境影响评价 创新环保技术；发起低碳与能效管理倡议 实施绿色办公 促进电动汽车产业发展	公司在惠州抽水蓄能电站工程建设过程中坚持"边建设、边保护，边施工、边治理"理念，科学严格做好电站所在象头山自然保护区内植被生态恢复工作，努力建设绿色电站
社区与公众	社区公共事业发展 扶贫济困 社区交流与沟通	调查社区需求；社区教育与宣传 座谈与交流；加强对外网站建设 电网建设过程中充分与公众沟通 开展各类公益活动	广西电网公司围绕广西"整村推进"扶贫开发工作要求，加大对全国著名革命老区东兰县的对口帮扶力度，累计投入资金3422万元，实施农网改造等工程，培训农民生产技能，助推增产增收

（三）界定

南方电网公司依据国内外社会责任报告主流编制依据（GRI G4、CASS-CSR3.0）以及《南方电网公司社会责任指标体系（CSG-CSR1.0）》，梳理报告披露议题，深入披露利益相关方高度关注、与公司可持续发展紧密相关的实质性议题。参照国际通行社会责任标准和指南的做法，从利益相关方关心和体现公司业务特点两个维度考虑，围绕公司核心责任、政治责任、基本责任、时代责任、特殊责任和共同责任六大责任，梳理出公司核心议题和一般议题。

表9-4 南方电网公司社会责任核心指标

战略目标	指标名称	归口管理部门
电力供应	大面积停电事故发生次数	安监部
	城市客户平均停电时间 AIHC-1（小时）	市场部
	农村客户平均停电时间 AIHC-1（小时）	农电部
	客户满意度	市场部
经济绩效	国有资产保值增值率（%）	财务部
	资产规模（亿元）	财务部
	销售收入（亿元）	财务部
节能环保	全网综合线损率（%）	计划部
	当年电源侧、电网侧、客户侧各类节能减排措施的成效（折合节约标准煤（万吨）情况）	计划部
	农村电网建设资金（亿元）	农电部，计划部
	公益捐赠总金额（万元）	工会

同时，公司制定《中国南方电网有限责任公司社会责任工作管理办法》，对公司总部和所属各单位社会责任报告编制和传播提出要求。《关于公司2013年社会责任报告编制工作的通知》指出，公司统一编制一份社会责任报告，各省公司和广州、深圳供电局根据自身实际编制2013年社会责任实践分册，作为公司社会责任报告主体框架四个部分的有益补充。实践分册应点面结合，注重特色，以案例形式侧重反映各自的社会责任履责实践，篇幅宜控制在50页以内。

（四）启动

南方电网公司召开报告编制启动会，组织报告编制培训，讲解国内外社会责任管理现状、社会责任报告发展趋势，确定报告编制目标。2013年11月，南方电网公司举办2013年社会责任培训暨2013年报告编制启动会，邀请了钟宏武博士、殷格非副社长等外部CSR专家开展报告编制培训，并制订《公司2013年社会责任报告编制工作计划》，循序渐进推进资料收集、参与编制咨询人员进场、报告第一稿、专家评审会、党组会送审稿、送公司党组会审议、报告定稿、报告印刷、报告发布，时间跨度为2013年12月到2014年5月。

（五）编写

南方电网公司始终本着严谨、求实和创新的精神，紧扣公司发展脉搏，紧跟时代发展潮流，坚持走群众路线，努力编制"内行不笑话、外行看得懂"的企业社会责任报告。相比2012年企业社会责任报告，2013年企业社会责任报告作了以下四方面的改进：一是增加了介绍报告阅读的方法；二是加大报告指标的覆盖度、增强报告的实质性，如"1度电的价值"贯穿全文、集中呈现关键绩效等；三是重点披露移动互联网、雾霾天气等社会热点议题；四是以统一体例介绍利益相关方评价，如报告系统提供延伸阅读、增加专业术语索引等。

电力供应 09
为经济社会可持续发展提供安全、稳定、可靠、优质的电力保障，是公司的核心责任。
在重大突发自然灾害面前，维护公共安全和公众利益，是公司的政治责任。
11 安全生产　29 应急管理
19 可靠供电　31 电网建设
25 优质服务　33 科技创新

绿色环保 35
建设绿色电网，推动全社会节能减排，促进企业与社会、环境全面协调可持续发展，是公司的时代责任。
39 电源侧节能减排　47 金蜜蜂2020
42 电网侧节能减排　48 节能减排绩效
45 客户侧节能减排

社会和谐 59
坚持电力普遍服务，促进城乡协调发展，是公司的特殊责任。
与利益相关方携手共进、合作共赢，是公司与社会各界的共同责任。
61 社会公益　64 员工发展
62 合作共赢

经济绩效 49
严格执行国家电价政策，注重提升管理水平，确保国有资产保值增值，降本增效，优先考虑社会效益，是公司的基本责任。
51 经营业绩　56 促进电力市场发展
52 依法合规　57 服务区域经济社会发展
55 降本增效

图9-2 《南方电网公司2013年企业社会责任报告》基本框架

2013年企业社会责任报告编制过程中，南方电网公司的创新性举措主要表现在公司创新报告编制模式，对报告编制全过程进行管理，充分发挥社会责任报告在传播理念、改进实践和提升管理方面应有的价值。公司通过对重要社会责任指标实行动态跟踪和服务，及时了解和回应利益相关方的需求和期望，不断提升公司的服务水平，建设"管理好、服务好、形象好"的国际先进电网企业。2013年企业社会责任报告编制跨越 2012 年、2013 年、2014 年，经历策划部署、专业服务、撰写发布三大阶段。

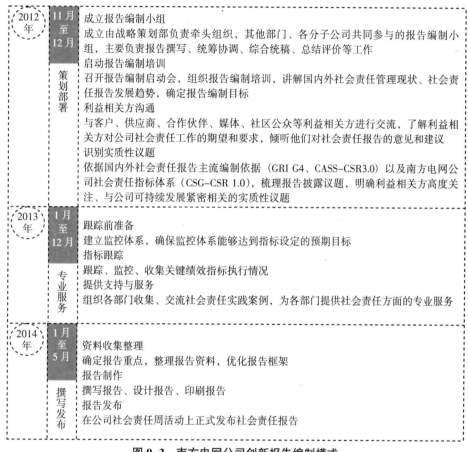

图 9-3　南方电网公司创新报告编制模式

　　2014 年 5 月 15 日，南方电网公司发布《南方电网公司 2013 年企业社会责任报告》，5 月 15 日至 21 日，广东、广西、云南、贵州、海南五省电网公司和广州、深圳供电局陆续发布该单位 2013 年社会责任报告，展示各单位在履行社会责任方面的努力和成果，倾听利益相关方意见，不断提升社会责任管理与实践水平。

　　报告发布后，公司启动了以"为民服务，责任接力，真情传递"为主题的"社会责任周"和为民服务活动，重点是深化落实服务群众"四项举措"，真心实意地办广大群众看得见、能感知的实事好事。国务院国资委、中国社会科学院等国内社会责任研究领域的领导、专家以及中央企业代表，到广东、贵州电网公司和广州供电局调研，对南方电网公司各单位的社会责任管理与实践进行深入了解和现场指导。从 2013 年开始，南方电网公司在每年的 5 月份常态化地开展这项活动。

　　同时，公司在报告发布后对报告编制工作开展了分析和总结，为下一年持续提升报告质量打下基础。2013 年企业社会责任报告在 2012 年五星级报告的编制基础上，充分借鉴全球先进企业社会责任报告，结合南方电网自身特点，把社会责任管理理念全面融入报告编制，从形式、结构、内容三方面的 26 个要点进行创新和改进，进一步提升了报告整体质量。今后，南方电网公司将参照国际通行的社会责任标准和指南，从利益相关方关心和公司业务特点两个维度考虑，围绕公司核心责任、政治责任、基本责任、时代责任、特殊责任和共同责任"六大责任"，切实提升工作水平。

第十章 中国建材集团：善用资源 服务建设

一、公司简介

中国建筑材料集团有限公司（以下简称"中国建材集团"）是国务院国资委监管的中央企业和我国建材行业排头兵企业，是我国最大的综合型建材产业集团，连续多年位居建材行业 500 强企业之首、中国企业 500 强第 41 位、《财富》世界 500 强第 267 位（见表 10-1）。截至 2014 年底，资产总额 4069.31 亿元，员工总数 17.7 万人，营业收入 2504.29 亿元，利润总额 130.11 亿元，上缴税金 146.41 亿元。

表 10-1 主要奖项

主要奖项	2014 年中国企业 500 强第 41 位
	2014 年《财富》世界企业 500 强第 267 位
	2012 年荣获"人民社会责任年度企业"奖
	2009 年中国建材集团技术中心位列国家级技术中心第 5 名
	2008 年起，位居中国建材五百强企业首位
	2007 年名列中国阳光财富企业榜
	2007 年荣获"最具核心竞争力的中国企业"奖
	2006 年中国优秀诚信企业

中国建材集团是国务院国资委第二批董事会试点单位，是国资委发展混合所有制经济试点和落实董事会职权试点单位。董事会 11 名成员中有外部董事 6 名；董事会下设 4 个专门委员会，其中，薪酬与考核委员会、审计与风险管理委员会全部由外部董事担任。集团总部作为战略中心、资源中心和文化中心，行使出资人职权。集团以实现公司价值最大化和提高企业核心竞争力为目标，通过资产重

组、业务整合和管理提升，构建起制造、科研、成套装备和物流贸易为一体的综合型建材产业集团。中国建材集团总部设在北京，控股上市公司 6 家，包括 2 家海外上市公司。成员企业遍布全国 30 个省市自治区，业务覆盖全球 120 多个国家和地区。

中国建材集团秉承"善用资源、服务建设"的核心理念，以科技创新为先导，对行业和社会资源进行优化整合，坚持循环经济道路，大力推进水泥、玻璃等产业的联合重组、结构调整与节能减排，大力发展新型建材、新型节能房屋、新能源材料和领先的技术和成套装备，为城乡发展与城镇化建设、节能省地型建筑和国家重点工程建设提供优质的产品和服务，努力建设创新驱动型、质量效益型、制造服务型、社会责任型企业，为行业和社会的可持续发展贡献力量。

二、责任报告

（一）报告概况

企业社会责任报告是企业就社会责任议题与利益相关方进行沟通的重要平台。对于中国建材集团而言，CSR 活动可以追溯到集团成立之初。回顾中国建材集团的发展之路，就是其不断优化公司治理、企业管理和发展机制，创新责任管理理念与实践，努力实现企业可持续发展的历程。发展过程中不仅注重科技创新与管理创新的有机结合，而且追求市场、环境、社会的协调共赢，始终坚持与竞争者和谐、与自然和谐、与员工和谐、与社会和谐，并将社会责任理念最终落实到市场绩效、科技创新、节能环保、员工关爱、企业公民五个方面的履责实践之中。

以这样的社会责任理念为指导，2010 年，中国建材集团正式推动社会责任专题部署，专门成立了"中国建材集团社会责任工作推进领导小组"，由宋志平董事长担任组长，并于 2010 年 9 月首次发布了《中国建筑材料集团有限公司 2009 年社会责任报告》，开启了建材行业中央企业发布社会责任报告的先河。2011 年 6 月 27 日，又首次发布了以"创新，为了可持续发展的未来"为主题的《中国建筑材料集团有限公司 2010 年社会责任报告》，这同时也是建材行业首份主题式报告，再创历史新高（见表 10-2）。中国建材集团每年都定期发布社会责任报告，向各利益相关方披露其在年度内的责任管理、责任行为以及责任绩效，促进了各方的沟通交流。此外，为不断优化企业社会责任实践，中国建材集团还先后启用了

《中国建材集团社会责任管理数据指标体系》、社会责任工作内部专家机制、中国建材集团社会责任管理信息系统等先进机制。功夫不负有心人，中国建材集团2014年6月发布的《中国建筑材料集团有限公司2013年社会责任报告》，依据新的编制和评价标准，中国社科院社会责任研究中心继续给予五星评级，是国内社会责任报告的最高评级。2014年7月26日，集团被中国工经联、联合国工发组织授予"中国工业行业履行社会责任五星级企业（2014）"称号。

表 10-2　中国建材集团企业社会责任报告发布情况

年份	报告页数	报告语言	报告版本	参考标准
2013	106	中文	印刷版、电子版	全球报告倡议组织《可持续发展报告指南（G4）》 国际标准化组织社会责任指南标准（ISO26000） 国务院国有资产监督管理委员会《关于中央企业履行社会责任的指导意见》 中国社会科学院《中国企业社会责任报告编写指南（CASS-CSR3.0）》等
2014	82	中文	印刷版、电子版	全球报告倡议组织《可持续发展报告指南（G4）》 国际标准化组织社会责任指南标准（ISO26000） 国务院国有资产监督管理委员会《关于中央企业履行社会责任的指导意见》 中国社会科学院《中国企业社会责任报告编写指南（CASS-CSR3.0）》等

（二）报告投入

中国建材集团社会责任报告以内部编制为主，自主开发社会责任信息管理系统，实现千余家成员企业、300多个指标的在线采集。同时邀请外部重量级社会责任专家和企业内部管理专家为报告编写提出意见和建议。中国建材集团2014年报告编写投入资源如表10-3所示。

表 10-3　中国建材集团 2014 年社会责任报告编制投入

年份	投入人员	投入时间	搜集素材
2014	3500 人以上	4 个月	实际使用：4.9 万字，34 张照片 搜集素材：43.2 万字，2215 张照片 征集意见：200 人次

三、报告管理

中国建材集团不断优化完善企业社会责任推进机制，并最终形成了一个完整的项目周期。项目启动后，不定期召开会议，并最终确定年度工作计划，下发文件。综合研究分析利益相关方关注点、公司年度重大核心议题、国内外CSR新标准以及新趋势，以确定核心议题和报告边界。然后，确认信息系统指标体系、拟定年度明星案例清单后，印发资料清单到各成员企业和职能部室，收集报告材料。根据所收集到的存量资料拟定报告框架、确定报告主题并形成报告初稿。形成报告初稿后，由CSR领导小组牵头，邀请CSR专家、各利益相关方以及各成员企业和总部职能部室等召开研讨会，征求各方意见，对报告初稿进行完善，直至终稿定稿。同时，从可读性、创新性和延续性等角度进行报告设计。为了进一步提升报告质量，中国建材集团还会邀请中国社科院社会责任研究中心对报告进行评级。最终，通过多载体、多渠道向各利益相关方传递，并通过与各利益相关方的沟通交流反馈，分析报告不足，制定提升计划，如表10-4所示。

表10-4　报告编制流程

主要环节	具体内容
项目启动	确定年度工作计划、召开会议或印发文件
核心议题识别和报告边界确认	利益相关方关注点分析、公司年度重大核心议题识别、国内外CSR标准和指南分析、新标准、新趋势研究
印发资料清单	信息系统指标体系确认、年度明星案例清单拟定
搜集报告素材	成员企业素材反馈、职能部室素材反馈、存量资料案头分析、媒体报道素材收集
撰写报告	拟定报告框架、确定报告主题、形成报告初稿
意见征求	CSR领导小组、总部职能部室、成员企业、利益相关方、CSR专家
报告完善	文字修订、数据核实、标准自查
报告设计	可读性、创新性、延续性
报告评级	中国企业社会责任报告评级标准（2015）
报告发布	多载体、多渠道向利益相关方传递
总结提升	分析不足，制定提升计划

（一）组织

1. 社会责任组织体系

2010 年，中国建材集团成立了社会责任工作领导小组，由董事长宋志平担任组长。作为推动社会责任工作的最高领导机构，负责指导、组织、促进社会责任工作开展。同时，设立社会责任与节能环保办公室，作为此项工作的日常推进协调管理部门。以集团总部社会责任管理职能机构为纽带，指导、推进成员企业加强社会责任管理、积极实施履责实践；集团总部各职能部门根据业务分工，协同推进专项工作。以各级成员企业为节点，按照总部统一要求，明确职能部门、配备管理人员，执行社会责任工作规划、方案，落实工作要求，积极实施履责实践。

2. 社会责任制度

中国建材集团在推进社会责任实践的过程中，社会责任制度体系不断完善。2011 年 4 月，正式启用《中国建材集团社会责任管理数据指标体系》，从社会责任、市场责任和环境责任三方面，明确管理指标和体系。2011 年 7 月 28 日，颁布实施了《中国建材集团年度社会责任工作推进规划》。2012 年 4 月，启用中国建材集团社会责任管理信息系统，收集社会责任管理数据，以保证企业社会责任工作的落实，不断推动公司社会责任工作的科学化和系统化。2013 年 2 月，再次发布实施《中国建筑材料集团有限公司社会责任推进指导意见》、《中国建材集团社会责任管理办法》和《中国建材集团社会责任管理信息收集办法》三项管理制度，实现社会责任管理的系统化、制度化和标准化。

3. 社会责任组织队伍

将社会责任管理纳入集团战略和整体规划，确定目标、措施和提升重点，持续提升社会责任管理绩效和管理水平。开发应用"中国建材集团社会责任管理信息系统"，实现履责信息和社会责任管理人员的在线管理，系统覆盖千余家成员企业、343 个内部管理指标。同时，通过宣传、培训，提升成员企业社会责任队伍素质和业务能力；通过培育、甄选明星案例，示范推动企业履责实践；探索评价机制，推进企业履责系统化、常态化。

（二）参与

沟通是加强理解、建立互信的最好方式，有效的沟通可以使利益相关方及时、充分地了解企业履责情况，也便于企业尽可能地根据意见和建议持续改进。从利益相关方识别到沟通机制的设计，从沟通主体的确认到沟通途径的选择，结合日常运营管理流程，中国建材集团用"心"建立起了独具特色、切实有效的责任沟通体系。

重视责任分享和传播，将责任理念的传播和责任行动的倡导作为沟通的重要组成部分，通过加入社团、发起和参与倡议，共同推动可持续发展；通过论坛、媒体等，积极分享责任研究成果和特色履责实践，共同成长。如表10-5所示。

表10-5　参与方式

利益相关方	沟通方式	关注重点	回应措施
投资者	定期报告 公司报告 推介活动 股东对话和反馈	保护股东、债权人利益信息披露的真实性、准确性、及时性和完整性	完善信息披露机制 提升企业价值 规范公司治理 完善投资者关系
政府	法律法规发布 专题汇报和拜访信息报送 工作目标考核	安全、环境和合规要求 保障供应 提供就业机会 带动地方经济发展	守法经营、贯彻落实国家政策 持续优质经营 上缴税收 提供就业岗位
客户	客户见面会和意见征询 日常联络 客户反馈机制 电话服务	反应速度 服务质量 特殊需求 投诉处理	提供优质产品和服务 倡导绿色消费 改进质量管理 保护客户隐私
合作伙伴	合同谈判 招标会议 高层会晤 文件函电来往 日常业务交流	价格及及时付款 长期的合作伙伴关系 利润分配 信息资源共享 诚信互惠 减少风险	诚信经营 推进供应商履责 建立有效的合作伙伴关系 建立有效的沟通交流机制
员工	职工代表大会 厂务公开 劳动合同 合理化建议 正常交流 信访	员工权益 职业发展规划 投诉处理 职业健康 民主的管理 厂务公开	维护员工权益 提供具有竞争力的薪酬 改善员工福利 加强员工培训 提供安全工作环境和健康保障 建立有效沟通 改进民主的管理
社区和媒体	签订公益协议 参与志愿者活动 日常联络	环境保护 共建和谐社区	及时信息披露 改善公益投入 参与社区活动
社会团体	定期参加会议或活动 日常联络	环境保护 共同倡导可持续发展	发挥会员作用 提供经济和技术支持 建立合作关系

（三）界定

1. 议题确定流程

（1）利益相关方关注点分析。

（2）公司年度重大核心议题识别。

（3）国内外 CSR 标准和指南分析。

（4）新标准研究。

（5）新趋势研究。

2. 社会责任核心议题

中国建材集团紧跟全球报告倡议组织《可持续发展报告指南（G4）》、中国社科院《中国企业社会责任报告编写指南（CASS-CSR3.0)》等国内外标准倡议，结合企业自身实践和利益相关方普遍要求，开展企业社会责任核心议题的甄别与筛选，明确社会责任工作的重点与报告内容的边界，并最终选定了市场绩效、科技创新、节能环保、员工关爱和企业公民 5 个核心议题，如图 10-1 所示。

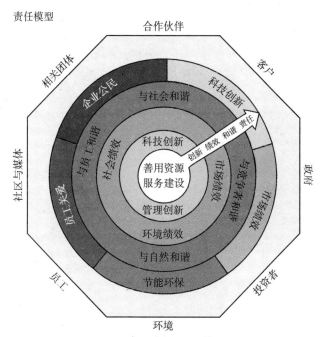

图 10-1　中国建材 CSR 核心议题

（四）启动

中国建材集团企业社会责任报告每年年初启动，社会责任与节能环保办公室牵头成立报告编写小组，组织和推荐相关人员参加社科院及相关机构举办的培训。为了更加深入地了解和学习国内外社会责任动态、知识，把握报告的最新标准，中国建材集团还组织企业社会责任工作领导小组的成员参加集团企业社会责任负责人培训，邀请外部专家从理论和行业动态两个层面进行讲解，以加深相关人员对企业社会责任工作的深入认识，并为新一年度报告的撰写打下坚实的理论基础。

（五）编写

2014 年中国建材集团企业社会责任报告从正式启动到编写发布，一共经历了4 个月的时间。

1. 前期准备

（1）确定报告主题和边界，识别核心议题。《中国建筑材料集团有限公司 2014年社会责任报告》以"善用资源、服务建设"为核心理念，将核心议题识别和报告边界确认作为整体报告编写的第一步。分别就利益相关方关注点、公司年度重大核心议题、国内外 CSR 标准和指南以及新标准、新趋势等进行了研究分析，以披露针对性成果。

（2）形成报告基本框架。根据集团确定的 5 个核心议题和搜集的报告素材，并结合中国建材集团的年度公司战略和发展要求，围绕着"善用资源、服务建设"的核心理念，形成报告的基本框架。

表 10-6　2014 年报告基本框架

结构	一级标题	二级标题
开篇	—	高管致辞 企业概况 业务活动 治理结构
	责任管理	责任理念 责任管理机制 用"心"沟通——责任沟通 成长·分享·担当——能力建设

续表

结构	一级标题	二级标题
报告主体	市场绩效	履责机制 改革创新拓空间——转型升级 节支降耗控成本——成本控制 两化融合挖潜力——精益管理
	科技创新	履责机制 从专业到共享——服务全民创新 从"制造"到"创造"——推进产研结合 从创新到服务——助力绿色工业
	节能环保	履责机制 一场低碳和环保的旅行——绿色制造 一场从垃圾到资源的革命——生态服务 一场建筑和能耗的竞争——绿色产品
	员工关爱	履责机制 安全你我他 幸福建材家 最美建材人
	企业公民	履责机制 "一带一路"好风景——区域共赢 一点一滴共成长——社会公益 一丝一缕筑未来——志愿活动
报告后记	附录	履责绩效 指标索引 报告评级 意见反馈表

（3）确定报告指标体系。结合所识别确定的社会责任议题和所在的行业特点，以中国社会科学院企业社会责任研究中心最新发布的《中国企业社会责任报告编写指南（CASS-CSR3.0）》标准编制，参考 GRI、ISO26000、联合国全球契约等国际和行业标准，建立了包含 343 个指标的社会责任指标体系（见表 10-7），面向中国建材集团总部及各成员公司，对该指标体系进行资料收集、分析、管理和反馈，披露中国建材在履行社会责任工作方面的具体表现。

表 10-7　2014 年社会责任报告披露的关键绩效指标

类　别		指　标
责任管理	责任治理	社会责任管理量化指标（个）
		员工参加社会责任相关培训（万人次）
	责任沟通	外部利益相关方沟通（万人次）
		高层领导参与的外部利益相关方沟通（万人次）
		加入的社会责任和可持续发展相关国际性组织（个）
		参与外部社会责任研究项目（个）

续表

类 别		指 标
市场绩效	财务绩效	营业收入（亿元）
		资产总额（亿元）
		利润总额（亿元）
		国有资产保值增值率（%）
		净资产收益率（%）
	产品管理	水泥产量（亿吨）
		水泥产能（亿吨）
	依法经营	员工参加法制宣传教育活动（万人次）
		规章制度、经营决策、经营合同法律审核率（%）
		经营合同履约率（%）
	伙伴共赢	与企业建立长期合作的供应商质量管理体系认证通过率（%）
		与企业建立长期合作的供应商职业健康安全管理体系认证通过率（%）
		为分包商、供应商员工提供安全、能源和法律等相关培训（%）
科技创新	科研实力	科技活动人员（万人）
		科技活动人员占比（%）
		获省部级以上科技类奖项（项）
		专利申请及获得授权（项）
		累计拥有专利（项）
		科研活动经费支出（亿元）
		科研创新收入（亿元）
	行业交流	主持和参与编制或修订的标准（项）
		组织开展学术交流（场次）
		举办、组织开展的行业技术、知识培训（万人次）
节能环保	能源效率	能源消费总量（万吨）
		万元产值综合能耗（吨标准煤/万元）
		万元产值二氧化硫和 COD 排放量（千克/万元）
		吨水泥综合能耗（千克标准煤/吨）
		吨水泥熟料氮氧化物排放量（千克/吨）
		万元产值新鲜水耗（吨/万元）
		吨水泥熟料新鲜水耗（吨/吨水泥熟料）
	绿色绩效	固体废弃物消纳量（万吨）
		消纳固体废弃物（万吨）
		自产固体废弃物消纳率（%）
		循环水利用率（%）
		余热发电装机容量（兆瓦）
		水泥余热发电量（亿千瓦时）

续表

类　别		指　标
节能环保	绿色绩效	厂区平均绿化率（%）
		国家级绿色矿山（个）
		节能环保投入（亿元）
	绿色管理	加入的环保组织（个）
		员工参加节能环保相关培训（人次）
		召开视频会议替代现场会议（场次）
		组织或参加环保宣传活动（万人次）
		与企业建立长期合作的供应商环境管理体系认证通过率（%）
员工关爱	平等尊重	员工总数（人）
		女性员工总数（人）
		少数民族员工（人）
		残疾人员工（人）
	基本权益	劳动合同覆盖率（%）
		社会保险覆盖率（%）
	民主公开	参加工会员工比例（%）
		集体谈判与集体合同覆盖率（%）
		职代会提案处置完成率（%）
	培养发展	平均工资高于所在地平均工资成员企业比重（%）
		员工参加培训情况（万小时）
		支持员工在职取得学历学位（个）
	依法合规	男女工资比例（%）
		超时工作报酬总额（亿元）
	员工福利	参加企业年金成员企业数量（个）
		参加企业年金员工人数（人）
		举办和组织参加的培训项目（个）
	职业安全	职业健康安全投入（万元）
		员工参加职业健康安全培训（万人次）
		死亡责任事故（起）
		可记录千人工伤事故率（‰）
		职业病新发病例（个）
		应检员工体检率（%）
		员工参加应急演练（万人次）
	员工关爱	员工流失率（%）
		实施员工满意度调查企业数量（个）
		用于特殊员工群体帮扶奖励投入（万元）
		帮扶特殊员工群体（人次）
		组织员工参与各类问题活动（万人次）

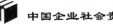

类　别		指　　标
企业公民	区域共赢	社会公益支出（万元）
		支持的社会公益项目数量（项）
		上缴税金（亿元）
		保障就业绩效（人）
		担任协会等社团组织职务（个）
	海外责任	境外企业本地化雇佣率（%）
		境外投资总额（万元）
		境外企业/机构（个）
		进出口贸易总额（万元）
	助学情况	设立专项奖学金（个）
		奖学金总额（万元）
		奖励或资助学生（人）
		创建见习基地（个）
		提供在校生实习岗位（人天）
	志愿者活动组织情况	设立志愿者团体（个）
		支持志愿者活动投入（万元）
		员工志愿者人数（人）
		提供志愿者活动（小时）

2. 报告编写

（1）资料收集、内容撰写。在确定了报告的主题、框架和指标体系之后，制作资料收集清单，面向所有中国建材集团总部和成员企业进行相关资料的收集，根据指标性质的不同，主要通过四个渠道进行资料的收集：

1）职能部室素材反馈。中国建筑材料集团有限公司作为总部，根据人事、财务、税务、法务等部门职能划分，将社会责任指标体系分解，收集职责范围以内的相关材料，并对具体案例选择提出建议。

2）成员企业素材反馈。按职能部分划分指标体系后，有部分不隶属于某职能部门明确职责范围内的指标，由社会责任与节能环保办公室建立日常信息收集表，通过各成员企业责任者和联络人的渠道进行阶段性收集，以及年度结束前的最终资料统计。

3）存量资料案头分析。针对不能量化的指标，要求各部门向成员企业征集实践案例，然后归纳整理、提出选取建议。

资料的收集，一般不能一次性完成，中国建材集团的报告资料收集工作按照下发资料清单、收集和整理核心数据、根据报告编写需求再针对性收集数据的过程。通常情况，所有数据不能一次性收集完成，所以在中后期采用编写报告和数据收集同时进行的方法。

4）媒体报道素材收集。部分重大事件，公司内部资料不全的可以通过媒体报道的素材收集，不仅可以完善信息，听取外界公共媒体的声音，还可以使得信息更客观公正。

（2）评级与总结。在报告完成稿送交评级之前，中国建材集团就2014年报告召开了相关方意见征求会，邀请了行业协会、研究机构、学术专家、同行企业、知名媒体等利益相关方代表出席，一起为中国建材报告提出修订建议。

甄选意见征求会的反馈意见，对报告进行修订之后，将报告提交企业社会责任报告评级委员会。2014年中国建材社会责任报告最终获得了五星级的优秀评价。

在得到专家评审的评级结果之后，与专业机构设计排版的文件终稿一齐印刷、发布，并将最终完成的报告和评价结果一起反馈给公司经营层干部和成员企业相关负责人。

3. 报告发布

截至目前，中国建材集团连续六年发布了企业社会责任报告，都采取网络发布的形式。每年的报告发布，都在中国建材集团官方网站上制作专门页面，提供分章节阅读，用最直接和方便的阅读方式将报告呈献给利益相关方。

4. 使用

社会责任报告是综合展现企业社会责任履责情况的载体，通过对往年业绩以及未来预测的平衡和报告，有效梳理企业自身的管理实绩，从更高的层次上帮助组织传递与经济、环境和社会机遇及挑战相关的信息，有助于加强公司与外部各利益相关方（消费者、投资者、社区）关系，建立信任，可以作为建设、维持和不断完善利益相关方参与的重要工具。中国建材集团鼓励在与利益相关方进行沟通时充分使用社会责任报告。

表 10-8　《中国建材集团 2014 企业社会责任报告》传播情况

类　型	传播情况
纸质报告	2500 册
网站下载	1200 次
微信发送	1500 次
邮件发送	150 次

第十一章 中储棉：棉泽天下 惠工济农

一、公司简介

中国储备棉管理总公司（以下简称中储棉总公司）是经营管理国家储备棉的政策性中央企业，于 2003 年 3 月 28 日在北京成立，注册资本 10 亿元。受国务院委托，中储棉总公司具体负责国家储备棉的经营管理。在国家宏观调控和监督管理下，中储棉总公司实行自主经营、统一核算、自负盈亏。

中储棉总公司目前下辖 16 个直属库以及 300 个社会承储库，分布于全国各主要棉花产销区，初步形成了布局合理、设施先进、管理规范的棉花仓储体系。

成立 11 年来，中储棉总公司努力发挥政策实施的主体作用，紧紧围绕棉花宏观调控这一中心任务，利用国内、国际两个市场、两种资源，圆满完成国家储备棉吞吐总量 3200 多万吨，在引导棉花产销、平抑市场价格、调剂市场余缺方面发挥了重要作用。

截至目前，公司经营的主要业务有国家储备棉的购销、储存、运输、加工，仓储设施的租赁、服务，棉花储备库的建设、维修、管理；相关信息咨询服务，自营和代理各类商品和技术的进出口以及棉花国营贸易进出口等。随着公司改革发展不断取得进步，管理日趋规范，规模稳步扩大，核心竞争力不断增强，中储棉总公司已经成为在国内、国际棉花行业具有较强影响力的企业之一。

2013 年，中储棉总公司改进传统的信息更新模式，通过国家棉花市场监测系统平台、中国棉花网网站、棉花信息刊物、移动终端等多种媒介，提供市场趋势研判、专题调查报告、热点焦点问题跟踪分析解读和行业数据库查询等个性化、高端化服务。2013 年 4 月，中储棉总公司举办 2013 年中国棉花期货高峰论坛；2013 年 7 月，洲际交易集团（ICE）与中储棉总公司在纽约合作举办了国际棉花论坛；2013 年 10 月，中储棉总公司举办了第二届中国棉业菁英论坛，这些举措对促进棉花产业及仓储产业的改革和发展产生了积极影响，如表 11-1 所示。

表 11-1 历史沿革

时 间	事 件
2003 年	中国储备棉管理总公司正式成立
	中储棉总公司成立后首次执行国内棉花收储、进口棉入储政策
2004 年	中储棉花信息中心正式注册登记
2005 年	国家有关部门批复国家棉花市场监测系统初步设计方案
	中储棉总公司圆满完成进口棉收储任务
2006 年	中储棉总公司出色完成进口储备棉接港及调运工作
	中储棉总公司乔迁新址
	中储棉总公司启动 30 万吨新疆棉入储工作
2007 年	中储棉总公司成立后首次执行棉花储备棉销售政策，轮出储备棉 10 万吨
2008 年	中储棉总公司紧急启动棉花收储工作，陆续收储 275 万吨
2009 年	5~12 月，完成了国家连续下达三批储备棉抛售计划，共轮出储备棉 262 万吨
2010 年	2~4 月，中储棉总公司安排进口棉花入储
	中储棉总公司与浦发银行签署银企战略合作协议
	中储棉新疆有限责任公司正式开业
	8~10 月，中储棉总公司及时抛售 100 万吨储备棉平抑市场棉价
2011 年	中储棉总公司被确立为《2011 年棉花临时收储预案》的执行主体
	中储棉总公司正式启动 2011 年棉花临时收储工作，当年共收储 322 万吨
	中储棉库尔勒有限责任公司正式开业
	中储棉广东有限责任公司正式开业
2012 年	2012 年度棉花临时收储政策正式启动，3 个多月中储棉总公司圆满出色完成了 526 万吨棉花收储任务
	国家有关部门向中储棉总公司下达储备棉销售任务，28 天储备棉销售出库 49 万吨，满足了市场阶段性需求
	国家棉花市场监测系统采集的数据量突破 57 万份，汇总报表突破 12 万份
	中储棉总公司选举产生了新一届党委、成立了纪委
	7 月，举办首届中国棉业菁英论坛
2013 年	按照国家有关部门决定，中储棉总公司开始向市场投放部分储备棉
	截至年底，棉花临时收储累计成交 484 万吨，约占年度总产量的 70%，全年吞吐总量超 1000 万吨
	4 月，中储棉总公司举办 2013 年中国棉花期货高峰论坛
2014 年	按照国资委全面深化改革的总体部署，中储棉总公司将 10 多个直属库逐步由报账制单位改为独立核算的子公司，通过划小核算单位，构建二级法人管理体制，达到直属库权责利统一的目的
	9 月 22 日，中储棉总公司研发的"国家棉花资源监测信息平台"正式上线运行

多年来，中储棉总公司遵守国家法律法规，执行国家棉花政策，不断提高企业经营管理水平和经济效益，认真落实国家对棉花市场的各项任务，确保国家储备棉存储安全，质量良好，调运通畅，促进国有资产的保值增值，完成国家宏观调控任务，忠实履行了"两保一稳"，即保护棉农利益、保障纺织供应和稳定棉花市场的企业宗旨。

二、责任报告

企业社会责任报告是企业与利益相关方进行信息沟通的主要平台。自 2010 年起，中储棉总公司开始发布年度企业社会责任报告，对公司社会责任履行情况进行系统化的披露，如表 11-2 所示。

表 11-2　中储棉总公司社会责任报告发布情况

年份	报告页数	报告语言	报告版本	参考标准
2013	48	中文	印刷版/电子版	国资委《关于中央企业履行社会责任的指导意见》《中国企业社会责任报告编写指南（CASS-CSR3.0）》
2012	58	中文	印刷版/电子版	国资委《关于中央企业履行社会责任的指导意见》《中国企业社会责任报告编写指南（CASS-CSR2.0）》
2011	69	中文	印刷版/电子版	国资委《关于中央企业履行社会责任的指导意见》《中国企业社会责任报告编写指南（CASS-CSR2.0）》
2010	59	中文	印刷版/电子版	国资委《关于中央企业履行社会责任的指导意见》《中国企业社会责任报告编写指南（CASS-CSR2.0）》

三、报告管理

（一）组织

良好的组织体系是报告质量的保障。中储棉总公司秉持"棉泽天下，富民强国"的社会责任理念，建立社会责任管理体系,制定社会责任管理制度，积极推动企业社会责任工作的不断发展。

1. 社会责任组织体系

公司高度重视社会责任管理工作。2009 年，中储棉总公司成立由公司总经理任组长的社会责任工作领导小组，负责社会责任相关重大事项的审议和决策。同时，指定社会责任工作归口管理部门（综合部），并设置了社会责任联络人制度，如图 11-1 所示。

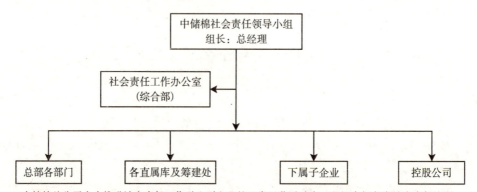

中储棉总公司全力推进社会责任工作融入到企业的日常经营活动中，积极参加各类社会责任培训，强化员工社会责任意识

图 11-1　中储棉总公司社会责任体系

2. 社会责任制度

2009 年，公司制定了《中国储备棉管理总公司社会责任实施意见》，2011 年，公司逐步形成并规范了公司社会责任报告编写与发布制度，规定每年 6 月底之前发布前一年的社会责任报告，以确保报告的时效性。2011 年，在编制公司首份社会责任报告的过程中，公司参考中国社科院经济学部企业社会责任研究中心发布的《中国企业社会责任报告编写指南（CASS-CSR2.0)》并结合自身业务制定了中储棉社会责任指标体系。

3. 社会责任组织队伍

中储棉总公司全力推进社会责任工作，将其融入到企业的日常经营活动中。总公司在各部室及各所属单位建立社会责任联络人制度，负责社会责任信息报送，确保企业社会责任工作在集团上下顺利地开展。同时，中储棉积极参加各类社会责任培训，强化员工社会责任意识，提升公司社会责任总体水平。

（二）参与

加强与利益相关方沟通是中储棉总公司履行社会责任的重要方面，公司高度重视社会责任沟通与交流，逐步完善并形成"四层次"社会责任沟通机制，回应利益相关方期望（见表 11-3）。利益相关方参与中储棉社会责任工作的主要形式如下：

（1）实时沟通。中储棉总公司在公司官网设立"社会责任专栏"，发送各类报表。同时提交市场监测报表，形成购销简报、棉花市场周报、收抛储周报、纺织经济运行分析报告、月报、工业库存报告等各类报告。

（2）定时沟通。定期发布年度社会责任报告，系统披露公司年度履责实践，及时发布年度报告。

（3）专项沟通。通过举办棉花纺织高层论坛、研讨会、国内外发展论坛等形式对相关社会责任议题进行专项沟通。

（4）责任调研。与社会责任领域的相关专家一起深入基层，走进利益相关方，聆听利益相关方期望。

表 11-3　利益相关方参与

利益相关方	描述	对公司的期望	沟通方式	主要指标
政府	中国政府和业务所在地政府	确保棉花市场稳定；国有资产保值增值；合规管理、依法足额纳税；带动社会就业，诚信经营	服从国家宏观调控，一切工作以国家服务棉花市场宏观调控为出发点和立足点；建立棉花仓储体系，建立棉花市场监控系统，积极发挥国家制定棉花宏观政策参谋助手作用；对员工开展诚信建设理念和公司规章制度宣贯，全面贯彻规章制度、公司合同和公司重大决策法律审核制度；建立风险管理制度，并不断完善体系	建立企业守法合规体系；进行守法合规培训；反腐败培训人数；纳税总额；员工人数；确保就业及带动就业的政策或措施
合作伙伴	社会承储库、棉农	协助国家执行棉花宏观调控政策，保护棉花市场稳定、保障棉农利益，服务社会承储库运营，提升社会承储库管理水平	遵守商业道德和法律法规，诚信合作；带动供应链合作伙伴履行社会责任；对社会承储库加强经验分享，提供安全检查指导和业务指导，向棉农就近就地收储，促进长期合作和共同发展	响应国家政策；战略共享机制及平台建设；推动供应链合作伙伴履行社会责任
客户	纺织企业	优化业务流程，确保及时出入库，提供"一站式"服务，提供优质产品和服务；与相关行业合作伙伴一起创造更大价值	维护棉花价格稳定，满足纺织企业需求，提供优质的产品和服务；开展客户满意度调查，听取客户意见和建议	客户满意度调查及客户满意度；积极应对客户投诉及客户建议
员工	公司组织机构中的全部成员	保障法律赋予员工的基本权益；注重员工健康安全，保障员工晋升渠道畅通；培养员工长远发展，保障员工工作生活平衡	遵守国家相关法律法规，确保员工权益实现，关爱员工身心健康；创建健康、安全、舒适的职场环境，实施员工满意度调查，重视员工和本地人才的培养，制定人才战略，实施人才开发机制和职业发展规划；完善民主沟通机制，通过工会、恳谈会、厂务公开等形式尊重、鼓励并引导员工参与公司经营管理；关怀女职工，开展特殊人群和困难员工帮扶，举办丰富活动，增强员工归属感与积极性	劳动合同覆盖率；社保覆盖率；参加工会员工比例；年人均带薪休假天数；工伤事故率；员工培训投入；体检覆盖率；安全生产管理体系；安全应急管理机制；安全教育与培训；员工伤亡人数；参加工会的员工比例；女性管理者比例

续表

利益相关方	描述	对公司的期望	沟通方式	主要指标
环境	企业业务、运营所在地及整个地球的自然环境	遵守国家环境法律法规和相关产品的环保标准；降低污染，将环境管理和环境保护贯穿于企业发展全过程	遵纪守法，建立环境绩效系统体制；建立绿色仓储、绿色物流，建设花园式仓库；推进环保理念在企业内外的宣贯和落实，鼓励员工在工作中节约能源，同时保护水资源，循环利用生产废水；践行绿色办公	环保培训与宣教；绿色办公措施；节约能源政策措施；能源消耗总量，电力、水消耗总量
社区	企业业务及运营所在地	通过企业经营带动社区经济社会发展；尊重各地区的法律法规和人文风俗，与社区充分沟通，和谐共存；积极支持灾害救助和社区扶贫济困等慈善公益活动	分享经营成果，关心并帮助困难群体，开展富有成效的社会公益活动；扶贫济困，开展困难群体救助、灾害救助捐赠等帮扶活动；利用自身优势，助力地方消防	保护生物多样性；生态恢复及治理率；企业公益方针或主要公益领域；企业支持志愿者活动的政策、措施；捐赠总额
社会组织	行业协会、科研院所、国际国内民间组织、地方团体等	重视社会团体的诉求并积极与之沟通；积极参与、支持社会团体组织的各项活动；共享相关信息	积极参与政府、行业协会、科研院所举办的关于 CSR 的会议、论坛和活动，保持长效沟通，增强行业、社会及 CSR 领域的敏感度	企业利益相关方名单；企业外部社会责任沟通机制；企业高层领导参与的社会责任沟通与交流活动

（三）界定

1. 议题确定流程

（1）参考专业标准。

（2）结合企业实践。

（3）听取专家意见。

（4）企业实地调研。

（5）中高层领导访问。

（6）利益相关方访谈。

2. 社会责任核心议题

中储棉管理总公司秉承"棉泽天下，惠工济农"的理念，围绕自身发展实际，以及与利益相关方的沟通，确立社会责任核心议题，如表11-4所示。

3. 社会责任模型

中储棉总公司从主业融合、惠及社会、持续改进三个角度出发，建立起社会责任理念模型，如图11-2所示。

表 11-4　社会责任核心议题

核心议题	议题内容
安全生产运营	健全安全管理制度 推进安全生产工作 完善应急保障机制 强化安全培训教育 提升承储库管理水平
促进员工发展	保障员工权益 助力职业发展 深化民主管理 重视人文关怀
社区和谐发展	带动地方经济发展 投身社会公益事业 支持地方消防工作 鼓励志愿服务活动
共建绿色生态	绿色管理 绿色仓储 绿色物流 绿色办公

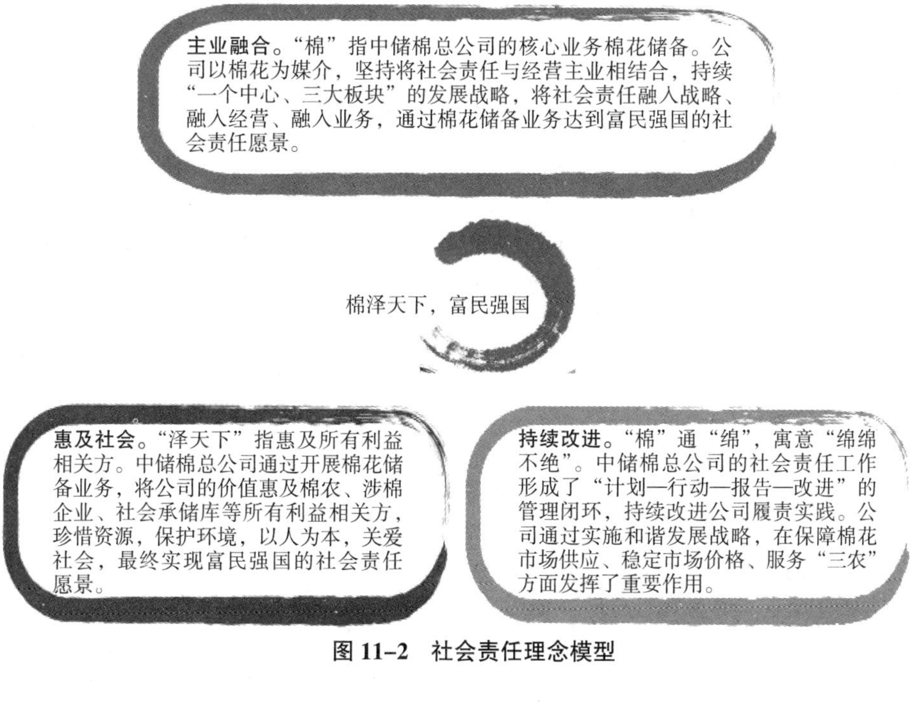

主业融合。"棉"指中储棉总公司的核心业务棉花储备。公司以棉花为媒介，坚持将社会责任与经营主业相结合，持续"一个中心、三大板块"的发展战略，将社会责任融入战略、融入经营、融入业务，通过棉花储备业务达到富民强国的社会责任愿景。

棉泽天下，富民强国

惠及社会。"泽天下"指惠及所有利益相关方。中储棉总公司通过开展棉花储备业务，将公司的价值惠及棉农、涉棉企业、社会承储库等所有利益相关方，珍惜资源，保护环境，以人为本，关爱社会，最终实现富民强国的社会责任愿景。

持续改进。"棉"通"绵"，寓意"绵绵不绝"。中储棉总公司的社会责任工作形成了"计划—行动—报告—改进"的管理闭环，持续改进公司履责实践。公司通过实施和谐发展战略，在保障棉花市场供应、稳定市场价格、服务"三农"方面发挥了重要作用。

图 11-2　社会责任理念模型

（四）启动

2013 年 10 月 22 日，中储棉总公司召开《2013 年中储棉总公司社会责任报告》编制工作启动会。公司副总经理侯振武及总部各职能部门参与公司社会责任报告编制的人员参加了会议。

会上，中国社科院企业社会责任研究中心主任钟宏武对仓储行业社会责任管理与报告进行了分析，对中储棉总公司 2013 年社会责任报告内容规划作了介绍。中储棉总公司总法律顾问、综合部部长刘华对中储棉总公司 2013 年社会责任报告编写任务作了说明。

（五）编写

1. 前期准备阶段

（1）系统培训。根据编写工作有计划地对参与人员进行系统的培训。

（2）访谈与调研。对下属企业进行调研并与利益相关方进行访谈，了解社会责任实践的开展情况以及利益相关方的诉求。

2. 报告编写阶段

（1）资料收集。收集报告写作相关的定量和定性资料，包括文字材料和图片等。

（2）报告撰写。根据访谈和调研情况，确定报告框架，基于所获资料进行报告写作。

3. 评级与总结阶段

（1）报告评级。报告送交中国社科院企业社会责任研究中心评价部进行评级。

（2）项目总结。总结项目过程中出现的问题和不足之处，以在后期进行改进和完善。

（六）发布

截至目前，中储棉总公司已经第四年发布社会责任报告，主要通过以下方式发布：

（1）纸质版寄送。向利益相关方寄送了《中国储备棉管理总公司 2013 年社会责任报告》。

（2）网络发布。在公司网站社会责任专栏上发布《中国储备棉管理总公司 2013 年社会责任报告》电子版。

（七）使用

企业社会责任报告综合体现了一个企业的社会责任履责情况和企业社会责任的发展水平。一方面，它以战略性的方式将公司职能部门联系起来，建立内部对话机制，同时帮助管理层评估公司情况，建立风险预警机制；另一方面，企业社会责任报告有助于加强企业与外部各利益相关方（投资者、供应链、社区等）的沟通，提高企业的透明度，促进公众对企业的理解与支持。

第十二章 中海地产：报告导引公司可持续发展

一、公司简介

中海地产是中国建筑股份有限公司房地产业务的旗舰，1979 年成立于香港，并于 1992 年在香港联合交易所上市（中国海外发展有限公司，00688.HK，以下简称"中国海外"或"公司"）。2007 年，中国海外入选香港恒生指数成份股。2010~2015 年，连续 6 年获选"恒生可持续发展企业指数"。房地产开发是公司的核心业务，历经 30 余年的发展，成功打造了中国房地产行业领导品牌"中海地产"。

中海地产已形成以港澳地区、长三角、珠三角、环渤海、东北、中西部为重点区域的全国性均衡布局，业务遍布中国港澳、英国伦敦及内地 50 余个经济活跃城市，为逾百万客户提供了数十万套中高端精品物业。截至 2014 年底，公司总资产达 3509 亿港元，净资产达 1333 亿港元。2015 年 1~6 月，实现房地产合约销售额 854.5 亿港元，净利润 163.2 亿港元，经营效益持续领先。截至 2015 年 6 月底，公司拥有土地储备面积 4409 万平方米。

中海地产自成立以来，一直致力于专业化与规模化的发展，以房地产的开发与经营为核心业务，还涉及与地产有关的物业投资、物业管理及建筑设计业务。顺应社区 O2O 的蓬勃发展，2015 年 10 月，中海物业分拆并成功上市。

（1）中海地产拥有"中海系"甲级写字楼、"环宇城"购物中心、星级酒店三大商业物业产品序列，截至 2015 年 6 月底，已累计有 15 栋甲级写字楼、3 家环宇城购物中心、2 家五星级酒店投入运营，总建筑面积约 160 万平方米。

（2）中海物业 1986 年诞生于香港，作为中国现代物业管理事业的开拓者，是中国首批一级资质物业管理企业，与业主共建精品、幸福社区。截至 2014 年底，其管理服务面积超过 5000 万平方米，管理项目接近 300 个，为逾 30 万户业主提供高品质的服务。

（3）华艺设计 1986 年成立于香港，具有甲级工程设计资质和城市规划甲级资质，在上海、南京、武汉、北京、重庆等 10 个城市设有分支机构，累计完成各类工程设计项目约 1500 多项，先后获评为"国家级高新技术企业"、"当代中国建筑设计百家名院"等。

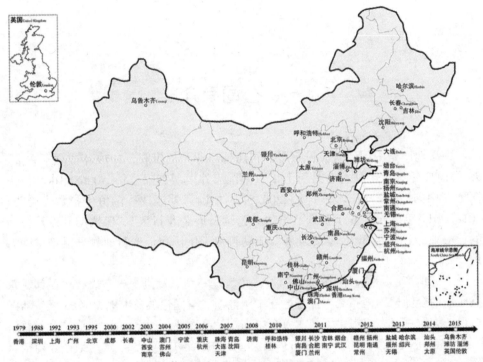

图 12-1 中海地产城市布局

二、责任报告

中海地产极为重视各利益相关方的沟通，公司从 2010 年开始，在中国建筑股份有限公司、中国海外集团的统筹及指导下，参照全球报告倡议组织（Global Reporting Initiative）《可持续发展报告指南》指引文件，持续加强企业社会责任工作的透明度。中国海外集团于 2011 年开始，依据《可持续发展报告指南（G3.1）》的指引进行编制及对外正式发布年度企业社会责任报告，其中，中海集团 2010 年、2011 年的报告中披露了中海地产的企业社会责任案例及相关成果。此外，依据香港联交所相关要求，公司的年度财务报告中亦每年披露公司的企业社会责任工作成绩。自 2012 年起，中海地产发布独立编制的企业社会责任报告，此报告为年度报告。

表 12-1　中海地产企业社会责任报告编制情况概览

年份	页数	语言	版本	参考标准
2012	80	中文简体、中文繁体、英文	电子版：PDF 版、Flash 版	《可持续发展报告指南（G3.1）》、国资委《关于中央企业履行社会责任的指导意见》、《ISO26000：社会责任指南》
2013	66	中文简体、中文繁体、英文	电子版：PDF 版、Flash 版	
2014	65	中文简体、中文繁体、英文	电子版：PDF 版、Flash 版	《可持续发展报告指南（G4）》、国资委《关于中央企业履行社会责任的指导意见》、《ISO26000：社会责任指南》

三、报告管理

（一）组织管理

1. 社会责任报告组织管理体系

中海地产为积极践行企业社会责任，成立了社会责任报告编制领导小组与工作小组。领导小组由公司主要领导担任组长及副组长，组员为总部各部门及专业公司负责人。领导小组负责统筹及审定整个社会责任报告编制工作。报告的各项素材收集及相关编制工作执行由工作小组完成，工作小组组长为公司相关主管领导，组员由各部门及专业公司资深代表（企业社会责任工作专员）组成，社会责任报告编制工作日常办事机构设在总部企业传讯部。

企业传讯部作为公司企业社会责任报告编制的归口管理部门，在社会责任报告编制领导小组的总体指导下开展相关工作，并在母公司中国海外集团企业社会责任编辑委员会的指导下推进年度报告编制工作，遵照中国建筑股份有限公司就年度企业社会责任报告编制的相关准则与要求，负责就社会责任专项工作与各部门及专业公司进行对接与沟通。企业传讯部依据《可持续发展报告指南》及相关国际准则，确定报告的整体内容框架、核心主题，并统筹负责整份报告的内容汇总编写、数据收集、报告设计、英文翻译、内部审定修改、对外发布等一系列工作。

表 12-2 中海地产企业社会责任报告（2014 年）核心内容责任分工

责任部门	范围
企业传讯部	城市布局、业务结构、奖项荣誉、社会责任关键议题评估、与利益相关方沟通、投资者关系、公益活动等
人力资源部	人力资源理念、员工概况、员工培养及发展、职业健康及安全、员工与管理层沟通、员工联谊会、员工反贪腐教育、内控管理等
财务资金部	经济效益、依法纳税、公司治理等
监察审计部	内控管理、反贪腐建设等
法律事务部	守法合规
设计管理部	产品设计与创新、产品标准化、绿色建筑设计与实践等
客户关系部	客户服务、客户会管理、售后服务、客户满意度调研、社区公益活动等
综合管理部	绿色办公、员工关怀等
信息化管理部	绿色办公等
物业公司	物业服务、精品共建、社区服务
工程公司	建筑材料使用、安全文明施工、质量安全管理、劳工权益保护、保障房建设等
营销公司	销售推广管理、客户隐私保护等
商业公司	城市公益设施建设、社区公益活动等

2. 社会责任组织队伍建设

中海地产从 2010 年起，组织开展了多次企业社会责任工作的培训、研讨等，以持续提升公司各相关部门、专业公司在社会责任议题、社会责任报告编制发布工作的专业能力与素养。此外，由中国海外集团统筹，聘请第三方专业企业社会责任顾问机构进行社会责任工作专题培训，中海地产企业传讯部企业社会责任负责人参与了香港安永会计师事务所可持续发展工作坊、深圳市创新企业社会责任中心等专业培训与交流，并加强与中国建筑股份有限公司就企业社会责任专业能力提升方面的沟通及交流，及时学习了解国内外同行企业社会责任报告最新动态，持续提升企业社会责任工作专业能力，为推进企业社会工作与企业日常经营与管理的融入工作奠定基础。

（二）利益相关方调研

中海地产历来重视与各利益相关方的沟通，并在业务推进的各个环节充分倾听政府相关部门、供应商、投资者、客户、社区及员工的建议与意见。2014 年的报告编写过程依据《可持续发展报告指南（G4）》进行，所以新增了企业社会责任关键性议题评估专项工作。2014 年 11~12 月，公司委托独立的第三方专业机构组织开展了公司内部及外部利益相关方的沟通、调研。通过在线问卷调查（有效问卷数目是 1623 份，其中内部员工反馈占 50.7%，外部各组别利益相关方的反馈共占 49.3%）、焦点小组讨论、电话访谈、工作坊等形式，征集和听取了他们对于公司 2014 年企业社会责任报告及相关工作的期望、优化建议等，并结合《可持续发展报告指南 （G4)》的相关指标，评估了企业社会责任报告的关键性事项，形成公司企业社会责任关键性议题矩阵图。

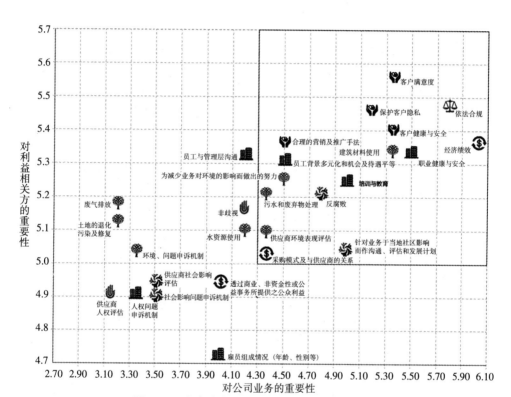

图 12-2　中海地产企业社会责任关键性议题矩阵

由矩阵图可以看出，通过与公司内外部利益相关方沟通及综合评估，线框内的 16 项议题既为公司各利益相关方所看重，也与公司业务高度相关，成为 2014 年的报告披露重点及公司未来持续推进企业社会责任行动的参考与指引。

一直以来，中海地产深信积极响应各利益相关方的期望与要求是企业经营发展不可或缺的工作内容，中海地产的利益相关方涵盖了对公司业务有直接或间接重大影响的内外部相关人员或机构。

表 12-3 中海地产利益相关方沟通概览

利益相关方	期望与要求	沟通与回馈方式
客户/业主	信息透明 诚信履约 高质量产品 贴心服务与体验 意见与投诉处理 隐私保护	信息公开 阳光销售 质量控制 满意度调研 投诉渠道畅通 客户信息保密
员工	机会平等 民主管理 健康与安全 福利保障 职业发展 人文关怀	公开招聘 集体决策 权益保障 劳动合同执行 培训教育 员工福利关怀
股东/投资者	信息公开透明 投资回报 权益保障 经营风险管控	及时披露经营信息 提升经营效益 投资者关系维护
政府	遵纪守法 依法纳税 资产增值 合作共赢	合规合法管理 主动依法纳税 完善管治运营 响应国家政策 工作汇报与意见听取
合作伙伴与供应商	诚信履约 平等互利共赢 资源共享 阳光采购 共同发展	精诚合作 高层互访 定期会议 定期调查 谈判交流
社区	社区协同发展 促进就业 公益慈善 环保绿化	精品共建 本地化招聘 社区建设参与 保障房建设 公益行动
城市	共同成长 参与城市社区建设 提升城市形象	产品设计与建造 融入、带动城市建设
劳工	就业机会 健康与安全 劳资保障	权益保障 劳动合同执行

（三）社会责任报告具体编写

以 2014 年的报告编制为例，重点依据国际通行的全球报告倡议组织《可持续发展报告指南（G4）》相关指标，参考香港联交所《环境、社会及管治报告指引》相关要求，并结合各利益相关方调研结果，依据公司实际，确定报告的基本内容框架。

报告的主要数据时间范围为 2014 年 1 月 1 日至 2014 年 12 月 31 日，其中，报告中的财务数据与公司年度报告一致，其他材料来源于公司内部统计，部分资料依据实际情况做了前后延伸。整份报告全面、客观展现了公司在经济、社会、环境三大范畴中各个利益相关方关注的重点议题、实际行动和实践成果。

表 12-4　2014 年企业社会责任报告框架

结　构	一级标题	二级标题
报告主体	董事局主席寄语	董事局主席寄语
	工科中海	业务布局 业务结构 经济效益 2014 年主要荣誉 社会责任关键议题评估 与利益相关方沟通
	企业管治	核心价值观 公司治理 投资者关系 内控管理 反贪腐机制
	过程精品	过程精品　楼楼精品 持续创新的规划设计 专业精益的施工建造 严谨精细的销售推广 精彩缤纷的客户联谊 客户至上的物业服务
	以人为本	人力资源理念及概况 员工培养及发展 职业健康及安全 员工与管理层的沟通 员工联谊会 员工反贪腐教育

续表

结 构	一级标题	二级标题
报告主体	公益之路	海无涯 爱无疆 关爱青少年 保障房及城市公益设施建设 社区公益足迹
	绿色建筑	绿色建筑科技示范项目 项目绿色建筑技术应用 部分绿色建筑技术展示 经济与社会效益 绿色建筑认证及交流
报告说明	关于本报告	报告简介 意见与反馈 GRI 内容索引

(四) 报告发布管理

中海地产于 2013 年 7 月 31 日发布首份独立编制的企业社会责任报告，此后于 2014 年 8 月、2015 年 6 月发布第二份、第三份年度报告。报告为年度报告，提供繁体中文、简体中文及英文三个版本供读者参阅，为厉行环保节约，报告以电子文件方式对外发布，不予印刷。

报告发布网址：官方网站：http://www.coli.com.hk；品牌网站：http://www.coli688.com/。

(五) 与国际 ESG 指数评选工作的结合

自 2010 年起，中海地产母公司中海集团遵照全球报告倡议组织《可持续发展报告指南》，开始正式编制发布年度企业社会责任报告，中海地产亦开始参与香港"恒生可持续发展企业指数"成份股评选工作，并从 2010 年起正式入选，蝉联至今。

此外，公司从 2012 年开始发布独立编制的企业社会责任报告，亦从 2012 年起，连续获选进入"道琼斯可持续发展指数"，领先于同行。该指数由道琼斯公司于 1999 年推出，是首个以财务表现来衡量可持续发展兼具国际领导地位公司的环球指数，对企业的财务数据、经济、环境及社会责任等方面进行深入的分析。指数评核报告显示，中海地产为所属房地产行业类别中首五家表现最佳的企业之一。相关指数报告显示，公司在可持续发展方面的工作成果及相关信息的披露，对于公司的 ESG 相关的指数的评核有积极正面影响。尤其，正式对外发布的企业社会责任报告是资本市场对有关企业可持续发展指数评级的核心评核文件。

通过恒生可持续发展企业指数、道琼斯可持续发展指数等 ESG 指数的评选工作，促进公司立足国际前沿，持续完善年度企业社会责任报告信息披露工作，也推进了公司在经营、环境、社会可持续发展工作方面的整体提升。

第十三章 华润置地：始于报告，但不止于报告

一、公司简介

华润置地有限公司（HK1109）是华润集团旗下的地产业务旗舰，中国内地最具实力的综合型地产发展商之一，1996年在香港上市，从2010年3月8日起香港恒生指数有限公司把华润置地纳入恒生指数成份股，成为香港蓝筹之一。

华润置地以"品质给城市更多改变"为品牌理念，致力于达到行业领先水准，致力于在产品和服务上超越客户预期，为客户带来生活方式的改变。华润置地坚持"住宅开发+投资物业+增值服务"的商业模式。住宅开发方面，已形成八大产品线：万象高端系列、城市高端系列、郊区高端系列、城市品质系列、城郊品质系列、城市改善系列、郊区改善系列、旅游度假系列。投资物业发展了万象城城市综合体、区域商业中心万象汇/五彩城和体验式时尚潮人生活馆1234space三种模式，在引领城市生活方式改变的同时，带动城市经济的发展、改善城市面貌。其中，万象城城市综合体项目已进入中国内地23个城市，并已在深圳、杭州、沈阳、成都、南宁、郑州、赣州、沈阳、青岛、合肥先后开业。万象汇/五彩城项目已进入中国内地17个城市，北京、合肥、余姚五彩城已相继开业。首个1234space于2013年在深圳开业。

华润置地深度挖掘品质需求，从客户起居行为出发，提供从户型布局、人性化收纳设计、活动家具、变形家具、地下车库、大堂公共空间的增值服务，并对管家服务、园区服务、地下空间利用、可售商业增值服务、园林增值服务进行试点研发。

华润置地致力于通过内涵式的核心竞争力塑造和全国发展战略，持续提升地产价值链生产力，成为中国地产行业中最具竞争力和领导地位的公司。

二、责任报告

（一）报告概览

全面认识社会责任工作，系统梳理、检讨工作中存在的不足，华润置地一方面以编促管，通过报告编写改善、提升公司管理工作，促进业务工作做得更好；另一方面通过责任实践，使社会责任工作做得更系统、更深入，更好地展现企业公民形象。

2007年，华润置地按照华润集团的整体部署，开展社会责任工作，并开始参与华润集团社会责任主报告的编写。2012年，编写了社会责任简版报告，与华润集团旗下其他重点企业的简版报告一起汇编为《2011年华润集团社会责任报告·重点企业》。2014年，华润置地开始系统开展社会责任工作，并组织编写了首份独立社会责任报告。2015年，华润置地深入推进社会责任工作，除发布华润置地社会责任主报告外，所属11个单位还发布了独立简版社会责任报告。

表13-1　华润置地社会责任报告发布情况概览

年份	报告页数	报告语言	报告版本	参考标准
2013	82	中文	印刷/电子	国务院国资委《关于中央企业履行社会责任的指导意见》 国务院国资委《中央企业"十二五"和谐发展战略实施纲要》 《中国企业社会责任报告编写指南（CASS-CSR2.0）》 《华润企业公民建设指引》
2014	125	中文简体、繁体、英文	印刷/电子	国务院国资委《关于中央企业履行社会责任的指导意见》 国务院国资委《中央企业"十二五"和谐发展战略实施纲要》 《中国企业社会责任报告编写指南（CASS-CSR3.0）》 《华润企业公民建设指引》

（二）报告投入

华润置地社会责任报告以内部编制为主，同时邀请外部专家为报告编写提供意见和建议。

表 13-2 华润置地社会责任报告投入情况概览

年份	投入人员	投入时间	搜集素材
2013	21	2 个月	实际使用：3.6 万字、77 张照片
2014	32	3 个月	实际使用：3.0 万字、85 张照片

三、报告管理

（一）工作原则

华润置地按照"战略导向、文化牵引、品牌传播"的原则开展社会责任工作。

战略导向：在遵循华润集团社会责任中长期规划的基础上，在华润置地发展规划的指引下，制定公司的社会责任中长期规划。

文化牵引：在华润文化理念的牵引下，通过开展社会责任宣传培训，将社会责任理念融入公司日常经营中。

品牌传播：与公司品牌理念和品牌发展规划相融合，通过全面履行社会责任，对外传播公司的品牌和责任形象。

（二）组织

华润置地按照华润集团社会责任工作管理要求，结合行业特色、公司的实际情况和战略发展要求，建立社会责任组织体系。

（1）公司主要领导牵头，成立社会责任报告工作小组。公司成立华润置地社会责任报告编制领导小组，由华润置地主要领导担任组长，分管领导担任副组长，由总部各部门、各大区、各利润中心主管领导担任工作小组主要成员。

（2）邀请外部专家参与，给予专业指导。华润置地为加强各级经理人和员工对社会责任工作的认识，提升社会责任工作人员的管理能力，邀请专家到公司进行培训辅导。通过培训和辅导，总部各部门、所属各利润中心的社会责任工作人员更好地把握了 CSR 内涵，清晰工作思路，熟练掌握社会责任管理的工具、方法，为有效开展社会责任工作奠定了良好的基础。

（3）总部部门全面参与，按专业分工协作编纂。编写工作由公司人事行政部负责牵头、统稿，各部门根据《华润置地 2014CSR 报告指标手册》及《华润置地 2014 年社会责任报告版位表》联系各大区利润中心对口专业并撰写本部门工作相关内容。总部各部门、各利润中心编写分工明确、专业对口，确保素材涵盖全面。

《华润置地 2014CSR 报告指标手册》及《华润置地 2014 年社会责任报告版位表》相结合，确保各项指标分解到部门的同时，各部门亦可了解报告全文架构及各部分的逻辑关系，更好地理解本部门所撰写部分在整个报告中的作用和地位。

（4）各部门指定专人负责素材搜集及编写。参与编写的各部门指定专人负责对接素材的搜集及材料的编写，统一素材输出口径。该批次人员也将作为未来几年公司社会责任报告编写组成员。

（5）管理层直接参与，推动编写。由公司副总裁主持，召开华润置地 2014 年社会责任报告编写启动会，各部门管理团队、参与编写人员全部出席会议。会议传达了集团和公司领导的要求，明确了报告写作的目的、意义、分工及原则。

（6）制定报告编写工作计划，明确工作时间节点。工作小组编制了报告编写总体规划及时间进度表，并通过《社会责任报告素材及文稿搜集联系人》列表跟踪和记录参与编写人员进度及成果提交时间。

（7）为编写小组成员提供专业培训，保障撰写质量。为提升编写小组成员对社会责任报告的理解，公司邀请内外部专家就企业社会责任的内涵、企业社会责任报告的特点、主要内容及写作方式进行培训，编写小组共同加深报告编写人员对企业社会责任的理解。

（8）建立素材搜集审核与反馈机制。各部门提交的素材及文稿内容均通过部门领导审核。人事行政部作为统筹、组稿部门多次与编写人员反馈、核对及征求修改意见，确保各方面素材实事求是、表述准确。

（9）多方审核，并派专人跟进设计、校对。报告编写完成后，编写小组组织编写人员、第三方专家、其他员工对稿件进行审校，并报公司领导审核后定稿，确保报告能够及时地、高质量地出版。

（10）通过内外不同渠道发布报告，提高关注度，加强宣传效果。公司将同期通过公司网站新闻、社会责任专栏公开发布，同时通过社会媒介新闻进行推广、宣传，并定向寄送纸本报告，以便更多的利益相关方和社会公众了解和监督报告内容。

（三）参与

华润置地积极加强与利益相关方的沟通，在多方平台下学习领先企业的优秀实践，传递华润置地的责任理念、实践和成效。不断拓展沟通渠道，提升沟通频率, 丰富沟通内容, 积极回应利益相关方诉求, 如表 13-3 所示。

表 13-3 利益相关方沟通和参与方式

利益相关方	责任要求	采取措施	沟通实践
政府	贯彻执行国家经济政策, 落实政府管理要求, 促进社会持续发展	守法合规, 诚信经营 依法纳税, 增加就业 公平竞争, 促进行业健康发展	参与政府相关会议 参与政府项目, 落实华润集团战略合作机制 定期和专项汇报, 完善报表和相关信息
股东	企业合法合规 资产保值增值 满意的投资回报率 了解公司经营情况	完善公司管理体系, 提高公司经营水平, 防范经营风险, 保障和提升股东权益	及时披露信息, 加强投资者关系管理, 业务部门日常沟通, 专项汇总, 公司年报, 投资者会议
客户	严格遵照合同, 杜绝虚假销售宣传 提供优质产品, 及时妥当处理客户合理诉求	保证产品品质, 丰富服务种类, 提升服务质量	客户满意度调查, 客户服务热线, 完善客户关系管理体系和客户意见搜集反馈机制
员工	保障员工权益 实现员工发展 关爱员工健康 参与公司管理	维护员工合法权益, 完善收入分配和福利保障机制, 关注员工培训, 改善工作条件, 提供员工关爱基金, 开展员工活动	定期和不定期征求员工意见, 召开员工座谈会
供应商及合作伙伴	诚信合作, 和谐平等, 互利共赢, 促进行业积极健康发展	公平阳光采购, 打造责任供应链, 参与行业组织, 建立合作机制和伙伴关系	招投标大会, 供应商大会, 商业谈判, 责任采购
科研院所、行业组织、媒体、社会团体	遵守行业规范, 促进行业发展, 提供政策建议	参与行业评优, 对行业规范提出建议, 完善新闻管理制度, 及时准确披露相关信息	健全新闻发言人机制, 优化舆情反馈机制
社区与环境	合理利用资源, 保护生态环境, 促进社区发展	实施节能减排措施, 落实绿色施工、绿色建筑理念, 开展社区活动	发布环保相关数据, 开展社区沟通、共建活动, 积极投身社区公益

(四) 界定

1. 议题确定流程

(1) 参考行业标准, 结合自身特点, 确定社会责任目标。

(2) 与利益相关方沟通, 了解相关方的关切。

(3) 筛选并确定重大议题。

(4) 制定工作计划并遵照实施。

2. 社会责任核心议题

华润置地组织内部研讨会,对社会责任核心议题、主要利益相关方、社会责任指标体系等进行讨论和界定(见表13-4)。各业务条线的负责人对于社会责任相关的指标进行讨论和对标,明确业务条线的社会责任开展方向。

表13-4 华润置地利益相关方及社会责任核心议题

重要利益相关方	实质性议题
股东	回报股东、投资者权益保护
客户	客户服务、产品质量
员工	基本权益保护、职业发展、健康与安全
合作伙伴	战略共享、供应链管理
政府	守法合规、政策响应
环境	绿色建筑、降污减排
社区	社区公益、志愿者服务

3. 社会责任模型

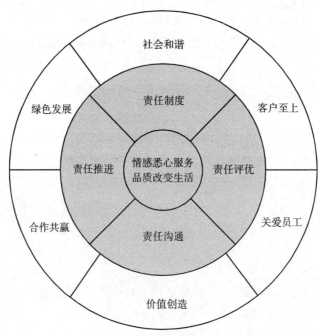

图13-1 社会责任模型

（五）责任与管理融合

1. 客户关系管理

以客户至上为原则，严守商业道德，努力提供更优质、更环保、更人性化的产品和服务，悉心维护客户和消费者权益，不断超越用户的期望，如图 13-2 所示。

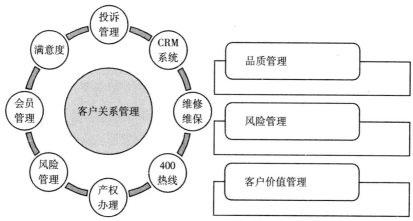

图 13-2　客户关系管理

2. 节能减排

2014 年，华润置地重点实施深圳万象城制冷系统一次冷冻泵变频改造、北京五彩城 8 部客梯变频改造等 4 项节能改造项目，改造费用 386 万元，不仅实现年节约标准煤约 283 吨、节水 4000 吨，还降低了运营成本。

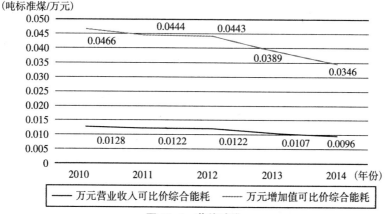

图 13-3　节能减排

3. 绿色建筑

2011年1月至2014年底，华润置地共有21个项目获得绿色建筑认证证书，其中国家级绿色建筑三星项目1个，国家级绿色建筑二星项目4个，国家级绿色建筑一星项目7个，地方级绿色建筑一星项目1个，美国LEED金奖认证8个。

4. 保障房建设

为满足社会各层次人群的购房需求，向市场提供多层次的住宅产品，增加市场供给，华润置地响应政府号召，积极参与保障性住房建设。

5. 供应链采购

华润置地注重诚信建设，致力于构建健康、透明的供应商合作体系。对内，将华润集团的《华润十戒》、《华润置地员工廉洁从业准则》作为经理人和员工的行为准则，结合公司规章制度、法律法规进行倡导和教育，要求经理人和员工在与供货商的合作过程中严格执行。对外，华润置地将《阳光宣言》、《廉洁协议》作为各项招标邀请的附件，在向供应商发出招标邀请时即传达华润置地的诚信建设理念，只有认同华润置地《阳光宣言》、《廉洁协议》的供应商才有资格进行投标，中标单位均须签订《廉洁协议》。

2014年，华润置地上线ERP网上供货商门户，供货商通过网上报名注册，参加项目招投标。对供应商履约管理实行供货商名册管理制度，对合作供货商实行履约评价管理，确保高质量、高效率、低成本的战略管控目标，提高合作伙伴的稳定性，营造公平的供货商环境，控制履约风险，如图13-4所示。

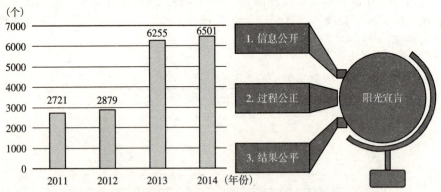

图13-4 自2011年到2014年公司实施阳光宣言以来合作方数量

6. 慈善公益项目

公司在做好自身业务的同时，在扶贫济困、捐资助学、支持文化教育、义工活动等领域积极开展慈善公益活动。

（1）慈善公益。自 2012 年成立基层员工关爱基金，每年支出 100 万元，至今已帮扶基层困难员工 300 多人。2014 年，公司开展各类慈善公益活动，累计捐赠724.7 万元。

（2）义工组织活动。倡导员工参与社会义工活动，组织开展多种形式的帮扶社会弱势群体的活动。2015 年，华润置地在深圳市团市委义工联注册成立义工组织，并与深圳市慈善公益机构联合开展多种义工活动。

（3）参与新农村建设。华润置地在华润慈善基金会的统筹下，积极参与新农村建设，全面承担了广西百色、河北西柏坡、湖南韶山、海南万宁、北京密云、福建古田、贵州遵义、安徽金寨等八个希望小镇的非营利施工工作，并派出志愿者全程参与小镇筹建。

（六）总结培训

始于报告，但不止于报告。华润置地在发布社会责任报告后，及时组织所属11 家利润中心社会责任工作编制组成员在京召开内部工作总结研讨会，分享总部及各利润中心编制报告的经验，并就下一步社会责任工作的开展进行研讨，形成总结报告。

华润置地公司组织所有编制组成员参与外部的专业培训，进一步巩固、提升工作人员的能力、开阔视野。在编制完社会责任报告后，公司组织所属 11 家利润中心编写小组成员参加中国社科院的公益讲堂。

第十四章　华润医药：与您携手　改变生活

一、公司简介

华润医药集团有限公司是集药品研发、生产和流通为一体的企业集团，是华润（集团）有限公司旗下七大战略业务单元之一。2014年，华润医药集团实现营业收入1060.5亿元、经营利润超54亿元，整体规模和综合实力保持中国医药行业第二位。

华润医药布局整个医药健康产业链，立足于科技领先，以优质的健康产品、专业的健康服务，为人们提供生命健康的保证，在药品制造和医药商业方面均具有雄厚的产业基础和领先的竞争优势。

在药品制造方面，为大众提供涵盖化学药、中药、生物药、健康养生品等领域的优质产品，并在大输液、心脑血管用药、内分泌用药、生殖健康用药、感冒药、胃肠药、皮肤药等细分市场具有领先优势。

在医药商业方面，提供专业化的医药分销、纯销、零售和物流服务，并在医院直销、医院药品物流智能一体化服务（HLI）、现代物流配送等方面居于国内领先地位，拥有覆盖全国31个省（市、自治区）的营销网络。

在创新研发方面，华润医药有丰富的研发资源和人才，建有国家级中成药和胶类中药两个工程技术研究中心及多个省级技术中心，是国家计划生育用药和生殖健康用药科研基地。

华润医药旗下拥有华润医药商业集团有限公司、华润三九医药股份有限公司、华润双鹤药业股份有限公司、东阿阿胶股份有限公司、华润赛科药业有限责任公司、华润紫竹药业有限公司等多家国内知名医药企业，其中，华润三九（000999）、华润双鹤（600062）和东阿阿胶（000423）为国内A股上市公司。

"999"、"双鹤"、"东阿阿胶"、"赛科"、"紫竹"、"毓婷"、"桃花姬"、"天和"、"顺峰"等众多知名品牌和产品，多年来服务于大众健康并广受好评。

华润医药秉承诚实守信、合规发展的理念，致力于做中国医药健康产业的引领者，为人类的健康事业做出贡献。

二、责任报告

（一）报告概览

企业社会责任报告是企业就企业社会责任信息与利益相关方进行沟通的主要平台。华润医药自成立之时起，就高度重视企业社会责任，重视通过各种渠道与各相关方沟通社会责任信息。2012 年之前，按照华润集团的整体部署，收集、整理相关信息，汇总展现于华润集团社会责任报告。2013 年，公司编写了简版报告，与华润集团旗下其他重点企业的简版报告一起汇编为《2012 年华润集团社会责任报告·重点企业》。2014 年起，华润医药开始组织编写独立社会责任报告并对外发布。目前，华润医药社会责任报告为年度报告。

表 14-1　华润医药社会责任报告发布情况概览

年份	报告页数	报告语言	报告版本	参考标准
2013	25	中文	印刷/电子	国务院国资委《关于中央企业履行社会责任的指导意见》 国务院国资委《中央企业"十二五"和谐发展战略实施纲要》 《中国企业社会责任报告编写指南（CASS-CSR2.0）》 《华润企业公民建设指引》
2014	80	中文	印刷/电子	国务院国资委《关于中央企业履行社会责任的指导意见》 国务院国资委《中央企业"十二五"和谐发展战略实施纲要》 《中国企业社会责任报告编写指南（CASS-CSR2.0）》 《华润企业公民建设指引》
2015	88	中文	印刷/电子	国务院国资委《关于中央企业履行社会责任的指导意见》 国务院国资委《中央企业"十二五"和谐发展战略实施纲要》 《中国企业社会责任报告编写指南（CASS-CSR3.0）》 《华润企业公民建设指引》 《华润医药集团社会责任工作管理办法》

（二）报告投入

华润医药社会责任报告以内部编制为主，同时邀请外部知名社会责任专家为报告编写提供意见和建议。

表 14-2　华润医药社会责任报告投入情况概览

年份	投入人员	投入时间	搜集素材
2013	1	3个月	搜集：5万字、150多张照片 实际使用：0.8万字、60张照片
2014	2	6个月	搜集：15万字、200多张照片 实际使用：2.8万字、65张照片
2015	3	6个月	搜集：20万字、240多张照片 实际使用：3.2万字、59张照片

三、报告管理

（一）组织

高效协同的组织体系是推进社会责任工作、编写高质量社会责任报告的前提条件。华润医药按照华润集团社会责任工作管理的要求，结合行业特色、公司的实际情况和战略发展要求，建立起社会责任组织体系、管理制度。

1. 社会责任组织体系

华润医药成立了企业文化与社会责任指导委员会，由集团主要领导担任主任、副主任，管理团队成员和下属主要利润中心负责人为委员会成员。各利润中心也相应成立社会责任组织机构，如图 14-1 所示。

图 14-1　华润医药企业文化与社会责任指导委员会

在企业文化与社会责任指导委员会的领导下，华润医药党委办公室为社会责任管理的职能部室。党委办公室是社会责任管理的职能部门，负责社会责任工作的综合协调和日常管理，设专岗负责；各职能部室结合职责负责推进和落实相应的社会责任专项工作，设兼职负责人员；各利润中心相应成立社会责任组织机构，指定专职或兼职负责人，形成矩阵式社会责任工作组织体系。

华润医药社会责任报告的编制依托社会责任管理的组织体系，在企业文化和社会责任指导委员会的领导下，党委办公室牵头，总部职能部室社会责任联络人、下属重点企业社会责任联络人共同组成报告编制小组。党委办公室负责根据华润集团的总体部署和报告框架，确定报告核心议题、报告框架，报告汇总编写、修改、设计、印刷、发布等；职能部室负责确定与其职能相关的实质性议题并负责相关章节内容素材汇总和编写；下属企业联络人负责素材收集、加工整理、上报素材，并对材料的真实性、准确性负责；职能部室和下属企业协助完成报告审核工作。

表 14-3　华润医药社会责任报告责任分工

组织体系	职责分工
党委办公室	责任管理、诚信文化、慈善公益、民主管理、员工关爱、媒体关系
环境健康与安全部	产品与服务质量、安全生产、职业健康、节能环保
人力资源部	员工权益保护、员工成长与培训
董事会办公室	股东关系、公司治理、保护中小股东和债权人合法权益、完善上市公司董事履责
市场营销部	优质服务、药品供给（配送）保障、供应链管理
战略发展部	宏观政策响应、精益管理
研发管理部	产品创新
财务管理部	依法纳税、股东权益
审计合规部	合规教育、风险管理
法律事务部	依法治企
总经理办公室	绿色办公

2. 社会责任制度

2014 年，《华润医药集团社会责任工作管理办法》、《华润医药集团对外捐赠管理办法》正式制定发布，确立企业社会责任管理的原则、组织及职责、工作流程等，建立华润医药社会责任管理关键绩效体系，包括责任管理、经济责任、员工责任、客户责任、伙伴责任、公共责任、环境责任 7 个方面、28 个维度、107 个关键绩效指标。实行社会责任工作预算管理，并每季度向华润集团报告对外捐赠情况。

3.社会责任组织队伍

社会责任工作团队的专业能力素养是编写高质量报告的前提和基础。华润医药通过"请进来、走出去"的方式，积极在不同层面开展培训、组织研讨等，不断提升报告编写队伍的能力素质，如参加中国社会科学院、中国工业经济联合会、华润集团等的社会责任培训和交流活动；集团层面、下属主要利润中心如华润三九、华润双鹤、东阿阿胶等都定期组织社会责任专题培训；公司还持续加强员工质量、安全、环保、守法合规等的培训，为公司社会责任专项工作奠定了坚实的基础，也提高了全员的履责能力和意识。

同时，华润医药以社会责任报告编写为抓手，促进下属企业之间社会责任工作的交流，总结推广好的举措经验，推进社会责任工作与企业战略和日常经营、管理工作的融合。

（二）参与

利益相关方的充分参与，能够保证社会责任报告质量。华润医药以积极参加社会责任论坛峰会、召开利益相关方交流会等方式进行社会责任的内外部交流，明确利益相关方的期望，并进行针对性回应。

表14-4 参与方式

利益相关方	描述	对集团的期望	沟通方式	主要指标
政府	中国政府和业务所在地政府	确保产品质量安全 依法合规经营 创造就业机会 税收贡献	会议论坛 拜访会谈 工作汇报 新闻报道 邀请参观视察	集团所有生产企业、商业企业、研发机构都通过监管部门认证 守法合规 新增就业 依法纳税
股东	集团及下属利润中心股票、债券持有人	规范治理 资产保值增值 防范经营风险	会议 定期汇报 业务部门日常沟通 递交财务报表	完善法人治理结构 加强经营管理，创新经营模式，提高经营效益，实现稳健回报 加强风险防控
员工	公司组织机构中的全部成员	保障权益 职业发展 良好的工作条件 价值实现 困难时候帮扶	职工代表大会 工会活动 调查走访 征求意见	企务公开 发挥职代会、工会的作用 薪酬改革 规范建立劳动用工机制 完善收入分配和福利保障机制 职业发展双通道 加强员工培训 创造安全健康的工作环境 建立爱心基金

续表

利益相关方	描述	对集团的期望	沟通方式	主要指标
合作伙伴	供应商、经销商、咨询机构	平等合作 互利共赢 拓展合作领域 带动产业链发展	论坛会议 走访座谈 项目合作	坚持诚实守信、合作共赢的理念 不断拓展合作领域，创造更多协同价值 打通产业链上下游，与合作伙伴共同创造价值
客户	购买或潜在购买集团产品或服务的所有用户	产品安全有效 服务周到便捷 投诉纠纷及时解决 针对未被满足或潜在需求开发、提供创新的产品/服务/解决方案 情感关怀 经营环境健康有序	调查 客户关系管理 研讨会 新闻报道	坚持诚实守信、客户至上、感恩回报的价值观 建立完善的质量安全管理体系 推进一站式、全方位服务 多渠道倾听客户呼声和投诉建议，设置专门岗位人员，及时回应和解决投诉建议 运用新技术、创新经营模式，不断改进提升产品和服务 诚信合规经营
社区	企业业务及运营所在地	保护环境 拉动当地就业 扶危济困 共建和谐社区	座谈 走访 会议 公益/共建/联谊 活动 新闻报道	节能减排 雇佣本地员工 邀请媒体到公司采访座谈 网站、刊物发布信息 积极开展慈善公益活动

（三）界定

1. 议题确定流程

（1）参考行业标准，结合自身特点，确定社会责任目标。

（2）与利益相关方沟通，了解相关方的关切。

（3）筛选并确定重大议题。

（4）制定工作计划并遵照实施。

2. 社会责任核心议题

根据利益相关方调研，结合公司的战略和运营，识别出华润医药社会责任的三个实质性议题：产品和服务质量、服务基层百姓、诚信合规经营，如图 14-2 所示。

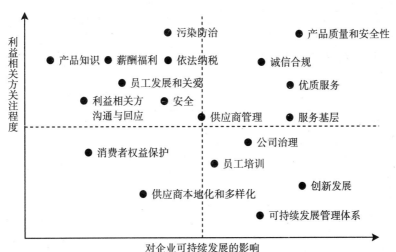

利益相关方关注程度

● 污染防治　　　　● 产品质量和安全性

● 产品知识　● 薪酬福利　● 依法纳税　　● 诚信合规

　　　　　　● 员工发展和关爱　　　● 优质服务

● 利益相关方　　● 安全
　沟通与回应　　　● 供应商管理　　● 服务基层

● 消费者权益保护　　　　● 公司治理

　　　　　　　● 员工培训

　　　　　　　　　　　　　● 创新发展

● 供应商本地化和多样化

　　　　　　● 可持续发展管理体系

对企业可持续发展的影响

图 14-2　华润医药社会责任报告核心议题

3. 社会责任模型

图 14-3　华润医药社会责任模型

（四）启动

华润医药党委办公室积极派人参加中国社会科学院、中国工业经济联合会等举办的社会责任培训、研讨、交流活动，学习、了解国内外社会责任最新进展、知识，提高相关人员的理论水平和认知水平。

组织社会责任培训和报告编写启动会，邀请外部专家、华润集团相关负责人，从社会责任理论、最新进展，以及国资委和华润集团对社会责任工作和社会责任报告的要求等进行培训，研讨往年社会责任报告编写过程中存在的问题及改进措施，交流各单位好的经验和做法，特色实践案例等。同时，详细讲解下一年度社会责任报告编写的安排，明确工作要求。

（五）撰写

1. 形成报告基本框架和核心议题

根据社科院《中国企业社会责任报告编写指南（CASS–CSR3.0）》、上级单位的指导性文件及年度工作要求、华润医药的相关制度、利益相关方诉求、公司年度工作重点等，确定报告的基本框架，如表 14–5 所示。

表 14–5　2014 年社会责任报告基本框架

结构	一级标题	二级标题
报告前言	走进华润医药	责任模型
		公司简介
		2014 年大事记
		重要荣誉
报告主体	责任专题	为了大众用药安全
		依法治企、诚信经营
		服务基层百姓
	责任引领未来	责任文化
		责任管理
		责任推进
		责任融合
		责任沟通交流
	为股东创造价值	公司治理
		创新发展
		结构优化
		管理提升
		防范经营风险
		保护中小投资者权益
		规范信息披露
		保值增值

续表

结构	一级标题	二级标题
报告主体	重视基层　关爱员工	员工权益
		员工成长
		职业健康
		关爱困难员工
		丰富员工文化生活
	为客户提供优质产品与服务	保障药品供应
		维护消费者权益
		提升客户满意度
		创新发展
	与合作伙伴携手共赢	政府合作
		促进行业发展
		推动产业链履责
		产学研合作平台建设
		媒体关系
	与社会和谐共存	政府责任
		安全生产
		社会公益
	缔造可持续生态环境	绿色管理
		绿色经营
		绿色工厂
		绿色办公
报告后记	2015 展望	
	附录	关键绩效表
		本报告说明
		意见反馈

　　根据利益相关方的重大关切和对公司战略发展的影响，确定社会责任的核心议题，将相关理念、实践和成效体现在报告的责任专题中。

　　2. 确定报告指标体系

　　根据识别确定的社会责任议题、医药行业的行业特点、中国社会科学院经济学部企业社会责任研究中心的《中国企业社会责任报告编写指南（CASS–CSR3.0)》、华润集团社会责任报告编写要求、华润医药社会责任工作管理办法等，确定社会责任报告的指标体系。

表 14-6　2014 年社会责任报告关键绩效指标

类别	指标
经济责任	营业收入（万元）
	利润总额（万元）
	净利润（万元）
	资产总额（万元）
	净资产（万元）
	净资产收益率（%）
	资产报酬率（%）
	国有资产保值增值率（%）
社会贡献	员工总人数（人）
	新增就业人数（人）
	纳税总额（万元）
	公益捐赠总额（万元）
	志愿者活动人次（人次）
员工责任	女性管理者比例（%）
	困难员工帮扶投入（万元）
	人均带薪休假天数（天）
	员工培训覆盖率（%）
	员工培训投入（万元）
	人均培训时间（小时）
	职业病发生次数（次）
客户责任	研发投入（万元）
	研发人员数量（人）
	新增专利数（个）
	客户投诉反馈处理书占投诉数比重（%）
安全生产及环境责任	工伤事故发生数（次）
	员工伤亡人数（人）
	安全培训人次（人次）
	安全培训投入（万元）
	节能环保总投入（万元）
	万元工业产值能耗（吨标准煤）
	万元增加值可比综合能耗（吨标准煤）
	综合能源消费量（万吨）
	二氧化碳排放量（吨）
	氮氧化物排放量（吨）
	化学需氧量排放量（吨）

3. 素材收集与报告编写

在素材搜集中，华润医药有三个"注重"：

（1）注重结合日常工作进行收集。华润医药党委办公室利用负责集团新闻宣传工作之便，在日常工作中注重收集、汇总社会责任相关素材，并整理成台账。同时，也要求各部室、各下属单位社会责任联络员在日常工作中注意收集整理相关素材，年终汇总整理后提供给编写小组。

（2）注重部室牵头在职责范围内进行素材收集。根据《华润医药社会责任工作管理办法》，社会责任专项工作已分解到总部各部室。在报告素材收集中，由各部室负责收集各自职责范围内的社会责任专项工作和绩效指标素材，对素材进行初步整理后，提供给党委办公室汇总。党委办公室根据报告整体框架，与职能部室讨论后提出补充收集或完善的建议，由部室进行二次收集。

（3）注重案例和数据资料的收集。在确定报告框架的同时，提出需要收集的绩效指标，以便各单位能对照进行数据资料的收集统计。对能量化的素材，要求各部室、各利润中心尽量量化统计。不能量化的，要求提供实践案例。

党委办公室将收集的素材统一协调、整理，按照报告框架进行报告编辑，并根据素材情况对报告结构进行优化，形成初稿。

4. 设计、印刷

华润医药社会责任报告设计、印刷聘请专业机构进行，遵循华润集团年度社会责任报告对风格、基调等各方面的要求，在保持与华润集团风格一致的同时，体现医药行业的特色。

（六）发布及使用

华润医药社会责任报告通过多种形式进行发布：

（1）印刷纸质版向利益相关方赠阅，在论坛峰会发布。

（2）制作电子版形式在华润医药网站、华润集团网站发布，供浏览者在线或下载阅读。

（3）2014 年报告同时制作 HTML5 版本、微信连载等，通过手机移动终端新媒体进行传播。

社会责任报告是综合展现企业履行社会责任情况的载体，通过对往年业绩以及未来预测的平衡和报告，有效梳理企业自身的管理实绩，从更高的层次上帮助组织传递与经济、环境、社会机遇和挑战相关的信息，有助于加强公司与外部各利益相关方（消费者、投资者、合作者、员工、社区等）的关系，建立信任，可以作为建设、维持和不断完善利益相关方参与的重要工具。

华润医药鼓励在与利益相关方进行沟通时充分使用社会责任报告。

第十五章　蒙牛乳业：只为点滴幸福

一、公司简介

蒙牛乳业（以下简称"蒙牛"）成立于 1999 年 8 月，总部设在内蒙古自治区呼和浩特市和林格尔盛乐经济园区，是国家农业产业化重点龙头企业、乳制品行业龙头企业。公司已经建成集奶源建设、乳品生产、销售、研发为一体的大型乳及乳制品产业链，规模化、集约化牧场奶源近 100%，在全国 20 多个省区市建立了 33 个生产基地 50 多个工厂，位列全球乳业 11 强，是国内第一家年销售额突破 500 亿元的乳品企业，也是香港恒生指数里的第一支乳业蓝筹股。中国最大的粮油食品企业中粮集团是蒙牛的最大股东，法国达能、丹麦的 ArlaFoods 是蒙牛的国际战略伙伴。

二、责任报告

（一）报告概览

表 15-1　蒙牛乳业可持续发展报告发布情况

年份	报告页数	报告语言	报告版本	参考标准
2007		中文	电子版/纸质版	
2009~2013	72	中英双语	电子版/纸质版	国际标准化组织《ISO26000：社会责任指南（2010）》 全球报告倡议组织《可持续发展报告指南（G4 版）》 香港联合交易所《环境、社会及管制报告指引》

（二）报告投入

每年报告编写的投入如表15-2所示。

表15-2　投入情况概览

年份	投入人员	投入时间	搜集素材
2009~2013	6	6个月	30多万字的素材及照片

三、报告管理

（一）组织

　　蒙牛以公司社会责任委员会、社会责任工作办公室及各业务系统的现有社会责任联络员为基础，逐步建立机构完整、权责明确、上下联动、运转高效的社会责任组织体系，实现社会责任组织机构在总部、业务系统、下属企业的全面覆盖，形成三级联动机制。

　　社会责任委员会是蒙牛推进可持续发展的重要组织保障。由公司总裁亲任委员会主任，各系统负责人任副主任，负责明确公司社会责任战略发展方向、督促社会责任工作开展和考核评估社会责任工作绩效。社会责任委员会下设社会责任办公室，负责协调公司社会责任委员会小组工作推进。围绕履行社会责任的领域，成立社会责任委员会工作小组，邀请专业合作伙伴作为外部顾问，实现公司内外跨系统、跨领域的协力合作，如图15-1所示。

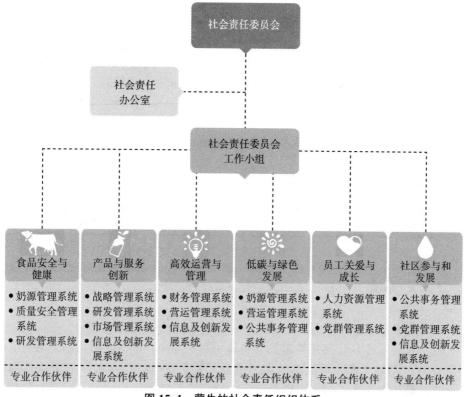

图 15-1　蒙牛的社会责任组织体系

（二）参与

表 15-3　蒙牛与利益相关方沟通列表

利益相关方	期望	沟通与回应渠道
股东与投资者	资产保值增值 防范经营风险 开拓新市场与新机会	企业年报和公告 路演
政府与监管机构	合规运营 依法纳税 贡献地方经济发展	监管考核 主动纳税 专项会议
消费者	安全健康的产品 畅通的沟通渠道	企业微博 企业微信
供应商	公开、公平、公正采购 诚实守信 信息保密	供应商大会 供应商分级管理

续表

利益相关方	期望	沟通与回应渠道
城市经理人	互利共赢 共同成长	经销商大会 决策管理委员会
环境	环境保护 节能减排	在线监测网站 网络微博
员工	职业健康 工资与福利保障 搭建成长平台 工作与生活平衡	管理者信箱 职工代表大会 培训交流
社区	促进就业 当地经济发展	提供就业岗位 拉动地方相关产业发展 改善当地基础设施建设

（三）界定

1. 议题确定流程

蒙牛乳业参考 GRI 实质性准则，明确识别、排序、审核、确认四个流程。在识别环节，充分考虑企业战略与运营重点、社会责任国际标准、宏观政策与背景、利益相关方关注点等，识别企业可持续发展管理的核心议题。通过对公司的影响、对利益相关方影响的排序，选定议题管理的顺序，将对公司战略重要性、对利益相关方重要性较强的议题识别出来。经公司领导层、各业务系统以及社会责任专家的审核，确认各个领域关键议题，更好地推进社会责任工作。

2. 社会责任核心议题

蒙牛乳业全面梳理公司的核心业务，结合议题管理流程，筛选出公司可持续发展管理的重要议题，如图 15-2 所示。

3. 社会责任模型

蒙牛乳业携手牧场主、供应商、城市经理人等合作伙伴，以创新的形式履行社会责任，在食品安全与健康、产品与服务创新、高效运营与管理、低碳与绿色发展、员工关爱与成长、社区参与和发展六大社会责任核心领域，创造经济、社会、环境综合价值，构建可持续生态圈，为消费者奉献优质健康的营养食品，促进牧场主、城市经理人的合作共赢，共同推动蒙牛和社会的可持续发展。

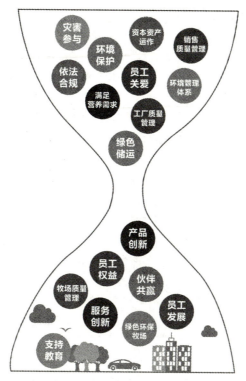

图 15-2 社会责任核心议题

图 15-3 社会责任模型

（四）启动

蒙牛乳业于 2013 年 3 月 28 日召开 2013 年可持续发展报告编制启动会，总部各部门社会责任工作负责人员参与会议。会议明确了 2013 年可持续发展报告编写的整体安排、时间节点、注意事项等，并为报告资料收集工作在系统内部做了预热。同时，聘请外部讲师为相关人员做了培训，涉及社会责任最新理念和报告编制办法等。

（五）编写

1. 前期准备阶段

（1）组建报告编制小组。蒙牛乳业建立了由公司社会责任委员会牵头组织、社会责任工作办公室主要负责、其他职能部门和单位共同参与的可持续发展报告编制小组。

（2）利益相关方参与。蒙牛乳业邀请内外部利益相关方参与本报告编写过程，日常通过公司网站、报纸、期刊、业务报告、电台、电视和微博等媒体以及参与各种形式的利益相关方沟通会等形式与利益相关方广泛沟通，收集利益相关方关注的议题和期望。

（3）实质性议题识别。蒙牛乳业充分考虑企业战略与运营重点、社会责任国际标准、宏观政策与背景、利益相关方关注点等，识别企业可持续发展管理的核心议题。通过对公司的影响、对利益相关方影响的排序，选定议题管理的顺序，将对公司战略重要性、对利益相关方重要性较强的议题识别出来。经公司领导层、各业务系统，以及社会责任专家的审核，确认各个领域关键议题，更好地推进社会责任工作。

2. 报告编写阶段

（1）确立大纲。编制小组根据从各个职能部门收集的可持续发展报告文字、图片和数据资料、公司 2009~2013 年的各类出版物（包括公司年报、各类公告、内部报刊等），结合蒙牛乳业履责特色及时代背景，确定了 2013 年的报告大纲和主体框架。

（2）撰写报告正文。编制小组参考国际标准化组织《ISO26000：社会责任指南（2010）》、全球报告倡议组织《可持续发展报告指南（G4 版）》、香港联合交易所《环境、社会及管制报告指引》确定各项核心议题和绩效指标，撰写报告正文。在翻阅了近 30 万字的内外部资料，与利益相关方进行广泛沟通，筛选大量表现力较强的图片之后，历时一个半月完成了正文的撰写工作。

（3）将"可持续生态圈"理念贯穿始终。围绕提炼出的"可持续生态圈理念"，报告编制过程中充分引入员工、合作伙伴等利益相关方的反馈，体现公司与利益相关方相互交流、共同发展的良好发展氛围。同时，引入社会责任专家的点评，对公司履责实践进行点评，为公司更好地推进可持续发展管理提供建议。

（4）一本真正面向消费者的报告。结合公司快消品的行业属性，公司在每个篇章用一个故事引入，激发读者兴趣。在正文中，大量采用漫画、素描等"萌化"方式增强阅读友好性，既符合公司面向公众的定位，也为公司可持续发展传播提供了平台。

3. 评级与总结阶段

（1）报告审验。公司委托汉德技术监督服务（亚太）有限公司开展 2013 年可持续发展报告的审验工作。编制小组及时提供了利益相关方清单、利益相关方参与报告编写过程记录、企业社会责任实质性议题界定与确认资料、报告撰写过程资料（资料收集、访谈及调研分析等）等，积极配合审验人员完成审验工作，验证报告编制的客观性、准确性。

（2）项目总结会。报告编写完成后，编制小组召开了项目总结会，回顾了报告编写的过程，分析总结报告编写的创新之处、不足之处，并且对明年的报告作了一定的设想，包括社会责任信息收集制度的完善、进一步挖掘并传播公司履责亮点、进一步发挥以报告促管理的价值和作用等。

（六）发布

蒙牛乳业在公司官网发布了 2013 年可持续发展报告的网络版，通过形式灵活生动、可读性强的电子书形式、微信版（H5）形式，向关心蒙牛乳业的各利益相关方介绍了公司 2013 年的履责实践和成效。同时，加大在自有员工及利益相关方中的传播力度，让广大投资者及自有员工充分了解、理解蒙牛乳业的社会责任工作，更好地发挥社会责任报告的影响力。

（七）使用

可持续发展报告作为一种按照国际通行标准编制、经第三方审验、符合国际惯例的责任沟通工具，是国际交流的"通用语言"，也是目前国内外推崇和认可的责任沟通方式。公司对报告的使用提出一些工作思路：一是在国际国内交流、业务交往、投融资活动中使用可持续发展报告作为企业的介绍材料。二是在公关活动中使用，主动向利益相关方递送报告，及时、客观地反映公司履行社会责任的情况。三是面向内部员工，包括新员工，提供可持续发展报告，深入系统地介绍公司可持续发展的理念、行动与绩效。四是在社会责任管理工作中使用，以报告为基础，通过与可持续发展指标及优秀案例的对标，积极研究与学习、探索与改进，找到自身在社会责任管理工作中的不足，提升社会责任管理水平，如图15-4所示。

◆ 拜访政府递送 CSR 报告，传递合规负责信息

◆ 总裁会面赠送 CSR 报告，展示可持续发展实力

◆ 会议活动使用，沟通 CSR 信息

◆投标使用，增强公信力

图 15-4　报告的使用

第十六章　LG 化学：LG 化学在您身边

一、公司简介

LG 化学力求依托高品质的石油化学原料、尖端的信息电子材料和电池领域的先进技术帮助顾客取得成功，践行全球解决方案合作伙伴的角色。从 1947 年 LG 化学工业公司成立开始，截至目前，LG 化学将事业发展到了全球 16 个国家和地区（韩国、中国内地、中国香港地区、中国台湾地区、印度、越南、泰国、印度尼西亚、新加坡、日本、美国、巴西、德国、波兰、土耳其、俄罗斯），现已发展成为一家全球性的化学企业。LG 化学的总部设在韩国，在全球范围内拥有多家生产工厂、6 家销售法人、7 家分公司及 3 家技术研究院。

LG 化学自 1995 年在中国投资建厂以来，先后在北京、天津、南京、宁波、广州、台湾等地建立 10 家生产法人。另外，在上海、广州、青岛、烟台、宁波、深圳、重庆设立 7 家分公司，在合肥、厦门设立 2 家联络处，同时成立香港销售法人，本土化战略得到充分落实。2013 年，LG 化学中国市场共实现销售额约 82 亿美元。

LG 化学为实现中国地区事业的快速增长，于 2004 年设立地区总部，即"LG 化学（中国）投资有限公司"，在全公司范围内支援中国事业战略制定，向营销、各地区生产法人和子公司的运营提供业务支援。LG 化学中国法人在加强现有事业竞争力的同时谋求新事业的增长，通过彻底地贯彻本地化战略，努力发展成为与中国共同发展的、引领中国市场发展的模范企业。

二、责任报告

（一）报告概览

　　企业社会责任报告是企业就社会责任议题与利益相关方进行沟通的重要平台。LG 化学坚持 "Sustainable Chemistry for Human and Environment" 可持续经营目标，不断努力成为 "以人为本" 及 "与环境协调发展" 的化学企业。LG 化学（中国）积极践行可持续发展目标，并坚持在与利益相关方沟通实践中共同发展，实现可持续经营，成为与社会同呼吸的有责任感的企业。以这样的社会责任作为开篇，2013 年 7 月，LG 化学（中国）制作并发布了首份《LG 化学（中国）2012年社会责任报告》，向政府、顾客、员工、同业者、合作伙伴、社区等利益相关方披露 LG 化学在华 CSR 履行情况的同时，也将分析成果反馈给公司管理和在华企业总经理，希望可以作为一份强化内部管理，进行针对性的监控、改进的系统数据材料。2014 年 7 月，LG 化学（中国）发布了第二份《LG 化学（中国）2013年社会责任报告》。利用每年发行的企业社会责任报告，将 LG 化学企业社会责任方面的成果向社会做积极的展示，并在公司主页刊登电子版，为各相关机构背对背评价方式提供便利。同时，积极联络重量级企业社会责任专家进行评价沟通，主动提交报告成果，参与外部评价，以推动 LG 化学的品牌建设。

表 16-1　LG 化学（中国）社会责任报告发布情况

发布时间	报告名称	报告页数	报告语言	报告版本	参考标准	第三方评价
2013 年	《LG 化学（中国）2012 年社会责任报告》	57	中文	印刷版、电子版	《中国企业社会责任报告编写指南（CASS-CSR 2.0）》 全球报告倡议组织（GRI）《可持续发展报告指南（G3）》	中国企业社会责任报告专家评级委员会
2014 年	《LG 化学（中国）2013 年社会责任报告》	67	中文	印刷版、电子版	国际标准化组织 ISO26000 《中国企业社会责任报告编写指南（CASS-CSR3.0）》 全球报告倡议组织（GRI）《可持续发展报告指南（G4）》	中国企业社会责任报告专家评级委员会

（二）报告投入

LG 化学（中国）企业社会责任报告采用内外部相结合的方式编制报告，并邀请外部社会责任专家为报告编写提出意见建议。每年报告编写投入资源如表 16-2 所示。

表 16-2　LG 化学（中国）企业社会责任报告投入

报告名称	投入人员	投入时间	搜集素材
《LG 化学（中国）2012 年社会责任报告》	4	5 个月	30 多万字的素材及照片
《LG 化学（中国）2013 年社会责任报告》	4	5 个月	30 多万字的素材及照片

三、报告管理

（一）组织

1. 社会责任组织体系

良好的组织体系是报告质量的保障。为有效地推进公司可持续发展和社会责任工作，LG 化学集团成立了 CSR 团队，公司 CEO 负责，企业沟通 Part 归口管理。LG 化学（中国）投资有限公司总务/涉外 Part 负责社会责任工作的统筹、协调和日常管理，包括制定社会责任规划和年度发展计划、开展社会责任研究、培训和交流，编制和发布公司年度社会责任报告等。

2. 社会责任组织队伍

LG 化学（中国）设置了专职社会责任团队来管理和推进公司的企业社会责任工作。LG 化学在在华法人设置了 CSR 专任/兼任的责任者与联络窗口，以保证企业社会责任在 LG 化学（中国）可以畅通、直接地进行推进和管理。同时，LG 化学（中国）定期开展 CSR Workshop 等活动，加强团队人员的素质建设，为公司社会责任管理工作奠定坚实的基础。积极参加行业内外、中国社会科学院等机构组织的 CSR 培训及交流活动，提升公司员工的 CSR 意识和能力。

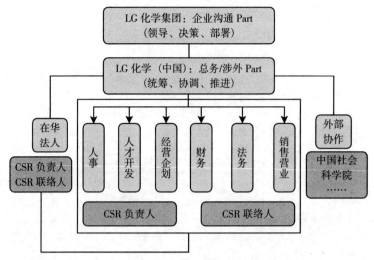

图 16-1　LG 化学（中国）CSR 组织体系

（二）参与

LG 化学（中国）把加强与利益相关方的沟通作为履行社会责任、实现可持续发展的重要途径，不断建立社会责任沟通机制，主动发现并积极回应利益相关方的期望。

积极参加政府、行业协会和科研院所举办的企业社会责任会议、论坛和活动。公司内部定期开展 CSR Workshop 等活动，讨论公司 CSR 战略与方向。通过发布社会责任报告、社会责任专刊等，增强同利益相关方的沟通。

表 16-3　参与方式

利益相关方	描述	对公司的期望	沟通渠道和方式
客户	已购买或潜在购买公司产品和服务的所有用户	提供高品质产品 确保产品安全 提供优质服务	客户满意度调查 客户关系管理 客户座谈与走访 应对客户投诉
政府	中国政府和业务所在地政府	贯彻宏观政策 诚信守法经营 依法纳税 带动就业 防范经营风险	参与政策、规划调研与制定 专题汇报 接受监督考核

续表

利益相关方	描述	对公司的期望	沟通渠道和方式
员工	公司组织机构中的全部成员	员工权益保障 员工职业发展 员工关爱	职工代表大会 各级工会组织 员工参与企业管理渠道 意见和合理化建议征集
同业者	石油化工业企业	经验共享 技术交流 竞争合作	参加行业会议 日常联络
合作伙伴	供应商、承包商	遵守商业道德 公开、公平、公正采购 互利共赢、共同发展	公开采购信息 谈判与交流
社区	企业业务、运营所在地	社区公共事业发展 增加社会就业	社区座谈与交流 社区公益活动 社区共建活动
环境	企业业务、运营所在地及整个地球的自然环境	遵守环保法律法规 环境保护 节能降耗	环境管理战略与组织体系 环保培训 推进节能减排 研发绿色产品 应对气候变化 绿色办公
社会组织	行业协会、科研院所、国际国内民间组织、地方团体等	保持密切联系，保持信息共享 积极参与、支持社会团体组织的各项活动	参与政府、行业协会、科研院所的会议、论坛和活动

（三）　界定

1. 议题确定流程

（1）参考专业标准。

（2）结合总部政策和中国实践。

（3）听取专家意见。

（4）中高层领导访谈。

（5）利益相关方访谈。

2. 社会责任核心议题

LG化学（中国）紧跟全球报告倡议组织《可持续发展报告指南（G4）》、《中国企业社会责任报告编写指南（CASS-CSR3.0）》等国内外标准倡议，结合企业自身实践和利益相关方普遍要求，确定社会责任核心议题清单，并从"对企业可持续发展的影响"和"对利益相关方的重要性"两个维度对社会责任议题进行分析，确定实质性议题，明确社会责任工作的重点与报告内容的边界。

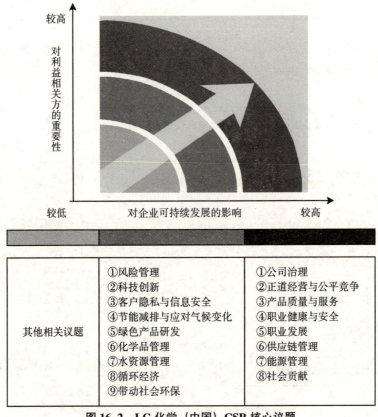

图 16-2 LG 化学（中国）CSR 核心议题

（四）启动

1. 组织准备

2014 年，LG 化学（中国）企业社会责任报告编制工作于 3 月正式启动，总务/涉外 Part 牵头成立报告编写小组，HR 总经理任小组最高领导，LG 化学（中国）业务部门负责人和在华法人 CSR 负责人负责填报数据，并邀请中国社会科学院企业社会责任研究中心专家参与报告编写，成立联合项目组，共同推进 CSR 报告编制工作。

2. 计划推进

LG 化学（中国）CSR 报告严格按照报告编写推进计划执行。2014 年 3 月，召开报告编制启动会，总部 CSR 负责人和中国区法人参加会议。组织报告编制培训，邀请中国社会科学院企业社会责任研究中心 CSR 专家讲解国内社会责任管理现状、社会责任报告发展趋势，确定报告编制目标。培训会上，向LG化学各相关方人员宣讲LG化学（中国）2013年社会责任报告框架、报告编制流程及时间推进计划，根据报告资料清单循序渐进推进资料收集。

（五）编写

2014年LG化学（中国）CSR报告从正式启动到编写发布，一共经历了5个月的时间。

1. 前期准备

（1）开展内部利益相关方访谈与调研。《LG化学（中国）2013年社会责任报告》将利益相关方访谈作为整体报告编写的第一步。2014年，项目组分别与人事、人才开发、经营企划等部门担当开展访谈，实地调研LG化学南京法人和天津法人，就LG化学（中国）社会责任履行的期待和评价进行了采访，以披露针对性成果。

（2）形成报告基本框架。根据利益相关方访谈与调研结果，并结合LG化学（中国）的年度战略和发展要求，形成报告的基本框架。

LG化学（中国）2013 CSR报告以"与顾客共同成长的Solution Partner"、"在能源管理方面提高竞争力"、"为培养人才付出全方位努力"、"确保员工职业安全健康"和"用丰富多彩的活动推进关爱行动"五大部分搭建报告框架，体现企业在核心议题管理、行动方面的履责信息。

2. 报告编写

（1）资料收集。在确定了报告的主题、框架之后，LG化学（中国）项目组制作资料收集清单，面向所有LG化学（中国）重点部门、在华法人等进行相关资料的收集。

1）总部各职能部门横向资料收集。LG化学（中国）投资有限公司作为地区总部，根据人事、人才开发、经营企划、财务、法务等部门职能划分，制定相应的社会责任定性和定量资料清单。

2）面向LG化学在华法人进行材料收集，贯穿于日常工作的阶段性资料收集和年终资料统计。通过各法人单位CSR担当对所在公司业务范围以外的资料进行阶段性收集，由公司总务/涉外部门进行最终案例的汇总。

3）重点案例征集和整理。根据前期访谈得出的重点和特色案例，制定资料清单，进行针对性的收集。

（2）报告撰写。基于访谈、调研、报告框架和收集材料，进行报告内容撰写。

（3）评级与总结。2014年6月，LG化学（中国）投资有限公司就2013年

CSR 报告请公司高层领导、部门领导、在华法人代表进行审核，提出修订意见。通过反馈意见，对报告进行修订之后，将报告提交中国企业社会责任报告评级专家委员会，《LG 化学（中国）2013 年社会责任报告》最终获得四星半级的优秀评价。

LG 化学（中国）在发布报告后及时进行报告编制的总结活动，将评级结果及成绩及时向 LG 化学总部反馈，总部对 LG 化学为在华企业形象的提升做出的贡献予以肯定和表彰。报告最终的评价结果将反馈给公司经营层干部和在华企业相关负责人。

（六）发布

截至目前，LG 化学（中国）已经连续两年发布企业社会责任报告，均采取网络发布的形式。每年的报告，均在公司网站可持续经营专栏下可持续经营报告中通过电子版呈现，用最直接和方便的阅读方式将报告呈献给利益相关方。

（七）使用

社会责任报告是综合展现企业社会责任履行情况的载体，也是公司评估年度可持续发展绩效、收集利益相关方反馈意见，进而针对性提升企业管理水平的重要管理工具。LG 化学（中国）鼓励在与利益相关方进行沟通时积极使用社会责任报告。通过 CSR 报告，不仅可以有效梳理企业自身的管理实效，从更高的层次上帮助组织传递企业在经济、环境和社会方面遇到的机遇和挑战，更有助于加强公司与外部利益相关方（顾客、供应商、社区等）沟通，建立信任。此外，CSR 报告还可以塑造企业声誉，打造 LG 化学在华负责任的品牌形象。

第十七章　浦项（中国）：POSCO the Great

一、公司简介

浦项制铁（POSCO）是韩国第一大钢铁生产销售企业，成立于1968年4月，40多年来，POSCO不断提高设备使用效率和生产效率，1998年已成为粗钢生产量世界排名第一的钢铁企业。通过自主开发FINEX、CEM等具有革新意义的技术强化全球领导地位，并通过扩大海外投资确保原料的供应，不断提升高附加值战略产品在销售中的比例。现在，POSCO拥有年产量世界第一的浦项及光阳制铁所，通过在中国、印度尼西亚、印度、越南、中南美等国家和地区兴建生产基地，正积极推进全球生产体系的构建。完善的生产体系，稳定的原料供应，覆盖广泛的产品销售网络，共同奠定了POSCO在全球综合钢铁企业中的领先地位。依靠超越极限的挑战精神与实践力量，引领了韩国的产业现代化与经济发展；如今的POSCO涉及钢铁、E&C、IT、新能源、新材料等领域，拥有遍布全球9个地区的210余家子公司。当前，POSCO正以过去40多年钢铁产业积累的核心力量为基础，积极培育第二核心事业，以此作为新的绿色成长动力，励志成为跨行业多领域的国际型企业，昂首阔步前进。

20世纪80年代，改革开放春风拂面，POSCO叩响了中国的大门，1985年，浦亚实业在香港率先注册成立。20世纪90年代后期，中国钢铁行业高速发展，POSCO着手筹备战略性投资项目，北京代表处应运而生，韩国钢铁巨人加快了在中国发展的脚步。时至今日，POSCO在华累计投资金额已超过了43亿美元，拥有50家法人公司，33家控股公司，员工7400余人，组成了生产、加工、贸易流通等综合钢铁供应链，成为在华外资企业中唯一的综合性钢铁企业。

2003年，生产企业和加工中心日益兴盛，可是中国地区缺少协同枢纽的问题也于此日益凸显。在历史的感召下，11月7日，浦项（中国）投资有限公司诞生了，POSCO 正式开启了中国地区经营本地化进程。200 余人的浦项（中国），在北京、上海、广州、香港、沈阳、武汉、青岛、重庆等各大一线城市安家落户。作为地区总部，公司在原有职能基础上，陆续增设了教育革新、对外协力、企划投资、新材料事业等支援部门，为中国地区法人公司提供人事、教育、革新、监察、财务、法律、外事等专业咨询的 Shared Service 分享服务，协助法人公司使 POSCO文化落地生根，服务于生产经营的高效运转。

2010 年、2011 年，POSCO 相继与吉林省、广东省建立战略合作伙伴关系，2013 年与重庆市签订 Finex 综合示范钢厂合作同意书，以及浦项磁铁、浦项北京中心等未来工程都将奠定浦项在华发展基石，预示着我们未来的新气象。在"默默无闻改变世界"的企业理念感召下，参与社会公益活动是浦项（中国）多年来经营活动中的重要一环，为了民族传统文化的传承，浦项（中国）建立了为期五年的"浦项龙井公益基金"，并在汶川地震、雅安地震、吉林省水灾等自然灾害时积极动员在华法人共献爱心。点滴成金的丰硕果实获得了外界的关注和认可，POSCO 连续 7 年荣膺南方周末世界 500 强企业在华贡献排行榜百强行列。同时在劳资关系、环境保护等企业社会责任综合领域中取得的实践成果，在中国社会科学院的企业社会责任蓝皮书中被给予了肯定。

2014 年 12 月，POSCO 在华总部大楼——浦项北京中心即将揭开神秘的面纱。在华全体浦项家族迎来乔迁之日，浦项（中国）将在这里，成为未来 POSCO 在华市场拓展与事业扩展的尖兵，与 Family 公司紧密协调，引领可持续发展。

表 17-1　主要奖项

法人名称	主要奖项
POSCO-China	劳资关系和谐模范企业
	中国红十字会"中国红十字人道服务奖章"，"博爱奖牌"
	2013 年中国社会科学院中国外资企业 100 强企业社会责任企业指数第四名
	2014 年中国社会科学院中国外资企业 100 强企业社会责任企业指数第六名
广东顺德	"顺德区节能先进企业"
	广东省现代企业 500 强
	顺德区"龙腾企业"
	广东省劳动用工守法优秀企业
	国家外汇管理局信贷调查 2011~2012 年重点联系单位
	顺德区和谐劳动关系"先进企业"
	顺德区优质企业成长工程重点扶持企业
	顺德区扶贫开发"双到"爱心组织
CWPC	芜湖市政府慈善奖，爱心单位
	武汉神龙汽车"最佳供应商"奖项（连续 3 年）

续表

法人名称	主要奖项
CCPC	重庆市全球 500 强企业中排名"十大外资企业"第十名
	"重庆市具有影响力的全球 500 强企业"
	重庆市北部新区"十大进出口企业"
	重庆市"影响重庆·世界 500 强外资企业——经济贡献奖"
	重庆市"安全生产先进单位"
	重庆北部新区慈善会副会长单位
	重庆市慈善总会、重庆日报报业集团颁发的"十大爱老敬老德风尚单位"
	重庆北部新区管委会"重庆市劳动关系和谐企业"奖
	重庆市总工会"模范职工小家"
	重庆市北部新区慈善会"爱老敬老道德风尚单位"
CLPC	辽宁省诚信示范企业
	一汽大众优秀供应商
CTPC	促进劳动关系稳定贡献奖
	天津开发区劳动关系和谐企业创建奖
CSPC	舍弗勒优秀供应商
	苏州市劳动保障 A 级诚信企业
	昆山市劳动和谐企业
	花桥经济开发区劳动保障工作先进集体
	昆山市精神文明建设委员会"文明之星企业"
	昆山市人力资源协会"优秀会员单位"
	苏州市安康杯竞赛"优胜企业"荣誉
	苏州市厂务公开民主管理"先进单位"
	"模范职工之家"荣誉
	江苏省企业信用管理"贯标证书"
	ISO/TS16949：2009 证书
	昆山市劳动保障信誉等级 A 级单位
CFPC	国家外汇管理局贸易信贷调查重点联系单位
	总经理金在镒获"广东省国际友谊贡献奖"
	顺德区和谐劳动关系模范企业
	顺德区优质企业成长工程（龙腾计划）重点扶植企业
CDPPC	长兴岛管委会颁发 2012 年青山生态建设花园式单位
	安全文化建设示范企业
	安全生产标准化三级企业
	花园式单位
	纳税信用等级 A 级企业
	遵守劳动保障法律法规诚信单位 A 级企业

法人名称	主要奖项
ZPSS	"能效之星"三星级企业
	"苏州循环经济示范企业"
	"张家港市年度节能及发展循环经济工作先进个人"（徐慎明科长及陈松杰科长）
	张家港市年度节能及发展循环经济工作先进集体
QPSS	青岛经济技术开发区"敬老文明号"
CYPC	"烟台荣誉市民"称号
	烟台开发区社会福利中心"最具爱心企业"
	烟台安全生产先进集体，安全生产标准化三级企业
浦项建设	大连项目获得"辽宁省省级文明现场"荣誉称号（东北三省联合检查金奖）

二、责任报告

（一）报告概述

企业社会责任报告是企业就社会责任议题与利益相关方进行沟通的重要平台。POSCO 致力于"POSCO the Great"的发展目标，将"创意经营、和睦经营、一流经营"作为企业发展愿景，并逐渐引申为 POSCO 贯穿可持续发展工作的核心理念。

POSCO 在创业初期怀有振兴韩国工业经济发展的国家使命感，因此在考虑未来战略时，力争在追求利润和解决社会问题之间寻求平衡，最终实现共赢。为了实现这个目标，2003 年 POSCO 成立了 CSR TEAM，开始探索企业可持续发展之路，2004 年 POSCO 发布第一份可持续发展报告。通过报告，POSCO 积极与环境、客户、投资人、伙伴、员工、社区六大重要利益相关方沟通，披露企业在可持续发展上的绩效。

POSCO 的社会责任理念是在与利益相关方沟通实践中共同发展，实现可持续经营。以这样的社会责任理念作为开篇，2012 年 9 月，POSCO-China 发布了首份 CSR 报告书——《中国浦项 2011 年企业社会责任报告》，披露 POSCO-China 在华履责绩效的同时，也将成果反馈给公司管理层和 POSCO-China 总经理，希望可以作为一份强化内部管理，同时进行针对性的监控、改进企业的系统材料。

2013 年 6 月，POSCO-China 成立了企业社会责任委员会，完善 CSR 组织体系建设，并于同年 7 月发布《中国浦项 2012 年企业社会责任报告》。2014 年 7 月，POSCO-China 发布了第三份 CSR 报告书，从 3 月启动报告书编制研讨会，6 月积极联络社科院评价沟通，主动提交报告成果，参与外部评价，对报告书加以完善，历时 3 个月完成报告编制。通过报告的有效沟通，POSCO-China 倾听利益相关方的宝贵意见，并将其反映到企业实际经营活动中，遵守企业伦理，实行人权经营，尽到跨国企业的作用和责任，通过有体系的风险管理，有效应对环境变化，与利益相关方共同携手成长。

表 17-2　POSCO-China 企业社会责任报告发布情况

年份	报告页数	报告语言	报告版本	参考标准
2011	35	中文	电子版	《中国企业社会责任报告编写指南（CASS-CSR2.0）》 全球报告倡议组织（GRI）《可持续发展报告指南（G3）》
2012	82	中文	电子版	《中国企业社会责任报告编写指南（CASS-CSR2.0）》 全球报告倡议组织（GRI）《可持续发展报告指南（G3.1）》
2013	96	中文	电子版	《中国企业社会责任报告编写指南（CASS-CSR3.0）》 全球报告倡议组织（GRI）《可持续发展报告指南（G4）》

（二）报告投入

POSCO-China 社会责任报告以内部编制为主，编制人员主要包括各法人公司 CSR 担当负责收集数据，POSCO-China 各职能部门进行案例材料提交，CSR TF 团队进行资料整理和报告撰写。除了内部人员积极参与编写以外，公司还邀请外部社会责任专家为报告编写提出意见建议。每年报告编写投入资源如表 17-3 所示。

表 17-3　报告投入

年份	投入人员	投入时间	搜集素材
2011	4	2 个月	0.8 万字，0 张照片 1.6 万余字，0 张照片
2012	4	3 个月	1.42 万字，71 张照片 38.8 万余字，503 张照片
2013	9	4 个月	1.35 万字，61 张照片 12.4 万余字，225 张照片

三、报告管理

（一）组织

POSCO-China 将 CSR 报告书作为 CSR 工作的一个重要部分，在报告书编制过程中注重报告编制流程的科学管理。以企业愿景为指引、企业社会责任规划为策略、科学的管理体系为保障，扎实推进企业社会责任实践。

1. 社会责任组织体系

POSCO-China 于 2013 年 7 月设立企业社会责任委员会，权锡哲董事长任委员长，POSCO Family 各法人长任委员。POSCO-China 对外协力部负责社会责任工作的统筹、协调和日常管理，包括制定社会责任规划和年度发展计划，建立和完善社会责任工作的组织和制度，开展社会责任研究、培训和交流，编制和发布公司年度社会责任报告等，POSCO-China 社会责任组织体系如图 17-1 所示。

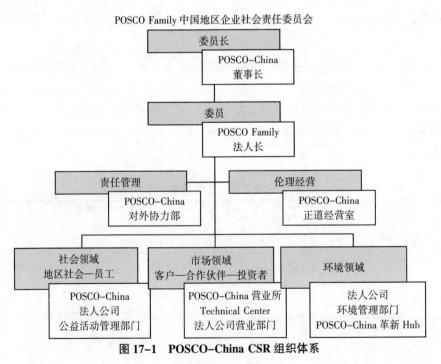

图 17-1　POSCO-China CSR 组织体系

2. 社会责任组织队伍

POSCO-China 社会责任工作由对外协力部负责牵头和推进，并在 POSCO-China Family 的其他法人企业设置了 CSR 专任/兼任的责任者与联络窗口，以保证企业社会责任在 POSCO-China 可以通畅、直接地进行推进和管理。2014 年，针对公司 CSR 报告书的编制，公司组成 CSR TF 团队，公司副总经理为核心领导，对外协力部负责牵头协调，POSCO-China 各业务部门代表为报告编写成员，下属法人 CSR 担当为数据填报成员。

同时，为了进一步加强公司 CSR 团队人员的素质建设，POSCO-China 接受总部定期的 CSR 政策以及实施现况的宣贯培训。POSCO 作为连续十年入选道琼斯可持续经营指数的优秀企业，总部的 CSR 工作已经形成体系，并且开展了大量卓有成效的 CSR 实践，形成了具有 POSCO 特色的社会责任模式。公司在吸取总部 CSR 经验的同时，立足中国发展现况，探索 POSCO-China CSR 工作模式，积极参与中国社会科学院等机构组织的 CSR 理论以及报告编写的专题培训活动，在公司内部进行数据填报的巡讲培训，与业务部门深度沟通，保障数据采集质量，并就 CSR 报告书广泛征集意见，提升 CSR 团队理论和实践水平，培育浓厚的责任文化。

（二）参与

POSCO-China 把加强与利益相关方的沟通作为履行社会责任、实现可持续发展的重要途径，不断建立、健全集团内外部社会责任沟通机制，主动发现并积极回应利益相关方的期望，如表 17-4 所示。

表 17-4　参与方式

利益相关方	描述	对公司的期望	沟通方式
政府	中国政府和业务所在地政府	遵守法律法规 坚持诚信经营 合规管理、依法足额纳税 带动社会就业	积极开展诚信建设理念宣贯、制度执行和文化倡导 通过贸易遵纪守法和公正交易开展遵纪守法活动 POSCO 发布"未来·公益·共生"的核心伦理经营理念 通过 E-learning、员工伦理教育以及开展多种形式的守法合规培训增强员工遵纪守法意识 建立风险管理制度并不断完善体系

续表

利益相关方	描述	对公司的期望	沟通方式
合作伙伴	供应商、经销商	遵守商业道德和法律法规，与合作伙伴搭建战略合作机制；带动供应链合作伙伴履行社会责任 开展公平贸易，推动产业链持续健康发展 加强对供应商管理，完善产品质量管理体系，促进长期合作和共同发展	正道经营：在经营过程中坚决抵制任何形式的行贿及商业贿赂行为，努力实践公平竞争的理念，尽力保障合作伙伴的权益 品质经营：以韩国和中国生产产品质量相同作为品质经营标准，以此体系为基准进行生产、设备、品质的全球化综合管理体系运营 责任采购：与供应商建立战略合作伙伴关系，坚持集团采购方针，要求供应商严守集团对其CSR采购的要求，开展绿色采购活动并与供应商协作实现成果共享
客户	已购买或潜在购买公司产品和服务的所有用户	提供优质产品和服务 开展客户满意度调查，听取客户意见和建议 保护客户信息安全 为客户创造更大价值	提供以顾客需求为导向的解决方案，遵守以创新价值为导向的研发战略并遵循以一流品质为导向的生产准则，坚持以优质服务为导向的客户方针 定期、随时访问客户，进行产品及技术持有现状及研发情况的交流 中国地区以技术服务—EVI—技术研究的综合性技术组织，向客户提供一站式服务 完善设备综合质量管理体系，打造企业生产竞争力
员工	公司组织机构中的全部成员	保障法律赋予员工的基本权益，争取员工最大福利 注重员工健康安全，提供活泼开放的沟通渠道 给予员工清晰的职业规划和创造挑战的可能性 培养员工长远发展，保障员工工作生活平衡	遵守国家相关法律法规，确保员工权益实现 坚持平等雇佣，促进残疾人就业 营造和谐劳动关系，建立员工意见反馈通道，收集员工意见 根据岗位体系形成不同的专业化员工培训体系 接受总部 PCI 和 G-JEDP 培训（PCI：POSCO Cultural Innovator，代表文化革新家培养课程和部长培养课程；G-JEDP：Global-Junior Executive Development Program），提升"核心价值共享"、"革新案例"、"人力资源开发（HRD）"等专业能力 建立职业健康与安全委员会，打造安全健康的工作环境 为员工营造一个宽松、舒适的工作和生活环境 关怀女职工，开展特殊人群和困难员工帮扶 举办丰富活动，增强员工归属感与积极性

续表

利益相关方	描述	对公司的期望	沟通方式
环境	企业业务、运营所在地及整个地球的自然环境	遵守国家环境法律法规和相关产品的环保标准 将环境管理和环境保护贯穿于研发、生产、销售全过程 推进环保理念在企业内外的宣贯和落实，提升全社会环保意识	遵纪守法，以"构建追求低碳绿色成长的环境经营全球标准"为理念，建立 POSCO Family 环境经营体系 生产绿色产品和建立绿色工厂，坚持产品环境评价，坚持环境信息公开 举办环保培训；通过技术降低"三废"，同时保护水资源，循环利用生产废水 践行绿色办公并积极发展循环经济 重视环境安全，加强环境建设应急预案 依法对项目进行环境影响评价
社区	企业业务及运营所在地	通过企业经营带动社区经济社会发展 尊重各地区的法律法规和人文风俗，与社区充分沟通，和谐共存 积极支持教育扶助、灾害救助和社区扶贫济困等慈善公益活动	POSCO 在华法人遵循 "for a Better World" 的公益慈善核心理念，把社会公益活动纳入经营良性循环中的重要一环，与社会分享经营成果，重点关注社会弱势群体帮扶、助学助教、环境保护等战略性公益慈善领域 发展广大员工成为志愿者，广泛开展爱心帮困、社区建设 为了改善环境，开展植树、鼓励低碳出行等特色的环保公益活动 以奖学金为重点推进教育事业，定向培养相关专业技术人才，包括青岩财团设立亚洲伙伴关系奖学金等
社会组织	行业协会、科研院所、国际国内民间组织、地方团体等	重视社会团体的诉求并积极与之沟通 积极参与、支持社会团体组织的各项活动 就社会责任议题主动与社会团体开展形式多样的合作	积极参与政府、行业协会、科研院所举办的关于 CSR 的会议、论坛和活动，保持长效沟通，增强行业、社会及 CSR 领域的敏感度

（三）界定

1. 议题确定流程

（1）参考国际、国内专业标准。

（2）结合总部政策和中国实践。

（3）听取专家意见。

（4）企业员工调查问卷。

（5）中高层人员访谈。

（6）利益相关方意见收集。

2. 社会责任核心议题

POSCO-China 紧跟全球报告倡议组织《可持续发展报告指南 （G4）》、《中国企业社会责任报告编写指南 （CASS-CSR3.0)》等国内外标准倡议，结合企业自身实践和利益相关方普遍要求，开展企业社会责任核心议题的甄别与筛选，明确社会责任工作的重点与报告内容的边界，如图 17-2 所示。

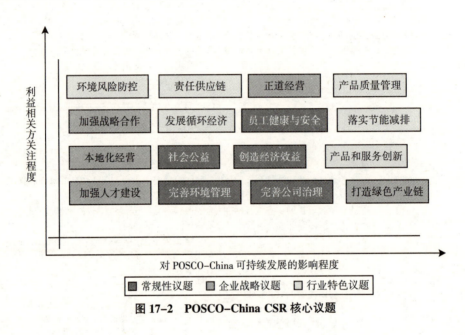

图 17-2　POSCO-China CSR 核心议题

（四） 启动

1. 组织准备

2014 年，POSCO-China 企业社会责任报告书编制工作于 3 月正式启动，对外协力部牵头成立 CSR TF 团队，副总经理任团队最高领导，对外协力部为主要联络部门，POSCO-China 业务部门担当为主要编写成员，数据填报成员则由下属法人 CSR 担当组成，POSCO 总部 CSR 担当提供顾问指导。

2. 计划推进

POSCO-China 的 CSR 报告书严格按照报告编写推进计划执行。2014 年 3 月 13 日，在华 25 家法人公司的 29 位 CSR 担当举行研讨会，发布 2013 年度 POSCO 在华企业 CSR 报告生命周期工作日程，2014 年 4 月正式开始进行数据的采集和填报，下属法人按生产企业和加工企业区分填报相应数据。

3. 编写培训

为了高效、严谨地汇报 POSCO-China 一年来的履责绩效，公司在内部积极对 CSR 担当成员进行编写培训。2014 年 3 月，CSR 研讨会邀请总部 CSR 推进事务局工作人员进行总部 CSR 政策及案例宣讲；2014 年 4 月对 6 家法人公司共 29 位 CSR 担当的数据填写进行巡讲培训；并于 5 月 12 日举行编写团队研讨会，为 POSCO-China 各职能部门工作人员进行明确的报告编写任务的分工及日程安排，以保证 CSR 报告书按时并保质保量的完成。

同时，为了进一步提升公司 CSR 担当的理论水平和对 CSR 的理解，POSCO-China 组织和推荐相关人员参加中国社会科学院及相关机构举办的培训，如公益讲堂等，为报告书的撰写打下坚实的理论基础。

（五） 编写

2014 年，POSCO-China CSR 报告书从正式启动到编写发布，一共经历了 3 个月的时间，专任编写人员 3 人，相关人员共计 5 人参与报告书编写。

1. 前期准备

（1）开展利益相关方访谈。《中国浦项 2013 年社会责任报告》将利益相关方访谈作为整体报告编写的第一步。分别与政府、员工、供应商等利益相关方，就 POSCO-China 社会责任履行的期待和评价进行了采访，以披露针对性成果。

（2）形成报告书基本框架。根据利益相关方访谈结果，并集合 POSCO-China 的年度战略和发展要求，围绕公司战略及 "Creative POSCO,One POSCO, Top POSCO" 的经营理念形成报告书的基本框架。POSCO-China 2013 CSR 报告书以经典的三重底线式框架为基本结构，展现 CSR 管理组织体系、责任沟通以及能力建设，同时表现企业在市场、社会、环境三方面的履责绩效。

（3）确定报告指标体系。结合所确定的社会责任议题和钢铁行业自身的特点，POSCO-China 以中国社会科学院企业社会责任研究中心最新发布的《中国企业社会责任报告编写指南 3.0 之一般框架》标准编制，参考 GRI、ISO26000、联合国全球契约等国际和行业标准，按照钢铁行业特殊议题进行报告指标体系确定，最终通过 POSCO-China 在华法人对指标数据的收集、分析进行指标体系的管理和反馈，力求更加准确地指导报告编制工作。

2. 报告编写

资料收集、内容撰写。在确定了报告书的主题、框架和指标体系之后，POSCO-China CSR TF 团队制作资料收集清单，面向所有 POSCO-China 在华法人进行相关资料的收集，根据指标性质的不同，主要从三个渠道进行资料的收集。

（1）总部各职能部门横向资料收集。浦项（中国）投资有限公司作为地区总部，根据人事、财务、税务、法务等部门职能划分，将社会责任指标体系分解，收集职责范围以内的相关材料，包括但不限于与业务领域相重合的企业社会责任数据，如主要经营指标等。

（2）面向POSCO Family在华法人进行贯穿于日常工作的阶段性资料收集和年终资料统计。通过各法人单位CSR担当对所在公司业务范围以外的资料进行阶段性收集，由公司对外协力部进行最终案例的汇总。

（3）重点案例征集和整理。针对不能量化的指标，要求各部门向各法人单位征集实践案例，然后归纳总结、提出选取建议。

3. 评级与总结

2014年5月，浦项（中国）投资有限公司就2013年CSR报告书召开了相关方意见征求会，邀请了中国社科院企业社会责任研究中心等利益相关方代表出席，一起为CSR报告书提出修订建议。通过反馈意见，对报告书进行修订之后，将报告书提交中国企业社会责任报告评级专家委员会，《中国浦项2013年社会责任报告》最终获得四星级的优秀评价。

POSCO-China在发布报告后及时进行报告编制的总结活动，将评级结果及成绩及时向POSCO总部反馈，总部对POSCO-China为在华POSCO企业形象的提升做出的贡献予以肯定和表彰。报告最终的评价结果将反馈给公司经营层干部和在华企业相关负责人。在《2014年企业社会责任蓝皮书》中，POSCO-China最终以70.5分的好成绩位列外资企业第六名，取得了阶段性的成果。

（六）发布

截至目前，POSCO-China已经连续三年发布企业社会责任报告，均采取网络发布的形式。公司网站设立了社会责任专栏，每年的报告发布都在公司网站社会责任专栏中的CSR报告书中通过电子版呈现，用最直接和方便的阅读方式将报告呈献给利益相关方。

（七）使用

社会责任报告是综合展现企业社会责任履行情况的载体，也是公司评估年度可持续发展绩效、收集利益相关方反馈意见，进而针对性提升企业管理水平的重要管理工具。POSCO-China 鼓励在与利益相关方进行沟通时积极使用社会责任报告。通过 CSR 报告，不仅可以有效梳理企业自身的管理实效，从更高的层次上帮助组织传递企业在经济、环境和社会方面遇到的机遇和挑战，更有助于加强公司与利益相关方（供应商、投资者、社区）沟通，建立信任。此外，CSR 报告还可以塑造企业声誉，打造 POSCO-China 在华负责任的品牌形象。

附录

附录一　报告评级十问

一、什么是企业社会责任报告评级？报告评级与报告审验有何区别？

答：企业社会责任报告评级是对社会责任报告管理和质量的评价，评价对象限于报告本身及其编写过程。

报告评级与报告评价的区别有：报告评级是依据《中国企业社会责任报告编写指南》和《中国企业社会责任报告评级标准》是专家委员会的集体结论和中国社科院企业社会责任研究中心的机构意见；而报告评价没有特定依据，是专家个人判断。

报告评级与报告审验的区别有：报告审验的核心是验证信息的真实性与可靠性、数据的准确性等，而报告评级是对编写过程以及披露内容本身的评价，不对信息的真实性进行评价。

二、为什么要进行社会责任报告评级？

答：通过报告评级向企业提供专业意见，为企业社会责任工作提供智力支持，提高企业社会责任报告质量；以报告促管理，充分发挥报告在利益相关方沟通、企业社会责任绩效监控的作用，将报告作为提升公司社会责任管理水平的有效工具。

三、谁来负责对企业社会责任报告评级？

答：企业社会责任报告评级的总负责机构是"中国企业社会责任报告评级专家委员会"（简称"专家委员会"），该委员会由中国社会科学院经济学部企业社会责任研究中心（简称"中心"）牵头成立，由我国企业社会责任研究领域及实践领域的顶级专家组成的。

各份企业社会责任报告由评级小组进行具体评价，评级小组从评级专家委员会产生，由 1 名组长和 2 名成员构成。中心评价部人员作为评级事务联络人，协助评级专家开展与企业的联络事宜。（示例如下）

《中国石油化工集团公司 2014 年社会责任报告》评级小组名单

组长：中国社会科学院经济学部企业社会责任研究中心主任　钟宏武

成员：中国企业联合会企业创新工作部主任　程多生

　　　北方工业大学经济管理学院副教授　魏秀丽

　　　中心过程性评估员　王梦娟、陈晓飞

四、报告评级的流程是什么？

答：分为六个步骤。

（1）企业根据自愿原则向中国社会科学院经济学部企业社会责任研究中心提出正式的报告评级申请，并与中心达成报告评级协议；

（2）在评级专家委员会中抽取专家成立报告评级小组，报告评级小组由专家委员和评级事务联络人组成；

（3）评级事务联络人赴企业所在地对其社会责任报告"过程性"进行信息采集，评估结果交评级小组参考；

（4）评级小组成员根据评级标准和《中国企业社会责任报告编写指南（CASS-CSR 3.0）》对企业社会责任报告分别进行打分；

（5）评级小组组长综合专家意见后形成评级报告，专家委员会主席审签；

（6）评级事务联络人将评级报告提交企业，企业将评级报告附在社会责任报告中，与报告同时发布。

五、评级依据是什么？从哪些指标对社会责任报告进行评级？

答：报告评级的依据是《中国企业社会责任报告编写指南（CASS-CSR 3.0）》和《中国企业社会责任报告评级标准（2014）》。

从七项指标对社会责任报告的质量进行评级：过程性、实质性、完整性、可读性、平衡性、可比性和创新性。每项指标赋有一定的权重。

七项指标权重

指标	定义	解读	权重
过程性	过程性即社会责任报告全生命周期管理，是指企业在社会责任报告编写和使用的全过程中对报告进行全方位的价值管理，充分发挥报告在利益相关方沟通、公司社会责任绩效监控的作用，将报告作为提升公司社会责任管理水平的有效工具	过程性涉及生命周期管理中的组织、参与、界定、培训、编写、发布和反馈七个过程要素。其中，组织和参与是社会责任报告编写的保证，贯穿报告编写的全部流程。界定、培训、编写、发布和反馈构成一个闭环的流程体系，通过持续改进报告编制流程提升报告质量和公司社会责任管理水平	25%
实质性	实质性是指报告披露企业可持续发展的关键议题以及企业运营对利益相关方的重大影响	企业社会责任议题的重要性和关键性受到企业经营特征的影响，具体来说，企业社会责任报告披露内容的实质性由企业所属行业、经营环境和企业的关键利益相关方等决定	25%
完整性	完整性是指社会责任报告所涉及的内容较全面地反映企业对经济、社会和环境的重大影响，利益相关方可以根据社会责任报告知晓企业在报告期间履行社会责任的理念、制度、措施以及绩效	完整性从两个方面对企业社会责任报告的内容进行考察：一是责任领域的完整性，即是否涵盖了经济责任、社会责任和环境责任；二是披露方式的完整性，即是否包含了履行社会责任的理念、制度、措施及绩效	15%
平衡性	平衡性是指企业社会责任报告应中肯、客观地披露企业在报告期内的正面信息和负面信息，以确保利益相关方可以对企业的整体业绩进行正确的评价	平衡性要求是为了避免企业在编写报告的过程中对企业的经济、社会、环境消极影响或损害的故意性遗漏，影响利益相关方对企业社会责任实践与绩效的判断	10%
可比性	可比性是指报告对信息的披露应有助于利益相关方对企业的责任表现进行分析和比较，研究企业社会责任报告披露的社会责任信息可比较程度，有利于企业利益相关方更好地把握企业的社会责任绩效	可比性体现在两个方面：纵向可比与横向可比，纵向可比性是同一指标的历史可比性，横向可比性是同一指标的企业之间的可比程度和企业同行业平均水平的可比程度，企业在披露相关责任议题的绩效水平时既要披露企业历史绩效，又要披露同行绩效	10%
可读性	可读性是指报告的信息披露方式易于读者理解和接受，可读性强的社会责任报告在结构、条理、语言、表达形式以及设计等方面更便于读者接受	结构清晰，条理清楚；语言流畅、简洁、通俗易懂；通过流程图、数据表、图片等使表达形式更加直观；对术语、缩略词等专业词汇做出解释；方便阅读的排版设计	10%
创新性	创新性是指企业社会责任报告在内容或形式上具有重大创新，即报告在内容和形式方面与以往报告相比是否更有新意，创新性为企业持续推进可持续报告质量的提高提出了新的、更高的要求	社会责任报告的创新性主要体现在两个方面：报告内容的创新和报告形式的创新。创新不是目的，通过创新提高报告质量是根本	5%

六、报告最终评级共分为多少个级别？如何确定？

答： 中国企业社会责任报告评价采取星级制，共分为七个级别，即报告分为五星级、四星半级、四星级、三星半级、三星级、二星级和一星级。每一个星级对应一定的分值范围。

星级与分值对应表

评级结果	评级图示	分数区间
五星级	★★★★★	90~100
四星半	★★★★☆	80~90
四星级	★★★★	70~80
三星半	★★★☆	60~70
三星级	★★★	50~60
二星级	★★	30~50
一星级	★	30分以下

七、评级报告包括哪些内容？

答：评级报告由以下内容构成：
- 报告评级概述
- 报告评级依据
- 报告评级范围
- 报告评级结论
- 报告改进建议
- 评级小组名单
- 评级小组组长审签
- 报告评级委员会主席审签

八、评级需要多长时间？

答：从企业提出评级申请到出具评级报告，需10个工作日。

九、评级如何收费？

答：每份企业社会责任报告的评级费用为三万元人民币，用于评级小组的专家费用、评级事务联络人的差旅费、评级委员会的日常管理费用以及评级总结会会议费。

十、怎么申请评级？

答：计划申请报告评级的企业可致电中国社会科学院企业社会责任研究中心评价部：

联系人：方小静　王梦娟
邮　件：rating@cass-csr.org
电　话：010-85892434

附录二 评级企业名单

2015 年申请报告评级企业名单（65 家）	
中国海洋石油总公司	中国储备棉管理总公司
中国石油化工股份有限公司	远洋地产控股有限公司
中国建筑股份有限公司	中国航空工业集团公司
中国移动通信集团公司	广州百货集团有限公司
神华集团有限责任公司	太原钢铁（集团）有限公司
中国南方电网有限责任公司	现代汽车（中国）投资有限公司
中国华电集团公司	中国大唐集团公司
东风汽车公司	LG（中国）
中国兵器工业集团公司	LG 化学（中国）
中国铝业公司	中国盐业总公司
中国节能环保集团公司	中国机械工业集团有限公司
中国华能集团公司	台达中国区
北京控股集团有限公司	佳能（中国）有限公司
三星（中国）投资有限公司	斗山（中国）投资有限公司
中国石油化工集团公司	浦项（中国）投资有限公司
上海大众汽车有限公司	社会科学文献出版社
松下电器（中国）有限公司	新兴际华集团有限公司
中国建筑材料集团有限公司	中国医药集团总公司
中国电子信息产业集团有限公司	中国中钢集团
中国电信集团公司	中国北方工业公司
华润（集团）有限公司	中国兵器装备集团公司
中国电子科技集团公司	国家开发投资公司
中国黄金集团公司	朔黄铁路发展有限公司
中国光大银行股份有限公司	神华国华电力公司
丰田汽车（中国）投资有限公司	北京三元食品股份有限公司
越秀地产股份有限公司	神朔铁路分公司
天津生态城投资开发有限公司	中国航天科技集团公司
华润置地有限公司	广东省建筑工程集团有限公司
深圳供电局有限公司	上海韩泰轮胎销售有限公司

续表

中国民生银行股份有限公司	中芯国际集成电路制造有限公司
中国交通建设集团公司	中国黄金国际资源有限公司
华润电力控股有限公司	中国互联网络信息中心
中国诚通控股集团有限公司	

2014 年申请报告评级企业名单（61 家）

中国南方电网公司	中国石油化工集团公司
中国黄金集团公司	中国三星
中国移动通信集团公司	中国华电集团公司
中国建筑股份有限公司	中国电子科技集团公司
中国铝业公司	中国电信集团公司
中国华能集团公司	中国兵器工业集团公司
中国建筑材料集团有限公司	斗山 Infracore（中国）
LG（中国）	中国松下
华润（集团）有限公司	中国石油化工股份有限公司
神华集团有限责任公司	海南航空集团有限公司
佳能（中国）有限公司	中国医药集团总公司
中国电子信息产业集团有限公司	北京控股集团有限公司
中国海洋石油总公司	东风汽车公司
中国节能环保集团公司	上海大众汽车有限公司
中国黄金行业协会	太原钢铁（集团）有限公司
中国盐业总公司	国家核电技术公司
中国兵器装备集团公司	广州百货企业集团有限公司
中国储备棉管理总公司	中国中煤能源集团有限公司
LG 化学（中国）投资有限公司	深圳供电局有限公司
新兴际华集团有限公司	华润置地有限公司
现代汽车（中国）投资有限公司	中国黄金国际资源有限公司
华润电力控股有限公司	中国中钢集团公司
中国交通建设股份有限公司	中国航空工业集团公司
天津生态城投资开发有限公司	中国航天科技集团公司
中国储备粮管理总公司	中国机械工业集团有限公司
中国诚通控股集团有限公司	中国长江三峡集团公司
浦项（中国）投资有限公司	丰田汽车（中国）投资有限公司
中国保利集团公司	朔黄铁路发展有限责任公司
中粮集团有限公司	远洋地产有限公司
广州医药有限公司	中煤平朔集团有限公司
中国互联网络信息中心	

续表

2013 年申请报告评级企业名单（60 家）

中国南方电网公司	中国兵器工业集团公司
中国建筑材料集团有限公司	中国电信集团公司
中国华电集团公司	中国建筑股份有限公司
中国石油化工集团公司	中国华能集团公司
中国石油化工股份有限公司	中国电子科技集团公司
中国铝业公司	太原钢铁（集团）有限公司
华润（集团）有限公司	神华集团有限责任公司
中国联合网络通信集团有限公司	中国兵器装备集团公司
广东省粤电集团有限公司	国家核电技术公司
中国民生银行股份有限公司	广东省广业资产经营有限公司
中国三星	远洋地产控股有限公司
中国黄金集团公司	中国中煤能源集团有限公司
中国海洋石油总公司	中国储备棉总公司
中国建筑设计研究院	新兴际华集团有限公司
中国盐业总公司	中国电子信息产业集团有限公司
斗山 infracore（中国）	中国保利集团公司
中国松下	中国中纺集团公司
中国东方航空股份有限公司	广东物资集团公司
中国医药集团总公司	中国机械工业集团有限公司
北京汽车集团有限公司	广东省建筑工程集团有限公司
中国黄金国际资源有限公司	中国航天科技集团公司
广东省丝绸纺织集团有限公司	广东粤海控股有限公司
中国中钢集团公司	中国交通建设股份有限公司
佳能（中国）有限公司	广州百货企业集团有限公司
中国节能环保集团	LG 化学（中国）投资有限公司
朔黄铁路发展有限责任公司	中国航空工业集团公司
广东省水电集团有限公司	浙江省电力公司
广东省交通集团有限公司	广东省广晟资产经营有限公司
广东省航运集团有限公司	广东省铁路建设投资集团有限公司
广东省广新控股集团有限公司	广东省机场管理集团有限公司

2012 年申请报告评级企业名单（43 家）

中国电信集团公司	中国兵器工业集团公司
中国南方电网公司	中国石油化工股份有限公司
中国石油化工集团公司	中国华能集团公司
中国黄金行业协会	中国兵器装备集团公司
中国电子科技集团公司	中国诚通控股集团有限公司

鞍钢集团公司	中国民生银行
华润（集团）有限公司	中国黄金集团公司
中国电子信息产业集团有限公司	中国建筑材料有限公司
广百集团有限公司	武汉钢铁集团公司
神华集团有限责任公司	中国机械工业集团有限公司
中国华电集团公司	中国建筑股份有限公司
远洋地产	中国铝业公司
中国建筑设计研究院	新兴际华集团有限公司
哈尔滨电机厂有限责任公司	中国节能环保集团公司
中国农业发展集团有限公司	中国北方工业公司
中国储备棉管理总公司	中国盐业总公司
中国黄金国际资源有限公司	中国中钢集团
中国医药集团总公司	广东粤电集团有限公司
广百股份有限公司	国家核电技术公司
马钢集团	中国航天科技集团公司
中煤集团	哈尔滨电气集团公司
佳能（中国）有限公司	
2011年申请报告评级企业名单（22家）	
中国南方电网有限责任公司	中国兵器装备集团公司
中国电信集团公司	中国盐业总公司
中国华能集团公司	中国建筑材料集团有限公司
中国石油化工集团公司	中国民生银行股份有限公司
中国石油化工股份有限公司	中国大唐集团公司
中国黄金集团公司	中国中钢集团公司
远洋地产控股有限公司	中国电子信息产业集团有限公司
中国电子科技集团公司	中国储备棉管理总公司
鞍钢集团公司	中国华电集团公司
哈尔滨电气集团公司	中国黄金国际资源股份有限公司
国家核电技术公司	中国医药集团总公司
2010年申请报告评级企业名单（10家）	
中国石化集团公司	中国大唐集团公司
中国石化股份公司	中国中钢集团公司
中国民生银行股份有限公司	中国南方电网有限责任公司
中国华能集团公司	马钢集团
中国华电集团公司	鞍山钢铁集团公司

附录三 《中国企业社会责任报告编写指南（CASS-CSR3.0)》分行业编修进展（2015 年）

序号	发布时间	指南名称	合作机构
1	2014 年 1 月 21 日	《中国企业社会责任报告编写指南之一般框架》（整体框架）	南方电网、华电集团、华润集团、中国三星支持全系列指南
2	2014 年 1 月 21 日	《中国企业社会责任报告编写指南之一般采矿业》	中国黄金
3	2014 年 7 月 25 日	《中国企业社会责任报告编写指南之汽车制造业》	东风汽车、上海大众
4	2014 年 10 月 24 日	《中国企业社会责任报告编写指南之电力生产业》	华电集团
5	2014 年 10 月 29 日	《中国企业社会责任报告编写指南之电信服务业》	中国移动
6	2014 年 10 月 29 日	《中国企业社会责任报告编写指南之煤炭采选业》	神华集团、中煤集团
7	2014 年 11 月 13 日	《中国企业社会责任报告编写指南之建筑业》	中国建筑
8	2014 年 11 月 13 日	《中国企业社会责任报告编写指南之家电制造业》	松下（中国）
9	2015 年 1 月 22 日	《中国企业社会责任报告编写指南之仓储业》	中储棉
10	2015 年 1 月 22 日	《中国企业社会责任报告编写指南之钢铁业》	浦项（中国）
11	2015 年 6 月 19 日	《中国企业社会责任报告编写指南之石油石化行业》	中石化集团、LG 化学
12	2015 年 11 月 8 日	《中国企业社会责任报告编写指南之食品行业》	蒙牛乳业、中国达能饮料、雨润

附录四 《中国企业社会责任报告编写指南（CASS–CSR3.0)》分行业编修计划（2016 年)

序号	指南名称	合作机构
1	电力供应业	南方电网
2	房地产行业	华润置地、中海地产、远洋地产
3	医药行业	华润医药
4	非金属制品业	中国建材
5	银行业	中国工商银行、中国民生银行
6	特种装备制造业	中国兵器工业集团、中国航空工业集团、中国电科集团
7	重大装备制造业	国机集团、东方电气、斗山（中国)
8	电子行业	三星（中国)、中国电子

附录五 《中国企业社会责任报告编写指南（CASS-CSR3.0)》一般框架核心指标体系

指标名称	定性指标（●） 定量指标（⊕）
第一部分：报告前言（P系列）	
（P1）报告规范	
P1.1 报告信息说明	●
P1.2 报告边界	●
P1.3 报告体系	●
P1.4 联系方式	●
（P2）报告流程	
P2.1 报告实质性议题选择程序	●
（P3）高管致辞	
P3.1 企业履行社会责任的机遇和挑战	●
P3.2 企业年度社会责任工作成绩与不足的概括总结	●
（P4）企业简介	
P4.1 企业名称、所有权性质及总部所在地	●
P4.2 企业主要品牌、产品及服务	●
P4.3 企业运营地域（包括运营企业、附属及合营机构）	●
P4.4 按产业、顾客类型和地域划分的服务市场	●/⊕
P4.5 按雇佣合同（正式员工和非正式员工）和性别分别报告从业员工总数	⊕
（P5）年度进展	
P5.1 年度社会责任重大工作	●/⊕
P5.2 年度责任绩效	⊕
P5.3 年度责任荣誉	●
第二部分：责任管理（G系列）	
（G1）责任战略	
G1.1 社会责任理念、愿景、价值观	●
G1.2 辨识企业的核心社会责任议题	●

续表

指标名称	定性指标 （●） 定量指标 （⊕）
（G2） 责任治理	
G2.1 社会责任组织体系	●
G2.2 社会责任组织体系的职责与分工	●
G2.3 企业在经济、社会或环境领域发生的重大事故，受到的影响和处罚以及企业的应对措施	●/⊕
（G3） 责任沟通	
G3.1 利益相关方的关注点和企业的回应措施	●
G3.2 企业内部社会责任沟通机制	●
G3.3 企业外部社会责任沟通机制	●
G3.4 企业高层领导参与的社会责任沟通与交流活动	●/⊕
（G4） 责任能力	
G4.1 通过培训等手段培育负责任的企业文化	●/⊕
第三部分：市场绩效 （M 系列）	
（M1） 股东责任	
M1.1 股东参与企业治理的政策和机制	●
M1.2 保护中小投资者利益	●
M1.3 规范信息披露	●/⊕
M1.4 成长性	⊕
M1.5 收益性	⊕
M1.6 安全性	⊕
（M2） 客户责任	
M2.1 客户关系管理体系	●
M2.2 产品知识普及或客户培训	●/⊕
M2.3 客户信息保护	●
M2.4 止损和赔偿	●/⊕
M2.5 产品质量管理体系	●
M2.6 产品合格率	⊕
M2.7 支持产品服务创新的制度	●
M2.8 客户满意度调查及客户满意度	●/⊕
M2.9 积极应对客户投诉及客户投诉解决率	●/⊕
（M3） 伙伴责任	
M3.1 战略共享机制及平台	●
M3.2 诚信经营的理念与制度保障	●
M3.3 公平竞争的理念及制度保障	●
M3.4 经济合同履约率	⊕

续表

指标名称	定性指标（●） 定量指标（⊕）
M3.5 供应商通过质量、环境和职业健康安全管理体系认证的比率	⊕
第四部分：社会绩效（S系列）	
(S1) 政府责任	
S1.1 企业守法合规理念和政策	●
S1.2 守法合规培训	●/⊕
S1.3 禁止商业贿赂和商业腐败	●
S1.4 纳税总额	⊕
S1.5 响应国家政策	●
S1.6 确保就业及（或）带动就业的政策或措施	●
S1.7 报告期内吸纳就业人数	⊕
(S2) 员工责任	
S2.1 劳动合同签订率	⊕
S2.2 民主管理	●
S2.3 按运营地划分的员工最低工资和当地最低工资的比例	⊕
S2.4 社会保险覆盖率	⊕
S2.5 按雇佣性质（正式、非正式）划分的福利体系	●
S2.6 女性管理者比例	⊕
S2.7 职业病防治制度	●
S2.8 职业安全健康培训	●/⊕
S2.9 年度新增职业病和企业累计职业病	⊕
S2.10 体检及健康档案覆盖率	⊕
S2.11 员工职业发展通道	●
S2.12 员工培训体系	●
S2.13 员工培训绩效	⊕
S2.14 困难员工帮扶投入	⊕
(S3) 安全生产	
S3.1 安全生产管理体系	●
S3.2 安全应急管理机制	●
S3.3 安全教育与培训	●/⊕
S3.4 安全培训绩效	⊕
S3.5 安全生产投入	⊕
S3.6 安全生产事故数	⊕
S3.7 员工伤亡人数	⊕
(S4) 社区责任	
S4.1 员工本地化政策	●

指标名称	定性指标（●） 定量指标（⊕）
S4.2 企业公益方针或主要公益领域	●
S4.3 捐赠总额	⊕
S4.4 企业支持志愿者活动的政策、措施	●
S4.5 员工志愿者活动绩效	⊕
第五部分：环境绩效（E系列）	
（E1）绿色经营	
E1.1 建立环境管理组织体系和制度体系	●
E1.2 企业环境影响评价	●
E1.3 环保总投资	⊕
E1.4 环保培训与宣教	●/⊕
E1.5 环保培训绩效	⊕
E1.6 绿色办公措施	●
（E2）绿色工厂	
E2.1 节约能源政策措施	●
E2.2 全年能源消耗总量	⊕
E2.3 企业单位产值综合能耗	⊕
E2.4 减少废气排放的政策、措施或技术	●
E2.5 废气排放量及减排量	⊕
E2.6 减少废水排放的制度、措施或技术	●
E2.7 废水排放量及减排量	⊕
E2.8 减少废弃物排放制度、措施或技术	●
E2.9 废弃物排放量及减排量	⊕
E2.10 发展循环经济政策/措施	●
E2.11 再生资源循环利用率	⊕
E2.12 建设节水型企业	●
E2.13 年度新鲜水用水量/单位工业增加值新鲜水耗	⊕
E2.14 中水循环使用量	⊕
E2.15 减少温室气体排放的计划及成效	●
（E3）绿色产品	
E3.1 供应商通过ISO14000环境管理体系认证的比例	⊕
E3.2 废旧产品回收的措施和绩效	●/⊕
E3.3 包装减量化和包装物回收的政策和绩效	●/⊕
（E4）绿色生态	
E4.1 保护生物多样性	●
E4.2 环保公益活动	●/⊕

续表

指标名称	定性指标（●） 定量指标（⊕）
第六部分：报告后记（A 系列）	
（A1）未来计划：公司对社会责任工作的规划	●/⊕
（A2）报告评价：社会责任专家或行业专家、利益相关方或专业机构对报告的评价	●
（A3）参考索引：对本指南要求披露指标的采用情况	●
（A4）意见反馈：读者意见调查表及读者意见反馈渠道	●

后 记

　　《中国企业社会责任报告（2015）》是集体劳动的成果，整个项目前后历时5个多月，先后有20余人投入其中，共收集47个行业1700余家企业社会责任报告，对报告信息进行采集和分析，最终形成成果。本书编写过程中信息搜集、数据整理及写作工作，由翟利峰、王梦娟组织协调完成；方小静、王志敏、林旭、刘亭亭、肖楚阳等同志负责信息采集工作。

　　本书的写作提纲由钟宏武、张蕙、翟利峰共同确定。报告篇由钟宏武、翟利峰、王梦娟等撰写；评级篇由方小静、王志敏撰写，资料整理由林旭、刘亭亭、肖楚阳共同完成；管理篇由王梦娟、林旭撰写，其中案例素材由各企业提供，资料整理由方小静、王志敏共同完成；附录由王志敏、林旭共同整理。全书由钟宏武、翟利峰、王梦娟审阅、修改和定稿。

　　中国企业社会责任的研究起步不久，还有很多的问题有待探索和解决。希望各行各业的专家学者、读者朋友不吝赐教，推动中国企业社会责任更快更好地发展。

　　（本书电子版，请登录中心网站下载，地址：http://www.cass-csr.org/，相关数据的查询和排名亦可登录责任云：www.zerenyun.com，或下载手机客户端应用——"责任云"进行相关查询）

中国企业社会责任报告评级专家委员会

2015 年 11 月

关注中国企业社会责任最新进展，请关注微信平台。

责任云 CSRcloud